国家社会科学基金一般项目
石河子大学哲学社会科学优秀学术著作出版资金资助

新疆农村富余劳动力外出务工理论与实践

李光明 李萍 张勇 著

民族出版社

目 录

第一章 导 论 / 1

第一节 问题的提出与研究的意义 / 1
　　一、问题的提出 / 1
　　二、研究的理论与现实价值 / 2

第二节 研究的基础 / 4
　　一、核心概念界定 / 4
　　二、相关理论基础 / 8

第三节 研究思路与方法 / 22
　　一、基本研究思路 / 22
　　二、主要内容 / 29
　　三、研究方法 / 30

第二章 新疆农村维吾尔族人口就业现状、特征与成效 / 33

第一节 新疆维吾尔族人口总体发展情况 / 33
　　一、人口规模 / 33
　　二、人口增长 / 33
　　三、人口地区分布 / 34

四、人口城乡分布 / 36
　　五、就业人口产业分布 / 36

第二节　新疆农村维吾尔族人口就业现状 / 37
　　一、人口的就业水平及分布 / 38
　　二、喀什、和田地区农村分性别、受教育程度的就业人口 / 43
　　三、喀什、和田地区农村分行业大类的就业人口 / 43
　　四、喀什、和田地区分性别、职业种类的就业人口 / 45

第三节　新疆农村维吾尔族人口就业特征 / 46
　　一、就业对象特征 / 46
　　二、就业地域及规模特征 / 48
　　三、就业行业特征 / 48
　　四、就业态度及观念特征 / 49

第四节　富余劳动力就业工作成效 / 50
　　一、转移历程 / 50
　　二、转移现状 / 63
　　三、转移特征及制约因素 / 70
　　四、转移就业效应 / 74

第三章　新疆农村维吾尔族富余劳动力规模与"固守家园"窘境 / 86

第一节　劳动力规模 / 86
　　一、规模估计方法 / 86
　　二、新疆农村维吾尔族富余劳动力规模估计 / 90

第二节　"固守家园"窘境分析 / 93
　　一、就业困难 / 93

二、"固守家园"倾向分析 / 105

第三节 外出务工是缓解就业压力的必然选择 / 113
    一、县域经济滞后，政府引导外出务工 / 114
    二、人多地少收入低，生活贫困逼迫外出务工 / 115
    三、农村富余劳动力逐年递增，就业诉求选择外出务工 / 115

第四章 新疆农村维吾尔族富余劳动力就业诉求和外出务工意愿 / 117

第一节 就业诉求 / 117
    一、农村调查方案设计与数据来源 / 118
    二、农村维吾尔族富余劳动力情况调查 / 119
    三、就业诉求现状及特征 / 122

第二节 影响外出务工意愿的因素分析 / 133
    一、实证分析数据检验及模型选择 / 134
    二、个人禀赋、家庭特征、制度因素影响 / 137
    三、就业能力、身份认同、职业倾向影响 / 148
    四、民族特质、风险意识影响 / 160
    五、社会关系、就业帮扶、务工信心影响 / 171
    六、人力资本、社会资本影响 / 180

第三节 就业诉求与外出务工意愿综合分析 / 186

第五章 新疆农村维吾尔族富余劳动力外出务工动因与障碍分析 / 190

第一节 外出务工特征及效果 / 190
    一、外出务工调查及数据来源 / 190
    二、外出务工特征 / 193

三、外出务工效果评价 / 201

四、小结 / 207

第二节 和田地区富余劳动力外出务工行为 / 207

一、外出务工态度 / 208

二、外出务工就业领域 / 209

三、外出务工需要 / 210

四、小结 / 212

第三节 外出务工动因及障碍因素分析 / 212

一、数据可靠性检验及模型选择 / 212

二、个人禀赋、家庭特征、就业半径影响 / 227

三、绝对收入、务工成本、政策支持与外出务工 / 233

四、就业途径、职业认同、城镇生活适应性与外出务工 / 239

五、户籍、就业风险、就业环境与外出务工 / 244

六、经济立足、社会接纳、文化交汇与城市融入 / 250

第四节 外出务工动因及障碍因素综合分析 / 257

第六章 新疆农村维吾尔族富余劳动力转移模式及路径 / 261

第一节 转移模式选择 / 261

一、转移模式选择的基本思路 / 262

二、引导其走向城镇 / 263

三、推广成功转移经验 / 264

四、抓住对口援疆机会，发展少数民族集中区的中小城镇建设 / 266

第二节 外出务工典型模式 / 268

一、疏勒县政府组织定制模式 / 268

二、库车县石化工业园区建设吸引农村富余劳动力转移就业 / 271
三、华孚色纺企业面向少数民族农村富余劳动力招工模式 / 276
四、南疆优秀打工代表回乡创业带动就业模式 / 279
五、兵团劳务输出模式 / 283

第三节 转移路径选择 / 285
一、有组织地将青壮年富余劳动力转移到疆内和内地城市 / 286
二、大力推进县城城市化建设和乡村建制镇建设 / 286
三、扶持能人创办民族特色经济实体 / 287
四、搞活边贸，增强境外劳务输出 / 288
五、政府购置公益岗位，县域内消化农村 40~50 岁的劳动者 / 289
六、积极组织季节性劳务输出 / 289

第七章 新疆农村维吾尔族富余劳动力外出务工思路与配套措施 / 290

第一节 扩大就业的总体思路及原则 / 290
一、转移就业的总体思路 / 290
二、扩大转移就业的基本原则 / 290

第二节 关于外出务工政策措施的几点思考 / 292
一、消除外出务工顾虑，实施有效的制度激励 / 292
二、建立农民工综合服务中心，强化服务宗旨 / 295
三、以非农就业能力塑造为抓手，着力推进人力资源开发 / 304
四、以壮大乡村集体经济为动力，构建小城镇发展平台 / 309

附 录 / 314
参考文献 / 328
后 记 / 341

第一章 导论

第一节 问题的提出与研究的意义

一、问题的提出

农村富余劳动力转移已成为影响我国经济社会健康发展的一个关键性问题。合理有效地解决好该问题,是全面建设小康社会的基本诉求,是确保国家长治久安的必然要求。中国共产党十八大报告中第一次明确提出:有序推进农业转移人口市民化,努力实现城镇基本公共服务常住人口全覆盖。这是新时期党中央做出的一个重大判断,也是推进我国新型城镇化进程的重要抓手。农村富余劳动力的有序转移不仅为城市化建设和工业化进程提供了强劲动力,也为"三农"问题的解决及区域经济的协调发展创造了良机。自20世纪90年代以来,内地农村富余劳动力转移风起潮涌,至2013年底,全国约有2.63亿农民工。大量农村劳动力的转移,拓宽了农民增收的渠道,带动了乡村产业结构的调整,实现了农村资源的优化配置。然而,西部农村地区富余劳动力转移就业问题较为滞后,这不仅制约西部地区经济发展,甚至造成农村人口与生存机会严重失衡的状况出现,对整个社会实现和谐发展产生阻碍作用。西部12个省份中,有8个是少数民族聚居区,少数民族由于历史文化和风俗习惯差异,农村富余劳动力外出务工问题具有民族性、历史性、地域性等特点,受到来自城乡身份、民族、文化习俗差异等多种碰撞，进而延缓了他们外出务工的步伐。

新疆维吾尔自治区的农村维吾尔族劳动力转移行动更为迟缓。受传统观念和绿洲生态经济的影响，长期以来他们以农业为主导，即便生活贫困，仍"固守家园"，形成了人多地少的尖锐矛盾。2013年新疆仅有19.6%的维吾尔族居住在经济发展水平较好的北疆地区，80.4%的人仍聚居在南疆塔克拉玛干沙漠边缘的绿洲农村，由于自然条件恶劣、生态环境脆弱、水土资源匮乏、经济发展水平落后，安置劳动力的能力十分有限。农村维吾尔族富余劳动力外出务工问题已然成为西部大开发和新疆农民增收不容忽视的难题。健康有序地推进新疆农村维吾尔族富余劳动力的转移，不仅是加速民族地区经济和社会协调发展的必然要求，也是体现人的全面发展的底线公平诉求和社会进步的重要标志。它关系到新疆"三农"问题的解决，也关系到少数民族地区工业化、城市化的发展，更关系到社会公平、公正与和谐的实现。因此，研究新疆农村维吾尔族人口就业和外出务工情况对新疆构建和谐社会具有深远的影响。

基于此，课题以新疆农村维吾尔族劳动力为研究对象，从农村维吾尔族人口就业现状、务工意愿、外出务工动因和障碍等几个方面入手，深入调查分析他们的就业困境，外出务工的内在要求和外在条件，并试图解读大多数滞留在家乡的农民"固守家园"的根本原因，为他们的规模转移寻求解决办法，为实现民族地区农村富余劳动力的科学有序转移，加快民族地区工业化和城镇化进程作出应有的贡献。

二、研究的理论与现实价值

就业是民生之本。新疆农村维吾尔族人口众多，就业不充分，不仅影响当地民族经济的发展，还影响到少数民族的生存，隐藏着众多危机，合理有效解决新疆农村维吾尔族富余劳动力转移既是一个重要的经济问题，也是一个亟待解决的社会问题。本研究立足我国基本国情及农村少数民族富余劳动力转移的特殊性，深入探讨新疆农村维吾尔族富余劳动力就业困境和"固守家园"的内在机理，对政府政策的制定和指导少数民族农村富余劳动力顺利实现转移具有重要理论意义及实践价值。

（一）理论意义

1. 完善研究体系，提供理论参考

对农村维吾尔族富余劳动力外出务工问题的研究，将拓宽和丰富农村劳动力转移的研究范围和内容。少数民族劳动力转移是农村富余劳动力转移的重要组成部分，且本身又具有地域性、民族性等特殊之处，本研究为正确认识少数民族农村富余劳动力转移提供理论参考。

2. 立意新颖，研究视角独特

已有研究理论并不能充分解释农村维吾尔族即便贫困仍"固守家园"的特殊现象，本研究结合访谈及问卷调查资料，全面了解农村维吾尔族富余劳动力就业意愿，并运用统计分析方法深入研究影响其外出务工的动因及障碍因素。

（二）实践意义

1. 有利于促进民族团结，维护社会稳定

新疆农村维吾尔族集聚地，人多地少，生产、生活条件恶劣，与新疆、内地其他地区贫富差距悬殊。在某种程度上，贫困是滋生恐怖主义的土壤，极易被宗教极端势力和民族分裂势力等所利用，为社会稳定埋下隐患。

2. 是全面建设小康社会和社会主义新农村的需要

全面小康社会和社会主义新农村的一个重要的衡量指标就是经济发展，人民生活水平的提高。而充分就业关系经济发展、关系人民生活，是建设农村小康社会的重要的突破口。

3. 充分就业关系社会的底线公平

新疆农村维吾尔族集聚区的贫困，属于典型的生态贫困。帮扶农村维吾尔族富余劳动力外出务工，实现充分就业，改善就业质量是政府和先进地区的共同责任，是体现社会公平的基本诉求。

4. 充分就业是新疆各族人民全面发展的需要

充分就业与和谐社会的构建目标一致，都是以"以人为本"为出发点和落脚点。充分就业是实现人的全面发展的重要途径。

第二节 研究的基础

研究对象、研究范围的确定是研究的前提基础，核心概念界定正是基于这一前提的需要而进行的。先进的理论是行动的指南，更是研究的根基，能为研究提供可靠的分析工具和成果支持。

一、核心概念界定

一个国家的经济发展水平，产业结构以及人口数量的变化决定了该国劳动力的就业水平。多年来，由于人口增长，土地资源不断减少，农业劳动生产率快速提高等原因，在我国农村地区涌现出数量庞大的富余劳动力，这是我国经济发展的必然结果，也是我国从农业国走向工业国的必经之路。

（一）农村劳动力

在经济学说史上，马克思第一次给劳动力的概念下了一个科学而严格的定义："我们把劳动力或劳动能力，理解为人的身体即活的人体中存在的，每当生产某种使用价值时就运用人的体力和智力的总和"。①

劳动力是指在劳动年龄内具有劳动能力和在劳动年龄外参加社会劳动的人群。劳动年龄是指人在一生中能独立参加社会劳动的那段时间，我国规定劳动年龄的上下界限为：男性 16~60 岁，女性 16~55 岁。劳动年龄的上下限受到生产力水平和生产关系、劳动力供求关系、人口数量等因素的影响，并不是一成不变的。农村劳动力是一个地理区域性概念，指劳动年龄内具有劳动能力和劳动年龄外从事农业生产的人，即具有农村户口，在农村地区从事第一、二、三产业的劳动力之和。

在我国现有的户籍制度体制下，本研究对农村劳动力的界定是：农村劳动力是指那些具有农村户籍，年龄在 16-60 岁之间的农村劳动人口，但不包括其中的在校学生、服兵役人员以及因身体原因不能劳动的人等。

（二）农村富余劳动力

国内外学者对于农村富余劳动力概念的界定并不一致，总体来说，主要有以下四种：

第一种是以刘易斯为代表的古典学派首先提出的，已被学术界广泛接受的定义，即劳动边际生产率为零或负数，从农业部门

---

①《资本论》（第 1 卷），190 页，北京，人民出版社，1975。

转移出去而不会减少农业总产量的那部分农村劳动力。①该学派认为大量富余劳动力存在于传统农业部门,可以把他们转移到非农部门,而且不会减少农业总产量,这主要是因为这些富余劳动力的边际生产率接近于零。

第二种对农村富余劳动力的定义,是以我国学者庄核为典型代表的,其观点是:农村劳动力是否富余的标准是农村劳动力的机会成本是否大于其在农业中的边际收益,凡是大于农业边际收益的农村劳动力都有可能成为富余劳动力。

第三种定义是由郭熙保等人提出的,该定义可具体阐释为:当一个国家或地区的农业劳动者人均耕地面积长期呈下降趋势时,就认为该国或地区存在农村富余劳动力。②与传统定义相比较,这一定义更容易判断某一国或地区是否存在农村富余劳动力,这是因为该定义将人均耕地面积作为着重点,使富余劳动力的判断更贴近现实。

第四种关于农村富余劳动力的定义是指在现有农业生产技术条件下,超过农村各产业部门的农村供给量,即农业劳动力的供给量和社会需求量之差。樊茂勇、侯鸿翔相关研究表明:农村富余劳动力是由生产技术所决定的生产资料对劳动力的需求小于劳动力供给,从而出现的低效用现象。

农村富余劳动力是一个相对动态的概念,会随着农业机械化程度、耕地面积、农业科学技术等的变化而变化,无论从理论深度,还是从解释现实的能力上,学者们对农村富余劳动力定义的阐释,都有可取之处。

综上所述,本研究界定农村富余劳动力的概念为:现有就业

---

① 威廉·A.刘易斯:《劳动无限供给条件下的经济发展》,载《现代国外经济学论文选》,2000(8)。

② 郭熙保:《农业富余劳动问题探讨》,载《经济学家》,1995(3),63~69页。

人口与按标准方法计算的实际需要的劳动力人数之差。这里指的农村富余劳动力主要指相对富余量,即大量隐性或不充分就业的富余劳动力数量。

(三) 外出务工

目前关于外出务工的经济学定义主要有以下几种观点:第一种观点认为农村富余劳动力外出务工是指超过农业生产需求量的劳动力外出打工的一种经济行为。[①] 然而劳动力需求量受多种因素制约,它并未揭示出农村富余劳动力外出务工的本质原因。另一种观点认为农村富余劳动力外出务工一般可分为两类,即农村富余劳动力的绝对富余部分和相对富余部分的外出务工行为。所谓绝对富余是指超过农忙季节需要的农村劳动力;相对富余是指在农闲季节里呈闲置状态的农村劳动力。这一定义区分了农村富余劳动力外出务工的两种类型,但并未揭示其内在机制。

农村富余劳动力外出务工是劳动力资源重新配置的一种过程,外出务工行为的范围一般包括两种:第一种是产业间的流动,即农村富余劳动力由农林牧渔业等第一产业转移至第二、第三产业及再就业;另一种是不同地域间的人口流动,即某一地区的农村富余劳动力向另一地区的流动,如经济欠发达地区的富余人口向经济发达地区的流动现象,其突出表现就是农民工进城务工问题。本研究对这两类情况不详细分开讨论,兼顾第一类外出务工,将第二类外出务工行为作为讨论的重点内容。根据国家统计局统计口径,即"凡是在一年之内从事非农劳动累计时间达到 6 个月以上的农村劳动力都划为农村转移劳动力",本研究结合新疆干旱区

---

① 柳新元:《略论规范我国农业富余劳动力的转移》,载《江汉论坛》,1995(7),57~60 页。

实际情况,界定外出务工的概念为:新疆农村维吾尔族劳动力到本乡镇以外的地方务工在三个月以上的务工行为。

二、相关理论基础

目前,国内外学者对于人口就业问题的研究已形成较系统的理论体系,为本课题的研究奠定了理论基础。鉴于此方面的研究比较成熟,课题主要对"外出务工"所涉及的"劳动力转移"研究予以综述。

国外从发展经济学、人口学、地理学等角度对劳动力转移问题进行了大量研究,比较有代表的成果有刘易斯模式、拉尼－费模式、乔根森模式、托达罗模式等,一般认为托达罗模式最符合发展中国家的国情,但总体来说,劳动力迁移理论偏向于从农村到城市,从不发达地区到发达地区迁移的研究;在劳动力迁移机理、动因探究方面,舒尔茨从成本—效益的角度分析了迁移的发生。Hansen 和 Prescott 运用递归方法,分析了发展中国家工业化的必然性,并认为现代工业的诞生是农业劳动力迅速转移到城镇的根本动因。以上研究对本课题有可借鉴的一般意义,但仍不能有效解释西部少数民族即便贫困仍"固守家园"的特殊现象。

国内对农村劳动力转移问题的研究起步较晚,但从研究的内容上看,成果相当丰富,可归纳为四个方面:

第一,对我国农村富余劳动力数量的测算。胡鞍钢、工红玲、侯鸿翔、李子奈、谢培秀等按照耕地劳动比例法、生产要素配置优化模型、边际产出为零假设、就业结构偏离度、农业技术需求法进行估算 1995—2000 年我国农业富余劳动力约为 1.17 亿~2.05 亿。

第二,对农村劳动力转移效应方面的研究。林毅夫、胡永泰、潘文卿认为劳动力结构变化对中国经济增长有支持性贡献。刘社建、刘继兵认为农村劳动力向城镇转移,引起城市交通拥挤、城市就业压力增大等"城市病",强调劳动力转移应与经济社会发展协调进行。

第三,对劳动力转移机理、动因和障碍方面的研究,成果体现在三个方面:一是集中于研究经济因素对农村劳动力转移决策的影响。蔡昉、杜鹰、李实、张平、都阳等人从农村收入或资源禀赋的角度研究了我国农村劳动力转移的原因,认为农业资源禀赋的缺乏和农业收入低下是农村劳动力转移的主要原因。二是集中于农村转移劳动力的性别、年龄以及受教育程度等人口学特征对农村劳动力转移决策的影响。赵耀辉、程名望、史清华、刘晓峰认为正规教育对劳动力转移决策的影响很小,但对劳动力从农业转移到非农产业有显著的影响。三是考察宏观政策尤其是发展战略以及户籍制度的变化对农村劳动力转移决策的影响。蔡昉、李强认为户籍是影响中国城乡流动的最为突出的制度障碍。

第四,对农村劳动力转移途径和方式的研究。张培刚主张就地转移。林毅夫主张异地转移,即"离土又离乡、进厂也进城"。刘伯文主张综合应用以上两种途径,即"乡镇消化,城市导流,国内移民,国际输出,协调配合,共同吸纳"。邓志军提出从战略的高度,把劳务输出作为一种产业来抓,采取新的思路和对策,进一步提高西部落后地区劳务输出质量,确保劳务输出规模的稳定和发展。后两者对本课题研究具有较强的指导意义。

新疆当前相关问题研究主要集中于人口承载力、人力资源开发等方面,刘永萍研究了新疆绿洲人口承载力问题;李豫新研究了兵团农场劳动力引进与配置模式;阿布都外力·依米提分析了制约农村维吾尔族富余劳动力转移的障碍因素。这对本课题选择梯度转移模式,引导少数民族农民工外出就业很有启发。

为此,本研究的理论基础主要依托:托达罗"预期收入理论"、雷文斯坦"推—拉"理论、劳动力梯度转移理论展开。转移路径研究以刘伯文、邓志军的研究成果为指导。

（一）托达罗"预期收入理论"①

20世纪六七十年代初，美国著名发展经济学家托达罗发表了《人口流动、视野和发展：两部门分析》等一系列论文，他从发展中国家农村人口流入城市和城市失业同步增长的矛盾现象出发，创立了自己的人口流动模型。该理论认为，农村劳动力向城市移民的决策，是人们对城乡预期收入差异，而不是实际收入差异做出的反应。即使城市已经存在大量的失业人口，但只要在城市就业的预期收入高于农村，那么农村人口就要无限制的流向城市。

农村富余劳动力向城市迁移决策主要来自这三方面依据：

第一，城乡实际工资差距，这种差距在发展中国家尤为普遍，且悬殊较大，这是农村富余劳动力向城市迁移的主要动力因素。

第二，农村富余劳动力能够在城市找到就业岗位的概率，这一概率变量的引进是托达罗模型的重要贡献。农村富余劳动力在城市获得就业机会的概率与城市的失业率成反比，这是因为农村富余劳动力的转移是根据预期的城乡收入差距而不是根据实际城乡收入差距做出的，因此尽管城市也存在大量失业，农村富余劳动力仍然会源源不断地涌入城市，造成了城市劳动力市场严重失衡，使失业问题更加严重，即解释了农村富余劳动力为什么在城市存在高失业率的情况以下还会做出迁移的选择。

第三，城乡人口流动率超过城市工作机会的增长率，"在城乡预期收入差异很大的情况下"这种现象的产生不仅是合理的，而且也是可能的，因此在许多发展中国家，经济发展不平衡和经济机会不平等是导致城市高失业率的首要原因②。然而对于农村富余

---

① 左彩梅：《左庄富余劳动力转移的实证分析——托达罗模型的应用及优化》，西安，西北工业大学出版社，2007。
② 段小梅：《人口流动模型与我国农村富余劳动力转移研究》，载《农村经济》，2003（3），26~27页。

劳动力来说，只要在城市中的预期收入高于在农村的收入，所做出的转移决定就是合理的。可用公式表示为：

$$M(t) = f[d(t)], f' > 0 \quad (1-1)$$

（1-1）式中 t 表示时间，M(t) 表示农村迁入城市的农村富余劳动力数量，d(t) 表示城乡预期收入差异，f'>0 表示农村富余劳动力迁移数量是城乡预期收入差距的增函数，该式表示在一定时期内农村富余劳动力向城镇迁移的数量是城乡预期收入差距的函数，而且该函数为增函数，即预期的城乡收入差距导致农村富余劳动力源源不断地向城市迁移。同时，托达罗认为，传统农业部门的预期收入等于未来某年的实际收入，而现代工业部门的预期收入则等于未来某年的实际收入和在城市就业概率的乘积。这样城乡预期收入差距可用公式表示如下：

$$d(t) = w(t)\pi(t) - r(t) \quad (1-2)$$

（1-2）式中 w(t) 表示在城市中的实际预期工资，$\pi(t)$ 表示在城市的就业概率，r(t) 则表示农村实际收入水平，该式表示预期的城乡收入差距 d(t) 是由实际的城乡收入差距和在城市的就业概率这两个变量相互作用决定的。托达罗认为在任一时期，迁移者在城市现代部门找到工作的概率与现代部门新创造的就业机会成正比，与城市失业人数成反比，可用公式表示如下：

$$\pi(t) = \gamma_n(t) \big/ [s(t) - n(t)] \quad (1-3)$$

（1-3）式中，$\gamma_n(t)$ 表示现代部门的工作创造率，n(t) 表示现代部门总就业人数，s(t) 表示城市地区劳动力总规模，（1-3）式表示在一定时期内，城市就业概率与新就业岗位创造率成正比，与城市失业水平成反比，现代部门工作创造率等于工业产出增长率与现代部门的劳动生产增长率之差，如下式：

$$\gamma = \lambda - \rho \qquad (1-4)$$

（1-4）式中，λ 表示工业产出增长率，ρ 表示劳动生产增长率，托达罗认为在城市里尽管农村青少年不会很快在现代部门找到合适的工作，但是他们在城市里待的时间越长，获得工作的机会就越大，因此他们在城市里等待工作的可能性就越大，因而农村富余劳动力的迁移行为模式应是在较长时间范围内的基础上建立的，他建立了一个迁移者在城市现代工业部门找到工作之前的 n 期净收益贴现值公式：

$$v(0) = \Sigma [p(t)Y_\mu(t) - Y_\gamma(t)](1+r)^n - C(0) \qquad (1-5)$$

（1-5）式中，v(0) 表示迁移者计划期内预期城乡收入差异的净贴现值，$Y_\mu(t)$ 表示第 t 期城市的实际工资，$Y_\gamma(t)$ 表示第 t 期乡村的实际工资，n 表示计划范围内的时期数，r 表示贴现率，C(0) 表示转移成本，p(t) 则表示一个迁移者 t 期内在城市现代工业部门找到工作的概率，与 $\pi(t)$ 不同，p(t) 是 t 期前迁移者找到工作的累加概率，而 $\pi(t)$ 表示的是迁移者某一时期被雇佣的概率，它们二者之间的关系表示如下：

$$p(t) = \pi(1) + \sum_{i=2}^{t} [\pi(t) \prod_{j=1}^{i=1} [1 - \pi(j)] \qquad (1-6)$$

在（1-5）式中假设 $Y_\mu(t)$ 和 $Y_\gamma(t)$ 都不变，那么一个迁移者在城市里待的时间越久，他获得工作的机会就会越大，其预期收入就会越高，据此托达罗推断出如下结论：一个迁移者在城市里待的时间越久，获得工作的几率就会越大，从长期来看，迁移者在城市的预期收入始终大于在农村的收入，依照这一观点，从农村转移到城市的劳动力规模是城乡收入差距贴现净值的函数，用公式表示如下：

$$M = f[\ v(0)\ ] \qquad (1-7)$$

（1-7）式中，f'>0，如果 v(0)>0，则意味着农村富余劳动力愿意到城市寻找更多的就业机会，反之，则会选择不去城市寻找工作机会，甚至回流到农村。因此，在发展中国家城乡预期收入差距扩大是导致农村富余劳动力涌向城市，迁移人口增加的主要原因。

托达罗模型表明仅仅依靠工业扩张是无法解决发展中国家日益严重的城市失业问题的，解决失业问题的根本出路是大力发展农村经济，坚决消除一切导致城乡收入差距扩大的人为因素，彻底改善农村地区的生活。其政策含义就是缩小城乡收入差距，阻止农村富余劳动力迅猛流动，从而缓解城市失业问题。具体来说，主要是指以下几方面：一是扩大农村地区的就业机会，以缩小城乡之间的就业不平衡问题；二是由于拓展城市中少量的就业机会，可能会引来更多的农村富余劳动力供给，从而会导致更多的人面临失业问题，因此拓展城市就业机会无助于解决发展中国家的城市失业问题；三是农村地区的居民文化学历水平越高，其对在城市的预期收入期望值就会越高，因而不加区别地大力发展农村地区的教育事业，反而会进一步加剧农村富余劳动力的迁移和城市的失业，同时倘若政府制定城市工资水平最低线，并对城市中的失业人员给予最低生活补贴,反而会引致更多的农村富余劳动力涌入城市,城市失业率则会变的更高;四是应当重视农村地区和农业的发展,鼓励农村地区的综合开发利用,增加农村地区的就业机会,并向其提供教育、卫生设施,发展交通、电力和供水,彻底改善农村生活条件和生活水平等,从而有效缓解农村居民向城市的流动速度。

托达罗迁移模型是研究劳动力转移的经典理论,对发展中国家制定农村富余劳动力转移政策具有一定指导意义。同时该模型正确反映了农村劳动力在比较利益的驱使下向收入较高的地区或部门流动的理性经济行为;对于农村富余劳动力来说,只要存在相对收入较高的就业岗位和就业机会,就会对收入较低、就业不足的他们产生持续的引力效应;影响农村富余劳动力作出迁移与否的重要因素之一是对迁移成本的计算与预期[①]。

(二)"推—拉"理论[②③]

早在19世纪末,E. G. 雷文斯坦(E. G. Ravenstein,1885)就对人口迁移做出了具有开创意义的研究,其观点被认为是"推—拉"理论的渊源。这是因为他在《人口转移规律》一书中就已经提出促使人口转移的原因有受压迫、受歧视、沉重的负担、气候不佳、生活条件不适等,其中经济因素是最主要的因素。其主要论断是:在市场经济和人口自由流动的情况下,劳动力选择迁移

[①] 赖小琼、余玉平:《成本收益视线下的农村劳动力转移》,载《当代经济研究》,2004(2),33~35页。

[②] 参见刘源:《河南省农村劳动力转移问题研究》,北京,北京林业大学,博士论文,2008。

[③] 参见褚志远:《西北地区农村富余劳动力转移问题研究——制度变迁与人力资本溢出的双重视角》,西安,西北大学,博士论文,2007。

的主要原因是他们可以通过搬迁改善生活条件。迁入地中那些可以使移民生活条件改善的社会经济因素称之为"拉力因素",而迁出地中那些不利于劳动力生活水平提高的社会经济条件则是"推力因素",人口迁移就是在这两种力的共同作用下完成的。

赫伯拉(Herber la,1938)、米切尔(Mithell,1946)则在雷文斯坦的理论基础上,丰富了"推—拉"理论的研究内容,他们指出,人口迁移是由一系列原因引起的,主要包括促使人口离开某地的推力,如原住地的失业、就业不足、耕地不足、教育卫生等基本设施的匮乏、自然灾害等,这些因素促使人们向其他地区迁移;同时,迁入地更多的就业机会、较高的工资待遇、更好的教育和卫生设施等则构成了迁入地的拉力,这些拉力因素吸引人们前往目的地,而迁移就是在原住地的推力与目的地的拉力相互作用的情况下完成的。

系统的"推—拉"理论由唐纳德·博格(D. J. Brogue,1959)提出,他在继承前述思想的基础上,主要从运动学观点解释了人口转移的原因。他将迁出地的消极因素和迁入地的积极因素对迁移者的影响作为主要研究内容,认为农村和城市之间的人口转移主要是两地推拉四种力量合力作用的结果。其中迁出地的"推力"因素包括农业生产成本增加、自然资源枯竭、农村劳动力过剩导致的失业和就业不足、经济收入较低等,同时,迁出地也包括一些"拉力"因素,如家庭中亲人团聚的幸福感,熟悉的生活环境,在出生地和成长地长期生活所形成的社会关系网络等。但"推力"起主导作用。而迁入地的"拉力"因素则主要包括工资收入较高、就业机会较多、生活水平、受教育机会、气候环境较好等,同样迁入地自然也存在一些不利于农村劳动力迁入的"推力"因素,如带来的家庭分离,陌生的生活环境,激烈的竞争压力,生态环境质量的下降等,但"拉力"起主导地位。

E. S. 李(Everett. S. Lee,1966)则进一步对人口流动因素进

行分析总结,认为其影响因素主要有:迁出地因素、迁入地因素、中间障碍因素及迁移者个人因素,并指出迁出地和迁入地各自都有推、拉两种因素,这些因素在不同的人身上会产生不同的效果,这主要取决于劳动力个体的性格、兴趣爱好、对其他地方的认知程度,以及与外界环境的接触程度,这些会影响其对迁入地和迁出地的评价,也影响到其对中间障碍因素的认识程度。只有当迁出地内推力总和大于拉力总和,而迁入地拉力总和大于推力总和时,人口迁移才会发生。

"推—拉"理论实际上是一种人口迁移的比较综合的理论。它将迁移者个人决策和家庭环境,社会环境甚至区域特征等不同尺度上的影响因素融合在一起,把迁移行为解释为包括经济因素在内的各种社会因素共同作用的结果。该理论认为,农村人口从农村向城镇的转移可能是因为城镇有利的经济发展水平决定的,也可能是因为农村不利的经济发展水平所产生的,如英国农民在18世纪由于圈地运动被推向城镇,东印度农民迁往加尔各答,主要是由于农村情况日益恶化,而不是加尔各答本身有特别丰厚的收入和就业机会。而一些发展中国家城市经济的迅速增长,比如内罗毕和圣保罗,可能归因于城市对农民的"拉力"作用。

(三)梯度转移理论[①]

在劳动力市场上寻找工作的劳动者不是均质的,其存在着知识结构和劳动技能等差别。这些不同素质的劳动力在劳动力市场上会依据自身的能力的差别形成相对分割的劳动力供给市场。同时,拥有不同素质劳动力的企业的工资水平的确定通常也不相同。

---

① 周健:《劳动力梯度转移模型探讨及应用》,载《兰州学刊》,2008(1),88~91页。

在完全竞争市场上，$W = P \cdot MPL$，即在价格 P 既定的情况下，企业工资率 W 的确定就取决于企业自身的 MPL（劳动的边际产出）。由此可知，在完全竞争的产品市场上，为了保证同种商品的价格相同，生产同种商品的具有不同生产率的企业的工资率必然不同。这就在于其选择了具有不同素质的劳动力，并在确定工资率时，把工资视为一单位人力资本的租金价格。因此，在积累的人力资本上的差别就能够在很大程度上解释工资的差异，也就是企业为不同素质劳动力提供不同劳动报酬的原因，这也就相应地形成相对分割的劳动力需求市场。这种分割的劳动力市场通常不是以显性形态在市场上存在，其主要是借助劳动力在搜寻就业信息的自我遴选机制和企业在搜寻人才时的遴选机制而自发形成的，并以隐性形态存在的。

1. 假设前提

W 表示工资率，取决于 MPL。MPL 是劳动的边际产出，表示在一定局限条件下，增加一单位劳动力所增加的产出。不同的经济主体或个人在相同的条件下，增加一单位劳动力所增加的产出存在着差异。A，B 两个经济主体，做以下差别划分，见表1-1。

表1-1　不同劳动主体产出差异

经济主体	劳动力生产率	W	MPL
A	低	低	低
B	高	高	高

各个经济主体内部存在 a，b，c 三种不同素质的劳动力，差别

如下，见表 1-2。

表 1-2　不同素质的劳动力工资率差异

劳动力	MPL	W
a	低	差别不大或无差别，均取决于 b 的 MPL
b	中	
c	高	

在劳动力市场上的信息是不完全和不对称的，而获取这些有关信息是需要花费成本的。因此，企业和劳动者在搜寻过程中，会出现与之期望不相对应的结果。这样，在企业内部就会存在三种不同素质的劳动力：与企业本身生产率相适应的劳动力，这一部分占企业劳动力主体，以及部分高于企业生产率的相对高素质劳动力和低于企业生产率的相对低素质劳动力。各个经济主体之间不同素质劳动力比较，如下表，见表 1-3。

表 1-3　不同经济主体、不同素质劳动力比较

经济主体		A_C
B_b	W	$A_C < B_b$
	MPL	$A_C \geq B_b$

2. 理论解析

（1）梯度转移的需求与供给的形成

一个在劳动力市场寻找职业的人，一开始就对工资水平有一个起码的"心理价位"，即他至少必须找到一个工资不能低于某个基数的工作。因此，当他在劳动力市场寻找工作时，如果雇主开

出的工资水平不低于他预定的"价位",他就接受这个工作。否则,他就拒绝接受。于是,这个"心理价位"的工资水平就被称为"保留工资"。在劳动力市场上,企业也正是利用劳动力的"心理价位",吸引高素质劳动力进入其企业工作。

由于 A_C 与 B_b 的 MPL 无差异,也就意味着如果 B 给与 A_C 工资 W'_A,使 $W_A < W'_A < W_B$,那么 B 就会至少获得额外的收益(MPL - W'_A)P,从而在劳动力市场上,B 就会产生对 A_C 的需求。而同时,由于从 B 所得到的工资大于其在 A 所得到的工资($W'_A > W_A$),其在 A 所得到的工资为"保留工资",那么 A_C 就会相应提供劳动力供给,进而在劳动力市场上形成 $A_C \rightarrow B$ 的劳动力供给与需求。

众所周知,在一定时期和一定区域内,总是存在生产力发展水平不同的经济主体,他们对劳动力的需求与所付出相对工资的差异决定了劳动力需求与供给的梯度差异,从而引致了劳动力的梯度转移。劳动力的这种梯度转移形成了相对于统一劳动力市场而言的相对分割的梯度劳动力市场。

(2)梯度转移与投入产出

假设使用的生产要素为劳动力,则生产函数是 $Q = Q(L)$,生产成本为 $C = W \cdot L$。

$$e_{c,y} = \frac{dc/c}{dy/y}$$

规模经济的大小通常以成本关于产出的弹性值加以衡量。表示单位产出量变动的百分比所引起的成本变动百分比。

注意到边际成本和平均成本的定义,上述弹性值可以表示为:

$$e_{c,y} = \frac{MC}{AC}$$

由前提假设可知,B 的初始 MC(L) = W_B,AC(L) = W_B

$e_{c,y}=1$ 既不存在规模经济也不存在规模不经济。如果 $e_{c,y}<1$，边际成本小于平均成本，从而平均成本随着产量的增加而递减，生产呈现规模经济。$A_C \to B$ 原有企业扩大对劳动力转移的需求。

（3）梯度转移与就业

劳动力梯度转移有以下几个优势：

一是高素质人才在劳动力转移中具有比较优势：

$U(K)=1/2\cos[\pi/(K^*-K1)(K-K1)]-1/2$

U（K）表示就业概率，K1 是指个人所选择的职业对人力资本的最低要求，K^* 是该职业充分就业概率的人力资本的存量。

当 K 小于 K1，U（K）= 0，表示当一个人的人力资本存量达不到一定程度时，不能就业或就业后很快失业；当 K 大于 K1 时，则表示一个人的人力资本存量增加，就业概率增大。U（K）是关于 K 的单调增函数，在 K1 点可导。当 K 充分大时或当 K 达到或超过某一值 K^* 时，U（K）= 1，U（K^*）= 1，表示当一个人的人力资本存量足够大时，他将以百分之百的概率实现就业。函数 U（K）在 K^* 上可导。

托达罗模型强调了就业概率 π 在劳动力转移中的重要作用，而高素质人才由于其自身人力资本优势以及相对较低的工资，无疑增大了其就业概率。

以上分析可以发现不同的生产力水平对人力资本存在不同的要求。如果劳动力素质无法满足最低的人力资本要求，则单一强调劳动力在数量上优势就无法适应生产力的发展，从而缺乏真正的比较优势。而所谓的劳动力比较优势就不会存在。同时，也说明了不同层次的人力资本要求不同层次的生产力水平与之相适应，只有这样才能有效的促进生产力的发展与劳动力资源的充分利用。

第二，高素质人才的转移不会对新就业部门产生大的心理冲击。

在梯度转移与投入产出中，分析了由于劳动力的梯度转移使企业呈现规模经济，也就意味着企业存在更大的劳动力需求。从而，高素质人才的转移在相当意义上更加稳固了原有人员手里的"饭碗"。而且新转入的劳动力的工资相对低，可以形成原有人员心理上的优越感。

（4）梯度转移与隐性失业

假定 A 内的产出是不同质的劳动力分别产出的，则 $Q(L) = \int MP_a(L)dL + \int MP_b(L)dL + \int MP_c(L)dL$

由于 A 的边际产出为 $MP_b(L)$，而 $MP_a(L) < MP_b(L)$，因此 A_a 则可视为隐性失业。由于存在 A_c 的转移，那么 A 中的产出就有由以下组成：

$Q(L) = \int MP_b(L1+L2)dL + \int MP_a(L1+L2)dL$，L1 为原 A_b 的劳动力，L2 为从其他部门转移的劳动力，如果 L2 转移足够弥补由于 A_c 的转移所造成的产出空白，那么 A_a 在 A 中仍以隐性失业存在。

但如果 A 为劳动力净输出者（流出大于流入），则意味着至少为了保持产量 $Q(L)$ 的不变，就必然要求 Aa 中更多的有效劳动力进入生产中，从而导致隐性失业者显性就业增加。

（5）梯度转移与培训

在各个经济主体中由于存在高素质劳动力的流出，而相对低素质劳动力的流入，因此，为了实现不低于原有的产出，就必然增加劳动力的使用量，但同时却降低了劳动生产率。那么培训就成为增强劳动力素质，提高劳动生产率的迫切要求和有效措施。联合国教科文组织的一份调查表明，不同文化水平的人，在同等条件下提高劳动生产率的性质是不同的。同文盲相比小学文化程度的劳动力可使劳动生产率提高 43%，中学文化水平可提高 100%，大学文化水平则可提高 300%。

同时培训也为梯度转移做了一个前提铺垫，促进并激发了劳动力的梯度转移，从而引发了企业投资培训的短期和长期效应的矛盾。如何有效处理这一问题也困扰着许多企业。或许如古之大禹治水，"疏导"胜于"围堵"。解决这一问题的根本出路在于企业本身的激励与约束机制。此外，个人投资的培训的积极作用也毋庸置疑。

（6）梯度转移中的跨越与交叉转移

一般来说，在一定的时期内，在不同的区域间，不同产业间会存在不同发展水平的经济主体，而每一个经济主体内部又存在非同质的劳动力，那么在劳动力转移过程中，就不可避免地出现劳动力转移的跨越性与交叉性。这实际上是劳动力的多重梯度转移问题。同时，我们强调的梯度转移是一种动态的、不断演变的过程，而这一过程的复杂化，无疑强化了劳动力的多重梯度转移。

通过以上的分析得出以下结论：

第一，富余劳动力的存在就意味着可以在原有的生产领域解放出更多的劳动力，进入相对更为有利的生产领域。被解放出的劳动力往往是那些素质相对较高的劳动力，而同时这种高素质劳动力流动又不依赖于是否在生产领域存在富余劳动力。这些劳动力的转移往往影响着产业结构的调整以及经济体制的变迁。

第二，高素质劳动力的流动强化了其自愿失业的风险，与此同时增加了低素质劳动力的就业稳定性，这也就意味着在劳动力市场上将形成以各梯度的高素质劳动力为主体的供求。

第三，通过培训等方法提高劳动力素质，增强其转移的能力，尽而促进劳动力在产业间、地区间、国家间的全面转移。

第三节 研究思路与方法

一、基本研究思路

新疆是以维吾尔族为主体的西部边疆省份,由于诸多因素的影响,城乡、地域、民族差距明显,包括维吾尔族在内的少数民族农村人口就业不充分,生活贫困在一定程度上影响到边疆社会稳定。2003年新疆政府启动了农村劳动力转移工程,通过政府组织、引导,截止到2013年年底,已有258万人次走上了劳务输出道路,缓解了农村富余劳动力就业压力,增加了农民收入,一定程度改善了少数民族集中区人民生活,但就从事的劳务输出领域来看,离乡不离土的季节性劳务创收为主导,非农城镇稳定就业比重偏低,跨省非农就业从第六次人口普查数据来看不足农村劳动力的0.1%。表明包括维吾尔族在内农村富余劳动力转移就业质量不高,存在诸如务工技能、语言沟通、生活适应等多方面困难。本课题研究从农村维吾尔族劳动力就业诉求和外出务工意愿、城镇外出务工动因与障碍两个层次揭开维吾尔族"固守家园"的本质,寻找突破固步自封,扩大就业渠道,实现非农稳定就业的新途径。

课题研究以农村富余劳动力转移理论为指导,以实现农村维吾尔族富余劳动力非农转移就业为根本。首先,以新疆各地州市维吾尔族聚居区随机进行的样本户访谈资料和大量的农村调查问卷为依据,分析农村维吾尔族富余劳动力的就业诉求和就业意愿;其次,以分层抽样获得详实的城镇问卷调查数据为实证分析基础,探究新疆农村维吾尔族富余劳动力外出务工主要动因及障碍因素;最后,结合访谈分析及实证研究结果,解释其从"固守家园"到"外出务工"就业决策的内在机理,通过国内外劳动力转移的成功经验启示,寻找到适合新疆农村维吾尔族富余劳动力转移的模式与路径,为相关对策建议的提出提供参考,为改善新疆农村维吾尔族贫困状况,推动农村维吾尔族富余劳动力外出务工,促进民族团结和社会稳定建言献策。具体研究思路与层次设计如下。

（一）转移理论研究和人口就业现状调查是本课题研究的起点

从劳动力转移的一般理论分析，新疆农村维吾尔族劳动力的低流动不符合"经济人"假设前提，也无法解释他们的即便贫困也不外出务工的"固守家园"现象。因此探究他们的地域特征、宗教文化习俗、已有的生产方式和生活方式等非经济因素是很有必要的，将已外出务工人员和未外出务工人员为研究对象，深入揭示两类对象的差异性，准确把握对象变迁的内在关系，是实现"固守家园"向"外出务工"转变的突破口；结合农村维吾尔族的就业诉求和外出务工意愿，消除外出务工进程中的障碍因素，是促进城镇非农就业的重要途径。与内地省区相比，新疆农村维吾尔族人口就业现状和成因，既有普遍性又有特殊性。就普遍性而言，主要是体制方面的因素，如二元结构体制和政策上的"重城轻乡"倾向；就特殊性而言，则主要与新疆的民族、文化、宗教、地域、经济发展水平等因素有关，只有综合研究制约新疆农村维吾尔族人口就业的普遍性和特殊性因素，才能为少数民族的全面发展和共享改革开放成果方面找到正确的路径，为全国的社会和谐和中国梦的实现奠定良好的发展环境。

从大量的年鉴数据和调研数据的梳理及文献成果的查证看：制约新疆农村维吾尔族人口就业的因素是多方面的，在诸多因素中，特殊的地理区位因素和历史发展状况，是客观原因，且短期内是难以克服的；民族宗教文化等人文因素也是现实存在的，处置得当，会产生积极影响，处置不当，则会产生不可估量的负面影响；教育水平低下是农村维吾尔族劳动力的现实基础或表象，是可以通过政策运作在一个相对较短的时间内得到改善的因素；

现行体制、政策设置与执行中的问题则是人为因素，受认识水平和决策能力的限制，随着研究的深入可以得到迅速修正；经济发展滞后、产业能力低下是最根本的原因，是促进发展的基本着力点。就业观念、就业能力是外出务工这一人口就业过渡期的瓶颈，是完成量变到质变的关键所在。因此，要实现农村维吾尔族人口非农稳定就业，我们认为：一是摸清家底，客观评价过去几十年的努力成果，总结以往的经验与不足，充分认识解决农村维吾尔族人口就业工作的难度和复杂性；二是深入调查研究，尊重农村维吾尔族劳动力的就业诉求，在产业发展滞后，吸纳就业能力不足的当下，厘清外出务工意愿的影响因素，引导并强化外出务工意愿；三是巩固外出务工的积极动因，消除制约外出务工的障碍因素，扩大外出务工规模；四是挖掘新疆外出务工典型示范县的经验，推广复制好的做法，创新开发外出务工的新模式；五是调整、制定和执行有利于农村维吾尔族人口就业和外出务工的制度和政策，确保制度和政策对其扩大非农稳定就业的保障作用。以上结论是我们通过理论研究和实地调查，了解新疆农村维吾尔族人口就业的现状、外出务工过程中存在的问题，分析制约非农就业的各种因素的基础上得出的。

（二）就业诉求与外出务工动因是本课题研究的重点之一

1. 新疆农村维吾尔族劳动力就业诉求是厘清转移主体内因的需要

新疆农村维吾尔族"固守家园"的农民有异地就业意愿，但总体上意愿程度不强烈。一方面与当地经济发展水平、社会救济、社会保障程度有关，另一方面与劳动者个体特征和家庭环境密切相关，此外还受民族就业观念的影响。主观上的预期愿望的达成率对外出务工的认同度影响很大。在意愿选择的地域、外出途径、行业、收入、培训需求上如果能满足，可显著提高外出务工的意愿强度。客观上未外出务工的农民存在诸多的顾虑，集中表现为担心在城镇生活不适应，害怕受到歧视和不公平的待遇。因此，绝大多数农民希望在新疆本土城镇就业。但是，目前新疆本土城镇产业发展的现状很难起到吸纳农村劳动力转移的作用。首先，新疆的三次产业发展不平衡，产业结构升级缓慢，整体效益偏低，产业能力低下，就业结构不合理；其次，城镇化水平低，区域发展不平衡，城镇数量少且规模小、功能单一，经济集聚和对周边辐射带动作用较小。因此，短期内新疆城镇化和产业能力不足以承载大量的农村劳动力转移，还需多种形式和多种渠道系统考虑消化新疆农村少数民族富余劳动力转移就业的要求。

基于上述原因，短期内新疆城镇化和产业能力只能作为农村劳动力转移的有力补充，就地就近形成吸纳能力不现实。因此，暂时延缓富余劳动力就业压力的主要途径是外出务工。

2. 外出务工动因与障碍研究是化解短期就业压力的中心工作

人口迁移推拉理论认为：转出地内推力总和大于拉力总和，转入地拉力总和大于推力总和，迁移就会发生。访谈调查的感受是：农村拉力远小于农村推力，而城镇拉力略大于城镇推力。这表明新疆农村维吾尔族富余劳动力的外出务工主要是靠农村推力实现的。我们不寄希望于农村经济社会环境的进一步恶化来达成农村劳动力的转移，更希望城镇的宽松环境来吸引更多的农村富余劳动力实现城镇转移就业。但现实的状况并不乐观，诸如城镇有没有稳定的工作、低价住房、人身安全保障、工资待遇公平、子女入学机会等障碍因素困扰着他们的外出务工信心。

基于以上的认识，我们认为巩固外出务工成果应在城镇方面做足功课。如在城镇建立农民工服务中心等工作机构，协调解决农民工在务工过程发生的各类纠纷，消除政府在农民工管理方面存在不公平的政策，以及为农民工提供必要法律救助服务。

（三）城镇就业模式研究是本课题研究的重点之二

新疆尽管与内地省区相比在经济社会发展上存在着较大差距，但改革开放特别是 20 世纪 90 年代以来，新疆经济社会发展取得了巨大的成就，农业发展、农村进步和农民致富都表现出明显的发展趋势。特别是西部大开发战略实施以来，新疆农民、农村和农业发展都获得了良好的发展机遇，在农村人口就业和外出务工扩大多元增收方面，也出现了一批具有一定代表性的典型经验。我们对新疆劳务输出示范县近年来在农村富余劳动力转移工作中取得的成果和典型经验进行了研究总结，概括出"疏勒县政府定单就业模式""库车石化产业消化农村劳动力转移模式"和"南疆三地州兵团劳务输出竞拍模式""华孚色纺企业农村招工模式""打工明显回乡创业模式"和"和田县公益岗位政府安置模式"。分析总结这些典型模式的基本特征和推广价值，对于促进维吾尔族集中区的农村富余劳动力转移就业增收，无疑具有重要的理论及实践价值。

（四）转移就业及配套措施是本课题研究的目标及归宿

建立在"推—拉"理论基础上新疆农村维吾尔族劳动力外出务工作用机理图示，可以清晰反映出维吾尔族富余劳动力"固守家园"与"外出务工"博弈的结果，随着中央政府对"三农"的政策扶持，农村经济社会的发展环境会趋向改善，农村富余劳动力外出务工的引导工作重心将逐步向管理服务方面转移，那些阻碍农村维吾尔族劳动力外出务工的制约因素正是需要着力解决的关键所在。诸如阻隔城乡的户籍制度、土地流转问题、非农就业能力、不公平的务工歧视等一系列障碍因素的消除正是下一阶段工作的重点。因此建立公平、公正劳动力转移就业制度与政策恰逢其时。同时，我们也要清醒的认识到，农村富余劳动力务工素质存在差异，不可能不加区分的一刀切，应树立梯度转移的工作策略。让年富力强、有文化、语言沟通无障碍的青壮年率先远赴内地城镇非农稳定就业，培育打工明星和劳动力转移工作经纪人，推动农村维吾尔族劳动力外出务工向深度、广度发展；对40~50岁缺乏就业竞争力的维吾尔族年长劳动者采取政府买断公益岗位，有序安置农村富余劳动力方式推进；同时，加快维吾尔族集中区城镇化发展进程，利用19省市对口支援政策，扩大招商引资力度，优化本地产业结构，培育有特色和潜质的劳动密集性产业，扩大向农村维吾尔族富余劳动力招工，引导当地能人创业兴业，带动农村富余劳动力有效就业；继续巩固维吾尔族集中区向兵团季节性劳务输出。将这些好的政策和制度固化下来，为农村富余劳动力外出务工保驾护航。

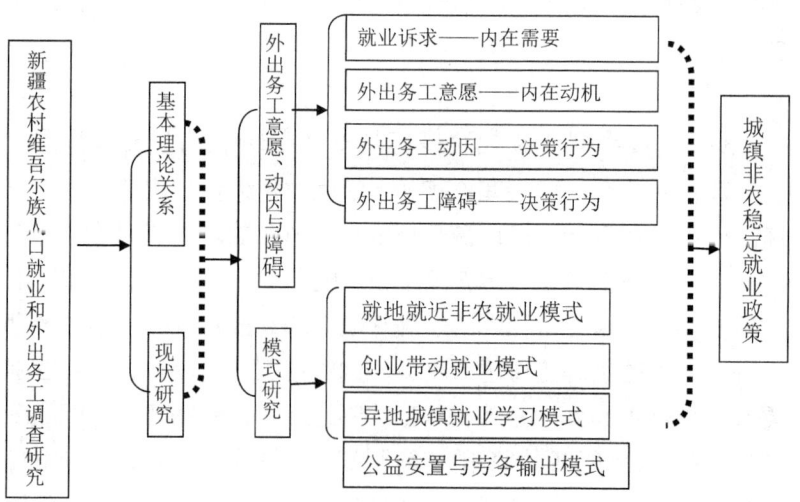

图 1-1 研究框架

二、主要内容

(一) 导论

主要阐述选题背景、研究意义、核心概念及理论基础、研究思路与方法。将研究的整体情况做综合陈述，以清晰研究的逻辑主线和目标归宿。

(二) 新疆农村维吾尔族人口就业现状、特征与成效

该部分为课题研究的起点，准确反映农村维吾尔族人口总体就业现状、变动趋势特征，对于把握研究方向至关重要。在充分肯定过去几十年各级政府所做努力，取得的成效的基础上，将维吾尔农村富余劳动力的转移工作带入新阶段是项目研究的重要任务。

(三) 新疆农村维吾尔族富余劳动力规模与"固守家园"窘境

新疆247万农村维吾尔族富余劳动力数量，占新疆农村从业人员的44.2%，占新疆总富余劳动力的72.7%，呈现出农村劳动力转移工作任务的艰巨，表明积极探寻扩大就业途径的价值与现实需要。

(四) 新疆农村维吾尔族富余劳动力就业诉求与外出务工意愿分析

劳动力转移工作是一项系统工程，涉及农民、家庭、县域经

济社会稳定及政策效应方方面面，而转移的核心主体是农民个体，因此，充分调查了解农村富余劳动力个体的就业诉求是非常必要的，由于外出务工是维吾尔族农民当前的重要方式，也是融入城市的先决条件，所以就业诉求和外出务工意愿的调查分析工作显得举足轻重。

（五）新疆农村维吾尔族富余劳动力外出务工动因与障碍

作为具有"固守家园"倾向的维吾尔族农民的先遣者，他们的外出务工成败对于大规模富余劳动力而言，具有示范引领性作用。进一步扩大外出务工的动因，降低外出务工的障碍因素的影响，对于下一阶段推动劳动力转移工作发挥着事半功倍的效应。因此，积极探索动因、障碍因素的工作是非常有价值的。

（六）新疆农村维吾尔族富余劳动力转移典型模式与路径选择

处于劳动力转移工作初级阶段的新疆，借鉴国内外农村富余劳动力转移的成功经验和模式，不仅有助于开拓思路，指导当前的工作，而且对找到切实可行的转移路径影响深远。

（七）促进新疆农村维吾尔族富余劳动力转移就业的思路与配套措施

作为系统性工程的劳动力转移工作，不仅需要各级政府的智慧，更需要魄力，还需要农民的配合，因此，将政策的驱动力发挥到最大化，需要高质量的决策，政策建议成果正是要发挥这一功能。

三、研究方法

本课题研究采用规范的理论研究与实证研究相结合的方法。研究过程中以经济学、社会学为主，结合管理学、人口统计学等多学科理论为指导，从多种视角进行交叉研究和综合研究，并辅之以文献调查和实地调查，将新疆农村维吾尔族人口就业和外出务工作为研究主线，把握课题研究的主要脉络，厘清思路，找出影响农村维吾尔族劳动力固守家园和外出务工的关键因素和主要问题，提出制度和政策建议。

在理论研究过程中，我们主要参考了托达罗"预期收入理论"，雷文斯坦的"推—拉"定理和近代发展的劳动力梯度转移理论。参考了舒尔茨的人力资本理论和贝克尔的人力资本投资理论，保罗、罗默、卢卡斯和罗迈尔、丹尼斯的经济学理论，寻求新疆农村维吾尔族人口就业和外出务工的基本途径。我们查阅和收集了近几年以来国内外研究劳动力转移的课题、专著及期刊资料，对我们课题研究的推进给以很大启发和帮助。

在社会调查方法的运用方面，我们运用文献调查法，特别注意各种统计数据资料的收集和分析。我们走访了自治区和部分地州县市的统计局、农调队、各样本县的人力资源和社会保障局，收集查阅了2000年以来的新疆年鉴、新疆统计年鉴、新疆调查年鉴、中国农村统计年鉴、人口统计年鉴、城市年鉴，查阅了近5年的《新疆日报》，连续跟踪了新疆劳动力转移工作动态，购买了第六次人口普查年鉴，并进行统计分析，以帮助我们从宏观上了解新疆农村维吾尔族人口就业和外出务工的总体概况及新疆各级政府的相关政策法规。

针对新疆地域广阔，各地经济发展极不平衡的状况，我们通过设计的抽样框，选取了吐鲁番地区的托克逊、伊犁地区的察布查尔县，南疆的和田墨玉县、和田县，喀什地区的叶城县、巴楚县、疏附县、疏勒县，阿克苏地区的库车县、沙雅县，克孜勒苏柯尔克孜自治州的阿克陶县，确定调查地点的主要原则是维吾尔族集中区和劳动力转移典型示范县。南疆的和田、喀什、阿克苏地区是新疆维吾尔族聚居的地区，城镇化水平低，农村人口多，耕地面积少，人均资源拥有量很低，是新疆最为典型的贫困地区。这三个地区农村人力资源的共同特征是富余劳动力多，文化水平很低，劳动技能较差，宗教意识浓厚，思想观念落后，绝大部分人不懂汉语。个别县在劳动力转移、劳务输出和成人汉语培训、文化建设方面也探索出一些有益的经验值得推广。如墨玉县2004、2005、2007、2009年都是自治区劳动力转移先进县。叶城县曾是新疆"三股势力"的重灾区，在抓政治稳定，发展特色经济，加强文化建设等方面都取得了较好的成绩。

在社会调查的实施过程中，我们采取了召开座谈会、入户访谈和问卷调查等多种方法收集资料。我们先后与托克逊县、疏附县、疏勒县人力资源和社会保障局的领导召开座谈会3次，咨询了新疆维吾尔自治区人力资源和社会保障厅农村劳动力就业促进处的领导2次，就相关政策与就业工作促进重点方面进行了交流。为客观全面掌握农村维吾尔族富余劳动力就业现状，课题组精心设计了抽样调查框，以南疆维吾尔族集中区为重点，按各州农村维吾尔族人口分布比重，确定样本县的数量，以每个样本县选择2个乡镇，每个乡镇选择2个自然村，每个自然村发放城镇问卷15份，农村问卷20份的方式开展问卷调查。采取半结构式访谈法，深入农村访谈样本户户主。这些调查方法的充分运用使课题组在实地调查中获得了大量的第一手资料。这些资料的宝贵之处在于它们能够反映基层的真实情况，既有广大农牧民真实的呼声和意愿，也有各地各级地方领导、干部对现实情况的客观分析及诸多积极谋求发展、解决现实问题的主张和建议。大量的实地调查和访谈使我们对新疆农村维吾尔族人口就业和外出务工的现状有了具体和深入的了解，为我们完成本课题的研究奠定了基础。

第二章 新疆农村维吾尔族人口就业现状、特征与成效

第一节 新疆维吾尔族人口总体发展情况

一、人口规模

截至2013年维吾尔族人数已达1037.04万人，占全疆总人口的46.95%。根据2010年第六次全国人口普查数据，新疆总人口21813334人。少数民族人口12985685人，占总人口的59.52%。其中维吾尔族10001302人，占到新疆总人口的45.84%，占新疆少数民族人口的77.02%。维吾尔族男性5064182人，女性4937120人，男性略多于女性，占比50.64%。维吾尔族是一个主要从事农耕产业的民族，从事农业的劳动力人数占全疆从事农业劳动力人数的72.68%。近年来随着新疆经济的发展，农村维吾尔族劳动力状况也在不断发生一些新的变化，农业生产技术的提高和农业产业结构的变化，以及土地沙漠化造成的农村土地面积的减少，使农村劳动力的需求量不断减少，这一现象在农村维吾尔族劳动力中最为明显。

二、人口增长

中华人民共和国成立以来，维吾尔族人口出生率一直高于全

国平均水平,死亡率因生活条件的不断改善而大大降低,人口再生产模式,由20世纪50年代的高出生率、高死亡率、低自然增长率逐步转变为高出生率、低死亡率和高自然增长率,见表2-1。

表2-1 全国和新疆少数民族人口数及年平均增长率

(单位:人)

分类	人口数				年平均增长率(%)		
	1982	1990	2000	2010	1982—1990	1990—2000	2000—2010
全国	1003920034	1130510638	1265830000	1370536875	1.50	1.07	0.81
少数民族	67245090	91323090	106430000	113792211	3.90	1.49	0.67
维吾尔族	5963491	7207024	8399393	10069346	2.40	1.49	1.82

资料来源:根据2010年全国六次人口普查资料数据整理。

从表中数据可知,从"三普"到"六普"间,维吾尔族人口增长率高于全国。"六普"资料显示,我国维吾尔族人口为10069346人,新疆维吾尔族人口为10001302人,占全国维吾尔族人口的99.32%;国内其他省区维吾尔族人口合计68044人,占全国维吾尔族人口的0.68%。新疆维吾尔族人口占全国维吾尔族人口比重呈微下降的态势。从全国6次人口普查资料来看,新疆维吾尔族人口占全国维吾尔族人口的比重分别为99.92%、99.88%、99.87%、99.73%、99.36%和99.32%。维吾尔族人口流向全国的速度略高于新疆维吾尔族人口自然增长速度。

三、人口地区分布

新疆维吾尔族人口分布具有独特的地域特征,习惯上把新疆划分为北疆、东疆和南疆三大区域,其中南疆塔里木盆地周围绿洲的喀什、和田以及阿克苏和塔里木河流域是维吾尔族人口最集中的地区。其次东疆的吐鲁番盆地也是维吾尔族较集中的区域。北疆的伊犁河谷，昌吉的吉木萨尔、奇台一带也有为数不多的维吾尔族人定居，见表2-2。

表2-2 2013年新疆各地区维吾尔族人口分布

（单位：万人）

地区	总人口	少数民族	维吾尔族	维吾尔族占总人口比重（%）	维吾尔族占少数民族比重(%)
总计	2266.61	1406.57	1074.41	47.40	76.39
北疆	1024.41	411.77	132.73	12.96	32.23
东疆	125.12	69.45	57.13	45.66	82.26
南疆	1117.08	925.35	884.54	79.18	95.59

数据来源：根据《新疆统计年鉴2014》整理。

新疆维吾尔族主要集中居住在南疆和东疆吐鲁番地区，其中吐鲁番地区维吾尔族人口占该地区总人口的71.71%，占少数民族人口的91.94%；南疆维吾尔族人口占全疆维吾尔族总人口的82.05%，维吾尔族占该地区总人口的79.18%。其中喀什地区维吾尔族人口占全疆维吾尔族人口的36.01%，占本地区总人口的91.52%，占该地区少数民族人口的98.27%；阿克苏地区维吾尔族人口占全疆维吾尔族人口的18.12%，占本地区总人口的79.22%，占该地区少数民族人口的98.28%；和田地区维吾尔族人口占全疆维吾尔族人口的19.23%，占本地区总人口的95.90%，阿克苏、和田、喀什三地区的维吾尔族人口占全疆维吾尔族人口的73.37%；克孜勒苏柯尔克孜自治州（后简称"克州"）人口较少，有维吾尔族371716人，占该地区总人口的64.52%。巴音郭楞蒙古自治州（后简称"巴州"）、伊犁地区、哈密地区也有部分维吾尔族居住。

四、人口城乡分布

2010年第六次人口普查资料显示,全国城镇维吾尔族人口2253219人,乡村人口7816127人。全国城镇维吾尔族人口占比仅为22.38%,乡村维吾尔族人口占比高达77.62%。新疆城镇维吾尔族人口占新疆维吾尔族总人口的21.97%。新疆城镇维吾尔族人口占比低于全国城镇维吾尔族人口占比,而新疆乡村维吾尔族人口占比高于全国乡村维吾尔族人口占比。表明区外维吾尔族人口主要居住在城镇。

五、就业人口产业分布

维吾尔族是典型的绿洲农牧业民族,维吾尔族就业人口在农林牧渔业劳动者中所占人数比例最高,从1982年至2010年四个代表年份分别为84.0%、84.1%、80.5%、83.0%;其次就是生产、运输工人及有关人员,占在业人口比例分别为7.1%、6.1%、5.8%、4.4%;再次是专业技术人员占在业人口比例分别为4.2%、4.1%、5.3%、4.2%;国家机关、党群组织和企事业单位负责人,以及办事人员和有关人员,这两类职业的人口比重在2010年分别为0.5%和1.9%,见表2-3。

表征人口现代化水平最具有代表性的指标是产业工人,维吾尔族就业人口在农业领域长期高达80%以上,而产业工人就业比例持续下降,反映出新疆维吾尔族在现代化进程中的不利地位。作为就业主渠道的非农产业,不仅没有有效消化农村维吾尔族新增劳动力,反而降低了16岁以上人口的就业率,产业工人中维吾尔族职工总数由1997年的18.5万人下降到2002年的11.3万人。据四次人口普查数据显示,维吾尔族16岁以上人口中产业工人比重持续下降，产业工人比例从 1982 年的 7.1%，下降到 2010 年的 4.4%，实际人数从 26.5 万人下降到 24.9 万人。近 30 年里，维吾尔族在人口总量提升的基础上，产业工人人数不增反降，见表 2-3。

表 2-3 新疆维吾尔族人口职业结构分布

（单位：%）

年份	1982	1990	2000	2010
在业总人数	100.0	100.0	100.0	100.0
技术人员	4.2	4.1	5.3	4.2
干部	0.9	0.9	0.8	0.5
办事人员	0.9	1.1	1.9	1.9
商业、服务性人员	1.4	1.8	2.2	5.8
农牧林渔业劳动者	84.0	84.1	80.5	83.0
产业工人	7.1	6.1	5.8	4.4
其他	0.0	0.0	0.1	0.1

数据来源：根据新疆维吾尔自治区 1982、1990、2000、2010 年四次人口普查统计资料整理。

第二节 新疆农村维吾尔族人口就业现状

新疆农村维吾尔族人口主要集中在南疆三地州，分析他们就业结构状况，以南疆三地州的喀什与和田的人口的就业情况进行分析最具代表性。首先从人口的就业水平及分布入手；其次分类对就业人口剖析，更有助于了解他们的就业现状。

一、人口的就业水平及分布

就业人口是人口经济活动的主体，是社会物质财富和精神财富的创造者。就业人口的数量、结构不仅关系到经济建设，而且关系到社会生活的各个方面。依据我国统计制度，经济活动人口是指所有年龄在16岁及以上，在一定时期内为各种经济生产和服务活动提供劳动力供给的人口。也称为现实的人力资源，包括就业人口和失业人口之和。全国各省的社会、经济、文化教育、传统习俗、管理体制，以及人口年龄结构很不相同，总人口中经济活动人口与非经济活动人口各自所占比重，无疑也有明显的差别。第六次人口普查数据显示，新疆农村维吾尔族人口为7804076人，占到新疆维吾尔族总人口的78.03%，且主要集中在南疆集中连片特困区。因此，分析研究新疆农村维吾尔族人口的就业水平、结构及变化趋势，对于把握新疆城乡经济协调发展具有重要意义。

就业水平是指一个国家或地区的就业质量状况，可以用就业率和失业率两类指标来测定。

总人口就业率 = 就业人口 / 总人口 · 100%

适龄人口就业率 = 就业人口 / 劳动适龄人口 · 100%

（一）基于适龄人口就业率的新疆农村维吾尔族人口就业水平

表2-4中的数据是2010年新疆南疆维吾尔族聚居区乡村适龄人口就业率及其与新疆其他地区的比较：

表 2-4 南疆三地州农村 16 岁以上人口的就业状况

（单位：人）

地区	16 岁及以上人口	就业人口	劳动适龄人口就业率（%）
克州地区	29597	22962	77.58
喀什地区	221863	187871	84.68
和田地区	126019	109153	86.62
乌鲁木齐	18075	12401	68.61
昌吉	53482	39586	74.02
全疆	888321	709872	79.91

资料来源：根据新疆维吾尔自治区 2010 年第六次人口普查资料整理。

根据数据分析，南疆克州、喀什和和田地区的劳动适龄人口就业率指标分别为 77.58%、84.68% 和 86.62%，喀什地区和和田地区高于全疆水平 79.91%。高就业率反映出新疆对少数民族的倾斜政策的落实，南疆普遍性贫困也表征了高就业率下的低收入水平这一现实。

（二）新疆维吾尔族聚居区城镇登记失业率及比较

失业率是反映一个国家或地区的就业水平的测定指标。失业是指特定年龄段有劳动能力的人，愿意工作并努力寻找工作，但在考察期内没有工作的人。其中：

失业率 = 失业人口 /（在业人口 + 失业人数）·100%

表 2-5 各地、州市城镇登记失业率

(单位：%)

地区	2012 年	2013 年
喀什地区	3.98	3.78
和田地区	2.35	2.65
吐鲁番地区	3.19	2.83
哈密地区	2.70	2.74
克拉玛依地区	0.69	2.00
塔城地区	0.99	1.08

资料来源：《新疆统计年鉴 2013-2014》，中国统计出版社。

通过表 2-5 的数据，新疆农村维吾尔族人口的就业水平虽有一定的提高，但是和新疆非维吾尔族集中区失业率的指标比较还是偏高的。如喀什地区城镇登记失业率远高于疆内其他的地区，2012 年、2013 年分别为 3.98% 和 3.78%。而塔城地区 2012 年、2013 年城镇登记失业率仅为 0.99% 和 1.08%。另有数据显示，2000—2010 期间新疆维吾尔族未就业人数从 134.8 万人增加到 177.7 万人，增幅为 31.8%。新疆农村维吾尔族未就业人口具有以下特点：第一，新疆农村维吾尔族未就业人口女性比例高于男性。根据第六次人口普查数据，新疆喀什、和田地区乡村女性未就业比例高于男性，女性未就业人口分别占未就业人口总数的 62.42% 和 61.10%。而男性未就业人口分别占未就业人口总数的 37.58% 和 38.90%。女性分别高于男性 24.84 和 22.2 个百分点。第二，未就业人口中，在校学生和料理家务人员比重较高。未就业人口中，料理家务人员、在校学生和丧失劳动能力的人员占到 84.49% 的比例。其中，料理家务人员最多，如喀什人员 13496 人，占未就业人口的 41.95%。其次是在校学生，位于第三位的是丧失工作能力人员。

(三) 基于新疆农村维吾尔族劳动力行业分布情况的分析

根据表 2-4 的内容,新疆南疆三地州维吾尔族聚居区农村劳动适龄人口就业率虽达到较高的水平,但是从就业结构来看,产业结构性分布不合理,主要分布于第一产业,与三次产业 GDP 比重极不协调,见表 2-6、表 2-7。

表 2-6 南疆三地州农村劳动力行业分布情况

(单位:%)

年份	指标 地区	南疆三地州
年份	当年从事的主要行业构成(%)	100%
2011年	第一产业	92.2
	第二产业	2.4
	第三产业	5.3
2012年	第一产业	90.6
	第二产业	4.3
	第三产业	5.1
2013年	第一产业	87.2
	第二产业	4.3
	第三产业	8.5

资料来源:《新疆调查年鉴2014》,中国统计出版社。

表 2-7　南疆三地州地区生产总值构成

（单位：%）

地区	地区生产总值	第一产业			第二产业			第三产业		
		2011	2012	2013	2011	2012	2013	2011	2012	2013
克州	100.0	18.8	17.1	15.9	25.3	28.6	32.6	55.9	54.3	51.5
喀什	100.0	35.9	33.9	31.0	25.5	27.7	30.0	38.6	38.4	39.0
和田	100.0	32.1	31.0	30.9	19.3	19.7	19.7	48.6	49.3	49.4

资料来源：《新疆统计年鉴 2014》，中国统计出版社。

根据表 2-7 南疆三地州地区生产总值 2011-2013 年的数据，地区生产总值构成中，克州生产总值主要是来源于第三产业，第一产业的构成不足 20%；喀什地区三次产业的构成均匀分布于第一、二、三产业；和田地区生产总值构成主要是第三、第一产业，第二产业存在明显差距。南疆三地州地区生产总值中三次产业的构成有所侧重，但是三次产业的贡献和所吸纳的劳动力差异巨大，南疆三地州农村行业劳动力分布均主要集中于第一产业，虽然在 2013 年的行业分布中，第三产业的劳动力分布比例有所提高，第一产业的劳动力的分布降低至 90% 以下，但是整体上仍然主要集中于第一产业。通过以上分析，新疆农村维吾尔族人口就业水平有所提高，但从地区生产总值构成和三次产业贡献率来看，二、三产业对就业的贡献不大，人口的就业结构是失衡的。

二、喀什、和田地区农村分性别、受教育程度的就业人口

表 2-8 喀什、和田地区农村分性别、受教育程度的就业人口

(单位：人)

地区	性别	合计	未上过学	文盲比率(%)	小学	初中	小学、初中人口比例(%)	高中	大学专科	大学本科	研究生	高学历人口比例(%)
喀什	男	99290	3924	3.95	33328	56944	90.92	3433	1333	315	13	5.13
	女	88581	3916	4.42	31928	49208	91.60	1964	1310	246	9	3.98
和田	男	57271	1332	2.33	22710	30545	92.99	1386	1132	164	2	4.68
	女	51882	1305	2.52	22824	25969	94.05	778	890	112	4	3.43

资料来源：《新疆维吾尔自治区 2010 年第六次人口普查资料》，中国统计出版社。

从表 2-8 的数据可以看出，喀什地区分性别、受教育程度的就业人口中，小学、初中占人口比率分别为男性 90.92%，女性 91.6%；和田地区分性别、受教育程度的就业人口中，小学、初中占人口比率分别为男性 92.99%，女性 94.05%。而高学历人口比例均非常低，喀什地区男性为 5.13%，女性为 3.98%；和田地区男性为 4.68%，女性为 3.43%。数据表明：喀什、和田地区乡村就业人口呈现低学历状况。

三、喀什、和田地区农村分行业大类的就业人口

就业人口的数量、结构不仅关系到经济建设，而且关系到社会生活的各个方面。维吾尔族就业人口的职业分类与其他民族就业人口一样，覆盖了所有职业大类。喀什、和田地区乡村分行业

大类的就业人口主要是农、林、牧、渔业，见表2-9。

表2-9 喀什、和田地区农村农业的就业人口

（单位：人）

地区	合计	农、林、牧、渔业	农、林、牧、渔业就业人口比率	农业	林业	畜牧业	渔业	农、林、牧、渔服务业
喀什	187871	177743	94.61%	175447	59	2007	23	207
和田	109153	100519	92.09%	92331	114	4567	6	3501

资料来源：《新疆维吾尔自治区2010年人口普查资料》，中国统计出版社。

根据表中的数据可以发现，两地农村维吾尔族集中区人口就业在农、林、牧、渔业占比超过90%。而农、林、牧、渔业中，主要是农业，从事农业人口占农、林、牧、渔业人口的比例分别是98.71%和91.85%。其次是畜牧业，从事畜牧业人口占农、林、牧、渔业人口的比例分别是1.1%和4.5%。

喀什、和田地区分行业大类的就业人口的其余占比5.4%和7.9%。其中相对人口分布较多的行业是制造业，分别是2127人和1815人；建筑业，分别是1533人和629人；批发、零售业，分别是1843人和1816人；教育业，分别是1517人和1113人。其中制造业从事较多的是农副食品加工业、食品制造业、纺织服装鞋帽制造业和工艺品等制造业。建筑业主要从事房屋和土木工程建筑业。批发和零售业主要从事零售业，零售业1586人。其他占比非常少的人口从事采矿业、金融业、房地产业和国家机构等行业。

通过喀什、和田地区乡村分行业就业数据，新疆农村维吾尔族人口就业行业仍然主要以农、林、牧、渔业为主，尤其是农业种植，其次是畜牧业，反映新疆少数民族的农牧业的生产习惯。

四、喀什、和田地区分性别、职业种类的就业人口

职业分类具体包括七类：第一类，国家机关、党群组织、企业、事业单位负责人；第二类，专业技术人员；第三类，办事人员和有关人员；第四类，商业、服务业；第五类，农、林、牧、渔水利生产人员；第六类，生产、运输设备操作人员及有关人员和第七类不便分类的其他从业人员，见表2-10。

表2-10 喀什、和田地区分性别、职业种类的就业人口

(单位：人)

地区	性别	合计	一、国家机关、党群组织、企业、事业单位负责人	二、专业技术人员	三、办事人员和有关人员	四、商业、服务业	五、农、林、牧、渔水利生产人员	六、生产、运输设备操作人员及有关人员	七、不便分类的其他从业人员
喀什	男	99290	119	1299	445	2074	92620	2727	6
	女	88581	52	1269	202	878	85189	988	3
和田	男	57271	154	993	338	2105	51634	2045	2
	女	51882	69	905	140	997	48696	1075	0

资料来源：《新疆维吾尔自治区2010年人口普查资料》，中国统计出版社。

根据表2-10的数据，整体来看，喀什、和田地区职业种类就业人口主要集中在农、林、牧、渔水利生产人员，喀什地区为94.64%，和田地区为91.92%。但是分性别就业人口产生了较大的变化，中华人民共和国成立以来，维吾尔族的社会经济状况发生了巨大的变化，尤其是党的十一届三中全会以后，改革开放的不断深入，给维吾尔族民族经济的发展注入了活力，使其社会各项事业得到长足发展，人们观念也随之变化，尤其是维吾尔族

妇女在就业方面所发生的变化十分显著。维吾尔族妇女参与各类职业的就业人口比例有显著的提高，但是根据第六次人口普查数据，维吾尔族妇女在各类职业的就业人口比例仍低于男性。根据表2-10的数据，在喀什地区，在第一类国家机关、党群组织、企业、事业单位负责人职业中，男性所占比例为69.6%，女性为30.4%；在第二类专业技术人员中，男性为50.58%，女性为49.42%；在第三类办事人员和有关人员职业中，男性占68.78%，女性为31.22%；在第四类商业、服务业中，男性为70.26%，女性为29.74%；在第五类农、林、牧、渔水利生产人员中，男性为52.09%，女性为47.91%；在第六类生产、运输设备操作人员及有关人员中，男性为73.41%，女性为26.59%。喀什、和田地区女性就业人口在第二类专业技术人员的比例有所增长，但在管理类职业、办事人员、商业、服务业和生产、运输设备操作人员等职业的比例和男性就业人口比例差距较大。

第三节 新疆农村维吾尔族人口就业特征

新疆农村维吾尔族人口就业特征，可以从被调查的劳动力特征上得以反映。由于统计年鉴未能细分人口就业信息，研究以课题组2012年1月获得的605份城镇调查问卷和7月获得802份农村未外出务工人员的问卷资料为基础，从就业对象、就业地域、就业行业、就业态度四个方面进行归结。

一、就业对象特征

从性别结构上看：在1407个调查样本中，男性农村维吾尔族劳动力为858人，占总数的60.98%，女性农村维吾尔族劳动力为 549 人，占总人数的 39.02%，男性调查对象高于女性。从文化水平上看：在所调查的人中，小学以下、小学、初中文化、高中和中专、大专以上所占比重分别为 4.48%、25.30%、48.18%、11.02%、11.02%。从年龄结构上看：年龄在 20 岁以下的为 274 人，占样本总数的 19.47%；年龄在 20~30 岁之间的为 777 人，占样本总数的 55.22%；年龄在 30~40 岁之间的为 247 人，占样本总数的 17.56%；年龄在 40~50 岁之间的为 85 人，占样本总数的 6.04%；年龄在 50 岁以上的为 24 人，占样本总数的 1.71%。已婚的占到 72.49%，未婚的为 27.51%。具体见表 2-11：

表 2-11 新疆农村维吾尔族人口就业对象特征

（单位：人，%）

性别	男性	858	60.98	文化水平	文盲	63	4.48
	女性	549	39.02		小学	356	25.30
年龄	20 岁以下	274	19.47		初中	678	48.18
	20~30 岁	777	55.22		高中和中专	155	11.02
	30~40 岁	247	17.56		大专以上	155	11.02
	40~50 岁	85	6.04	婚姻	已婚	1020	72.49
	50 岁以上	24	1.71		未婚	387	27.51

资料来源：2012 年 7—8 月实地调研数据汇总。

根据调查的数据，新疆农村维吾尔族人口就业对象呈现如下特征：男性就业比率高于女性，从访谈中了解到，自 2009 年"7·5 事件"以来，女性就业率有逐年递增的趋势；从年龄来看，以青壮年所占比例较大，30 岁以下的占到了 74.69%，表明年龄越小的劳动力，外出就业的意愿越强烈。说明目前他们外出务工还处于早期发动阶段，劳动力转移呈现典型的"候鸟式"特点。年轻力壮时进城打工，年衰体弱时又回到农村；从受教育程度来看，主要集中在初中及以下水平，初中以下文化程度占到了77.96%，说明目前新疆农村维吾尔族人口就业的整体文化层次处于较低的水平；已婚的青壮年外出就业比率明显高于未婚的劳动力。

二、就业地域及规模特征

802份未外出务工人员的农村调查数据显示，新疆农村维吾尔族人口在主要从事农业生产活动的同时，会在农闲时节外出务工就业。外出务工的地点主要还是在居住地所在地区，极少数就业会在相邻地区及乌市就业。依据调查数据，意愿选择在新疆城镇就业的为625人，占样本总数的77.9%；意愿选择到内地城镇就业的为177人，占样本总数的22.1%，他们更愿意在疆内务工。同时，根据对克州阿克陶县农村维吾尔族人口就业调查的数据，外出务工打工地离家距离均在50公里以内。

605份已外出务工人员的调查数据显示，男性在省内就业人数占调查样本比重为68.8%，在省外就业比重为31.2%；女性农村维吾尔族务工人员在省内就业人数比重为41.4%，在省外就业比重为58.6%。表明农村维吾尔族富余劳动力外出务工的地区选择中，选择省内就业的人数偏多，出现省外就业现象主要是近几年县政府组织到内地务工的成效。

三、就业行业特征

802份未外出务工人员的调查数据显示，新疆农村维吾尔族人口就业行业主要是农业，尤其以种植业为主，部分人口从事养殖业和牧业。在从事农业的人口中，在农闲时节外出务工的倾向行业主要是工业和建筑业，具体为加工制造业占38.2%，建筑和房地产业占21.5%，商贸运输业占10.9%，住宿餐饮娱乐业占18.5%，居民服务和其他服务业占10.9%。

605份已外出务工人员的调查数据显示，在城市的务工行业主要集中在加工制造业、住宿餐饮业、建筑业、居民服务和其他服务业、纺织业，其中生产加工制造业占40.0%，住宿餐饮业占20.5%，建筑业占15.4%，交通运输、仓储邮政业占7.2%，居民服务和其他服务业占16.9%。在外谋生的农村维吾尔族从事农业生产的人数极少。

四、就业态度及观念特征

从外出务工倾向看，不愿意外出务工的仅占16.8%，说明绝大多数人有外出务工意愿。从"如果有机会外出务工，你会选择何种途径"看，选择自己进城的占9.6%，选择报名参加企业来农村招工的占24.15%，选择工头进城／由政府机构组织进城（乡、镇或县就业服务站）的占到10.8%，选择随社会亲情网络（城中有亲戚；朋友、老乡或本村邻居带领或介绍）的占40.35%，选择由劳务中介机构组织进城的占15.1%。新疆农村维吾尔族人口外出务工就业途径选择主要还是通过社会亲情网络，需要政府加强就业帮助与辅导。从外出务工工资预期看，男性劳动力外出务工工资预期的平均值为1640元，女性劳动力外出务工工资预期的平均值为1109元，女性外出务工的工资预期低于男性。

从已外出务工人员的信心上看，调查数据显示，31.57%的被调查者对外出务工的信心为悲观；有26.12%的被调查者对外出务工的信心为一般；还有42.31%的被调查者对外出务工持乐观态度。

实地调查数据统计显示，新疆农村维吾尔族人口就业对象具有如下特征：男性比率高于女性；从年龄来看，以青壮年所占比例较大。从受教育程度来看，主要集中在初中及以下水平，说明目前就业的整体文化层次处于较低的水平。从就业地域和规模特征分析，外出务工的地点主要还是在居住地所在地区，极少数就业会在相邻地区及乌鲁木齐就业，总的来说更愿意在疆内务工。从就业行业特征分析，被调查者在劳动密集性行业领域分布占绝大部分，在现代新兴产业领域几乎没有就业分布。

第四节 富余劳动力就业工作成效

新疆农村维吾尔族人口就业工作长期保持着自然发展状态。受制于户籍制度的二元管理体制的阻隔，农村劳动力由农村自我消化，实行增长不增地，减人不减地的家庭固化维持方式。除通过高考走出农村的个别人员外，绝大部分人改变身份特征的机会很少，因此他们就业工作成效主要体现在改革开放后的30多年中的劳动力转移工作方面。

一、转移历程

（一）就业促进政策

就业政策又称劳动力市场政策，是一个国家宏观经济政策体系的重要组成部分，是政府为了解决现实中劳动者就业问题制定和推行的一系列方案和措施。新疆农村维吾尔族人口就业政策——国家和自治区政府实施的解决农村户籍的维吾尔族富余劳动力的就业问题而制定和实施的（包含人力资源市场规范、人力资源储备培育、社会保障与劳动关系调整在内的）一系列方案和措施。新疆农村维吾尔族人口就业促进政策主要体现在以下几方面。

1. 通过法律保障和资金扶持为促进少数民族地区劳动者就业提供保障

我国宪法明确规定，各民族一律平等，国家保障少数民族的合法权利和利益；禁止对任何民族的歧视和压迫，禁止破坏民族团结和制造民族分裂的行为。根据这一规定，《民族区域自治法》《中华人民共和国就业促进法》做出相应规定，要求各地方要重视对民族地区干部和专业人才的培养，不得歧视不同种族、民族和宗教信仰的少数民族从业人员，并对这些人员要采取特殊措施优先照顾和扶持。新疆实施的少数民族骨干计划，内地高中班、初中班都是国家对少数民族就业促进的政策倾向性措施。在1994年国家《"八七"扶贫计划》确定对新疆维吾尔族劳动力集中的19个地县，给予了专项扶贫资金支持，在2011年指标调整的时候，维吾尔族劳动力分布集中地县增至20个。

2. 就业培训政策

我国自1994年《"八七"扶贫计划》中指出对农村劳动力实施科技培训和劳动力转移培训以来，新疆农村维吾尔族劳动力形成了以科技培训，农村实用人才培训和劳动力转移培训为主的培训体系。在2010年后，响应国家政策，新疆农村维吾尔族劳动力培训项目中还增加了创业培训和针对"两后生"的3+x和2+x的劳动力储备培训计划。

3. 公共服务政策

2003年国家出台文件要求做好农村劳动力的转移工作。2010年新疆启动劳动力市场城乡统筹政策，在乡村设置就业促进工作点，建立农村富余劳动力台账，全面展开农村富余劳动力促进工作。

（二）就业促进历程

通过对现有文献整理，从阶段划分来看，张明龙将我国就业政策划分为改革开放前的就业政策（1949—1978），改革开放初期就业政策（1979—1993）和市场经济体制下的就业政策（1993至今）。卢红军将我国农村就业政策划分为就地就业（1978—1983）、离土不离乡（1984—1991）、跨地区流动就业（1992—1996）和农村富余劳动力有序转移（1997至今）四个阶段的演变进行梳理。欧阳慧将我国改革开放三十年来的劳动力转移政策进行了梳理，具体划分为："控制流动"下的准备阶段（1978至1983），"允许流动"到"控制盲目流动"下的就地转移主导阶段（1984—1991），"规范引导"下的外出务工主导阶段（1992—2000）和21世纪以来科学发展观指导下更加注重公平和融合阶段（2000至今）。

  从以上就业政策阶段划分可以总结出，就业政策是宏观经济政策的重要组成部分，经济体制的形式和内容决定就业政策的形式和内容。农村就业政策和农村经济发展紧密联系，本课题以农村经济发展为主线，梳理新疆农村维吾尔族就业促进政策。维吾尔族是新疆少数民族的重要组成部分，新疆农村维吾尔族就业促进政策从属于新疆农村就业政策和新疆少数民族就业政策，所以对新疆农村就业促进政策的梳理就是对新疆农村维吾尔族就业政策的梳理。第一阶段为1992年之前，新疆实行的是城乡分割的户籍制度和就业制度，农村劳动力转移受到严格限制。1992年之后，政府出台了一系列的政策，允许和鼓励农村劳动力的地区交流、城乡交流和贫困地区的劳务输出。新疆大规模进行农村劳动力转移是在2003年，疆外有组织输出工作于2006年下半年起步。2009年在政府引导下农村富余劳动力外出务工已步入正轨，2010年逐步壮大。因此新疆农村富劳动力转移工作历程具体可以分为三个阶段。

  1. 第一阶段：就业促进起步期（1992年之前）

  1992年以前，新疆的工业化进程受传统计划体制影响很深，重视和大力扶持石油和石化工业的发展，建立了以资源工业为主体的工业化体系。石油、石化相关产业，资本密集度高，吸纳劳动力的能力很有限。新疆企业非国有比例低，经济规模小，分布分散，聚集效应难以有效发挥，城镇化水平远落后于工业化水平。这一时期，国家就业政策偏向城镇就业，在农村限制农业人口迁移，使得农村劳动力只能就地就近就业。

20世纪80年代初，全国家庭联产承包经营制度的确立，大大提高了农业生产效率，使农村劳动力资源在农业内部得到充分利用，并促使农业富余劳动力向非农产业、向城市转移。这一时期为了确保粮食生产和解决城市就业问题，国家实施严格的城乡二元限制政策，具体政策以1958年公安部公布的《中华人民共和国户口登记条例》和1981年《国务院关于严格控制农村劳动力进城做工和农业人口转为非农业人口的通知》为代表。由于城乡二元户籍制度的限制，农民除少数通过高考实现身份转变和生存困难的城镇人口亲属外，农业人口不得迁往城市，必须在当地农村从事农业生产活动。

为了解决农村富余劳动力问题，国家实施从发展农业副业出发的农村富余劳动力就业政策。1978年，新疆人民政府提出了"抓紧粮食生产，农林牧副渔综合发展，积极开展多种经营"的方针，确立了"因地制宜，扬长避短，发挥优势"的指导思想。1981年，中共中央、国务院转发国家农委《关于积极发展农村多种经营的报告》，鼓励农民开始发展多种经营，开放集贸市场，发展各种"专业户"。在政策实施后，新疆各县乡开始设立工商行政管理局，下设工商行政管理所开设集市贸易市场，活跃城乡经济。

此外，为了解决农村富余劳动力问题，根据中共中央在1978年《关于加快农业发展若干问题的决定》中指出的"社队企业要有一个发展，逐步提高社队企业的收入占公社三级经济收入的比重。凡是符合经济合理的原则，宜于农村的农副产品，要逐步由社队企业加工",新疆农村开始发展社队企业,此时,社队企业是地区农机局下设单位"社队企业科"管理。社队企业发展平稳,如喀什地区 1978 年底社队企业有 3291 家,营业总收入完成了 4346 万元。到 1980 年底,喀什地区有社队企业数 5425 家,其中乡办企业 1788 个、村办企业 3637 个,从业 18091 人,总收入 4129 万元。

从我国 1978—1982 年的劳动力转移相关政策上可以看出,这一时期农民就业虽然就业路径冲破传统种植业限制,有从事农林牧副渔其他行业的选择,个别农民可以在社队企业就业,但是农村富余劳动力就业产业分布,严格限制在传统的第一产业以保障粮食的产出,就业区域以行政村为单位,不得自由流动,否则被视为"盲流",作遣返处理。

1983 年 1 月 2 日,中共中央下发的《当前农村经济政策的若干问题》中规定:"要改革国营商业体制。放手发展合作商业,适当发展个体商业,实现以国营商业为主导、多种商业经济形式并存。"自治区也制定下发了相应的政策,地区工商局立即在全区贯彻执行上级精神,恢复和开放集贸市场和农副产品市场,积极扶持个体户和私营企业的发展。1990 年,对农村个体经营放宽政策,鼓励农民经营工业、修理业、种植业、养殖业等经济实体。

1983 年以后,国家允许农村一部分富余劳动力从事工商业。1987 年国家颁布《城乡个体工商户管理暂行条例》,指导、帮助城乡劳动者个体经济的发展,但是其中第七条规定:"申请从事个体工商业经营的个人或者家庭,应当持所在地户籍证明及其他有关证明,向所在地工商行政管理机关申请登记,经县级工商行政管理机关核准领取营业执照后,方可营业。"此规定使农民可以"进城"在城镇就业,但是限制了个体就业区域,即必须在农民户口所在地就业,即县域就业。

新疆在 1984 年开始撤社建乡工作,建立乡镇人民政府,乡政府集中精力对本地区的经济、文化教育、卫生等公共事业进行统筹规划，发挥了基层政权的职能作用。

1984年3月1日，中共中央国务院4号文件肯定了乡镇企业的作用，制定指导乡镇企业发展的十六字总方针："积极扶持，合理规划，正确引导，加强管理。"同年，国家实施"自理口粮到集镇落户"政策，各省、自治区、直辖市可选择若干集镇进行试点，允许务工、经商、办服务业的农民自理口粮到集镇落户。1987年，中央通过文件《把农村改革引向深入》，第六条指出："调整产业结构，促进劳动力向乡镇企业转移。"由此开始，新疆开始兴建各类乡镇企业，乡镇企业的就业特征是："离土不离乡，进厂不进城。"

1985年，家庭联产承包责任制改指令性计划为指导性计划，改粮油派购为合同订购，种植业内部结构得到调整，农村富余劳动力得到进一步解放。

以1983年以来这四项政策的公布为标志，新疆农村维吾尔族人口就业方式从严格的就地务农就业转向部分就近向城镇第二、第三产业就业。1978—1992年，新疆非农业人口比例从27%增加到33.54%，低于全国平均水平，对农村富余劳动力转移就业贡献不大。

2. 第二阶段：就业促进有序推动期（1993—2002年）

这一时期新疆工业经济实力明显增强，工业对国民经济贡献扩大。2002年，第二产业对国内生产总值的贡献份额为45.39%，其中工业贡献额为33.37%。2002年三大产业的比重是19.09%、42.05%、38.86%，第一产业下降很快，第二产业稳中略降，第三产业上升较快。2002年新疆城镇人口比重为33.84%，尤其是天山北坡经济带的带动作用非常明显，其城镇人口比重占到全疆的64.9%。新疆本地农村劳动力不断增加，外地劳动力不断涌入，各级政府积极引导农民在农村内部流转，在政策上逐步清除不利于农民进城务工的各种限制和歧视性做法，引导鼓励农村富余劳动力不断向非农产业和城市有序转移。转移主要集中在一产内部和区内地县领域。农村劳动力转移表现出低层次单一性，仍属于自发性转移。同时转移质量不高，劳动力同年大量回流，经济效益不明显。

1994年劳动部发布《农村劳动力跨省流动就业管理暂时规定》（劳工部发〔1994〕458号），规定农民工可以在政府引导下跨省流动。

1995年，《新疆维吾尔自治区关于农村劳动力流动就业管理暂行办法》的通知（新劳字〔1995〕130号）中规定用人单位招用劳动力应坚持"先城镇、后农村、先本地、后外地、先区内、后区外"的原则。这一政策使农村维吾尔族富余劳动力务工限制进一步放松，农民工就业区域进一步扩大，可以进城务工。但是"农村劳动力在务工期间一律不转户粮关系"，是对其跨省转移的限制。值得一提的是在这个文件中，就业人员的相关培训政策只是针对已经被城镇企业录取的农村富余劳动力。就业部门的公共服务政策即为进城务工的农民办理流动许可证明。同年印发《新疆维吾尔自治区招收使用临时工管理规定》的通知（新劳计字〔1995〕307号）中规定，"用人单位招收招聘使用临时工应按当地少数民族人口自然比例招收少数民族职工"。

1998年，自治区人民政府发布《新疆维吾尔自治区人民政府批转自治区公安厅关于小城镇户籍管理制度改革试点工作实施意见和小城镇户籍管理制度改革试点工作实施办法的通知》，通知中第二条指导思想和原则中规定："依据党的十四届三中全会确定的关于逐步改革小城镇户籍管理制度，允许农民进入小城镇务工、经商、发展农村第三产业，促进农村富余劳动力转移的精神，允许已经在小城镇就业、居住并符合一定条件的农村人口在小城镇办理城镇常住户口，实行按居住地和就业原则确定身份的户籍登记制度，逐步实现以居住地划分城镇人口和农村人口，以职业划分农业户口和非农业户口，以促进农村富余劳动力就近、有序地向小城镇转移，促进小城镇和农村的全面发展，维护社会稳定。"从这个政策中可以看出，户籍政策的松动为农村富余劳动力转移提供客观条件。

2000年，新政办〔2000〕16号文件指出："加强劳动预备制培训工作，对城镇和农村未能升学准备从事非农产业或进城务工的初高中毕业生实行就业前职业培训制度，继续落实先培训、后就业，先培训、后上岗的就业政策。"此文件还提出要"开发农村劳动力职业技术培训。要按照国家和自治区扶贫工作会议的要求，广泛开展农村实用技术培训，培养依靠科学技术致富的带头人。要加快农村劳动力职业技术培训步伐，使农村劳动力输出由单纯的体力型逐步向技能型转化，更好地促进农村劳动力就业。"从这个文件中可以看出，国家就业政策的受益范围已经从1995年《新疆维吾尔自治区关于农村劳动力流动就业管理暂行办法》中的少数与就业单位签订合同的农民工扩大到全体农村富余劳动力，就业资金保障来自于国家扶贫资金。

2000年《新疆维吾尔自治区人民政府办公厅关于废止新政传〔2000〕17号文件的通知》（新政传〔2000〕17号）中指出："各地在鼓励和引导农村富余劳动力向非农产业转移和跨地区有序流动的同时，对盲目外出务工不着人员要耐心劝返；对因灾和生活困难而外流的，要结合扶贫给予扶持，帮助他们克服困难，安排好生活；对游手好闲、好逸恶劳以乞讨为生财之道者，要批评教育，妥善安排好其生产、生活等问题，并责成其家属做好防止继续外流的工作；对其他外流人员，要做好思想教育和疏导工作，以减少外流。"可见，政府对农民工自由流动已有初步的管理制度。

随着自治区建筑、采掘、餐饮、加工制造等劳动密集型行业和乡镇企业的发展，在内地大批农村劳动力到新疆务工的影响下，2001年新疆开始成批量组织农村富余劳动力从南疆到北疆和兵团转移就业，政府也逐步取消对农村劳动力转移就业的限制性规定。

2001年国务院新闻办公室发布的《中国的农村扶贫开发》白皮书中指出，输出贫困地区劳动力是国家扶贫开发的主要方式之一，并指出："劳务输出不仅有助于使贫困地区劳动力实现就业和增加收入，更重要的是劳动者通过异地就业可以学到新技术、新生活方式、新工作方法，开阔眼界，增强信心，提高自我发展能力。许多西部外出务工人员已经成为向西部传播东部生产生活方式以及文化和技术的使者。"

这一时期的政策有国家（发展）计划委员会2001年发布《国家计委关于印发国民经济和社会发展第十个五年计划人口、就业和社会保障重点专项规划的通知》（计规划〔2001〕716号）中指出我国"九五"主要成就之一就是实现："就业结构不断改善，第一产业从业人员占全国从业人员的比重首次降到50%以下，实现农村劳动力向非农产业转移3000万人。"

自治区2001年发布了《新疆维吾尔自治区人民政府关于加快发展职业培训全面提高劳动者素质的意见》（新政发〔2001〕48号），政策第一条指出："大批新增劳动力和农村富余劳动力素质不能满足就业需要。农村的大批富余劳动力由于缺少技术技能无法实现向城镇转移和就地创业实现就业。许多已取得学历文凭的毕业生由于只掌握了一般的文化基础知识，缺乏适应市场需要的专门技能，而无法实现就业。"这证明政府已经意识到农村劳动力转移中人力资本的重要性。新疆维吾尔自治区人民政府办公厅转发《关于实施劳动预备制度进一步提高劳动者素质的意见》的通知（新政办〔2000〕16号）中具体规定了劳动预备役制度的具体实施原则，实施对象，实施过程和自费来源。其中第九条规定：

"要加强少数民族劳动预备制人员的培训,不断提高技能素质和就业能力。有条件的培训机构可采取双语(民语、汉语)教学,专业课程汉语授课。提倡、鼓励民汉合并授课。要重视少数民族职业培训教材的编译、出版工作,教育和劳动保障部门要组织力量编译适合市场就业需要职业(工种)的培训教材,特别要重视因地制宜的乡土教材的编辑工作。财政部门要积极帮助解决民语教材编译出版和职业技能鉴定题库建设经费,加快少数民族职业培训教材建设。"值得一提的是其中培训经费来源是被培训者和其用人单位共同负担,可见在此文件中规定政府资金只是起辅助作用。从文件中可以看出对富余劳动力的就业提供公共服务的机关是当地社保局及其劳动力市场。

此阶段,农村劳动力成缓慢转移趋势,个别县市根据国家文件精神,开始有组织的进行农村劳动力转移活动。如喀什《疏附县志》记载 2001 年组织农民工到农三师团场摘棉花。此阶段就业培训政策散见于劳动力流动和扶贫开发相关文件中,没有独立的针对农村富余劳动力转移的相关文件。

3. 第三阶段:就业促进加快期(2003 年至今)

2003 年以来,自治区把坚持推进农村劳动力转移作为统筹城乡经济社会发展,调整优化农业经济结构,增加农民收入的战略任务来抓紧抓好。坚持以南疆和田、喀什、克州三地州和北疆牧区为重点,加快转移就业步伐;以县、乡政府组织输出劳务为主,农民自发组织、劳务中介和经纪人组织劳务输出相结合,不断扩大转移就业规模;以区内就地就近转移为主,同时向内地沿海省市输出劳务,积极拓展转移就业的空间;以强化汉语培训和技能培训为基础,努力提高农民素质和转移就业的能力。

2003 年《关于做好农民工进城务工就业管理和服务工作的通知》(国办发〔2003〕1 号)文件对农民工进城务工有关事项提出指导意见。从 2003 年开始,自治区党委、人民政府做出重大部署,把农村富余劳动力转移就业作为增加农民收入,促进南疆三地州农民脱贫致富的重要举措,对农村劳动力外出务工采取扶持引导政策。自2003起,新疆农村劳动力就业进入在积极就业政策扶持下的本地就业、就近就业、外出务工和自主创业协同发展阶段。

2004年1月19号自治区发布《新疆维吾尔自治区人民政府办公厅关于成立自治区农村劳动力转移领导小组的通知》(新政办发〔2004〕13号)文件指出,自治区人民政府决定成立自治区农村劳动力转移领导小组,并将小组名单和职责一一列出,标志着农村富余劳动力就业进入政府积极就业政策扶持阶段。通过对国家和自治区相关政策分析得出,国家和自治区分别从就业培训政策、公共服务政策和资金保障三方面对农民工富余劳动力转移提供了政策保障。

(1)就业培训政策

2004年文件《新疆维吾尔自治区人民政府关于开展农村富余劳动力转移就业培训工作的意见》(新政办发〔2004〕21号)指出:"农村富余劳动力转移就业培训工作要以县和乡镇为实施主体,各地要以乡镇和村组为单位,尽快开展对农村富余劳动力情况的摸底调查,建立健全农村富余劳动力登记台账。对凡有外出就业要求的,要逐一进行登记。并按照各自就业意向,分层次开展转移培训。对已外出务工的人员也要进行跟踪调查,掌握外出就业情况。"2004年自治区下发《新疆维吾尔自治区人民政府关于开展农村富余劳动力转移就业培训工作的意见》,实施农村劳动力转移培训阳光工程,对有转移到二、三产业或城镇就业意愿的农民,国家给予一定补贴,在输出地开展转岗就业前的职业技能培训。

2005年,新疆维吾尔自治区党委自治区人民政府下发贯彻落实《国务院关于进一步加强就业再就业工作的通知》的实施意见中指出：要"大力开展进城务工农村劳动者职业培训，提升进城务工劳动者的就业能力"。

2006年，《关于印发统筹城乡就业试点工作指导意见的通知》（劳社部发〔2006〕27号）中提出，重点要抓好就业困难群体和失业者及农业富余劳动力转移就业的培训工作，统筹城乡就业，建立城乡一体化的劳动力市场，是国民经济和社会发展"十一五"规划纲要确定的一项重要任务。

在2007年1月举行的新疆维吾尔自治区农村工作会议上，政府提出通过全面向农村劳动力实行技能培训，加快农业发展推进农村劳动力就地转移、省内转移和外省转移，加快推进农村劳动力战略性转移等措施，全区完成农村劳动力人均劳务增收额在农村人均收入中的比重达到40%以上的目标。

2009年，新疆维吾尔自治区职业培训补贴办法（新人社发〔2009〕35号）中，规定企业在岗农民工和困难企业在岗职工参加职业技能培训可享受一次职业培训补贴。农村新成长劳动力劳动预备制人员参加职业技能培训可享受一次职业培训补贴。

2012年新疆维吾尔族自治区实施《中华人民共和国就业促进法办法》规定："县级以上人民政府应当根据就业状况和就业工作目标，在年度财政预算中安排一定比例的促进就业专项资金。"

（2）公共服务政策

2008年，《自治区党委、自治区人民政府关于进一步加强农业富余劳动力转移就业工作的意见》（新党发〔2008〕4号），协调有关部门在农民工子女就学、老人赡养、土地流转、返乡创业等方面制定促进农业富余劳动力转移就业的政策。

2009年，自治区印发《自治区关于推动创业促就业实施意见的通知》（新政办发〔2009〕25号），鼓励支持返乡创业农民工创业，重视少数民族及女大学毕业生创业。

2010年《中共中央、国务院关于加大统筹城乡发展力度进一步夯实农业农村发展基础的若干意见》(中发〔2010〕1号)提出建立覆盖城乡的公共就业服务体系,积极开展农业生产技术和农民务工技能培训,整合培训资源,规范培训工作,增强农民科学种田和就业创业能力。

2012年,《新疆维吾尔自治区实施〈中华人民共和国就业促进法〉办法》规定,劳动者依法享有平等就业和自主择业的权利;劳动者就业,不因民族、种族、性别、宗教信仰等不同或者残疾而受到歧视。从法规层面防止就业歧视,切实保障劳动者的就业权利。办法中还规定了促进少数民族劳动者就业的具体规定,如规定国家机关和事业单位招录、招聘人员,应当依照法律和自治区有关规定对少数民族报考者予以照顾。各类企业应当吸纳当地劳动者就业,并优先招用少数民族劳动者。企业招用当地劳动者就业的,按照自治区有关规定享受各项就业扶持政策。

2013年,新疆落实创业帮扶政策。新疆将把创业孵化基地和创业园区建设作为促进帮扶农民工、失业人员及其他劳动者自主创业的重要载体,力争到2015年底实现"一县(市、区)一基地一园区"的目标。

(3)资金支持

2009年自治区财政厅、原劳动和社会保障厅《关于就业专项资金使用管理有关问题的通知》(新财社〔2009〕26号)文件中进一步整合了扶贫资金、就业资金和对口资源资金中关于农村劳动力转移方面的资金使用问题。

2011年《关于落实自治区促进中小企业发展税收政策的意见》(新国税发〔2011〕177号)文件中农村富余劳动力被纳入政策覆盖群体。

2011年1月1日,自治区《关于支持和促进就业有关税收政策的通知》中规定,农民工被纳入就业重点群体,都涵盖在新的就业税收优惠政策适用对象之内。新疆实施新的支持和促进就业的税收优惠政策。与以往政策相比,重点支持自主创业成为此次新政的主题。

二、转移现状

(一)第一阶段:转移起步期(1992年之前)

1992年以前,新疆的农村富余劳动力以就近就地就业为主,农民大多被限制在第一产业内部和乡镇企业就业,农民主要收入来源是第一产业收入所得。

根据统计年鉴,1981年末,新疆维吾尔族人口分布最集中的喀什、和田、哈密是缺粮地区,相比而言,北疆伊犁、塔城、昌吉是余粮地区。由此可知,在1978到1983这个时期,新疆农村维吾尔族劳动力主要从事粮食种植业生产以解决吃粮问题。这一时期,由于家庭联产承包责任制对经济效率的提高作用,新疆1984年结束了新疆吃粮靠调入的历史。

此外,南疆工业不发达。据1981年统计年鉴,南疆工业总产值仅占新疆工业总产值的15.8%。直至1983年,南疆没有一个完全的工业化城市,农业建设水平和交通设施建设水平也落后于北疆。因此新疆农村维吾尔族劳动力存在农忙时人手紧张,农闲时闲人多,没事干的现象。客观条件限制了农村劳动力的转移渠道。

这一阶段,新疆农村就业结构基本保持不变,第一产业就业人员在1878年为353.99万人,1980年为354.49万人,占新疆总人口的70%左右。

首先,新疆维吾尔族富余劳动力就业路径冲破传统务农限制,有乡镇企业务工和城镇乡村个体户就业两种方式,范围突破城乡限制。

据《喀什地区志》第十三编记载,"1978年中共十一届三中全会后(具体应是1984年中共中央国务院4号文件公布后),各项方针政策给喀什地区乡镇企业的发展带来勃勃生机。其间,地区乡镇企业从无到有、从小到大,迅速发展起来,总收入1990年突破3个亿,是1978年的12倍。"

表2-12 南疆三地州乡镇企业发展情况

年份	地区	乡镇企业数(个)	总产值(万元)	从业人数(人)
1986	克州	1893	3207.36	11927
1986	和田	15261	7872.8	42576
1986	喀什	35393	18000	103498
1990	喀什	38837	26799	126935

资料来源:喀什、和田、克州地区志,1995年。

到1983年底,和田地区个体工商户发展到11582户、16556人,其中城镇6539户、8604人,农村5043户、7952人。1985年底,发展到26347户、39486人,其中城镇个体工商业户12735户、17940人,农村个体工商业户13612户、21546人,全部资金2387.7万元,全年营业总额17138.6万元,个体工商业营业额占1985年社会商品零售总额的21.34%。

其次,在就业促进机构建设和就业培训工作上有所进步。

在就业机构上,1980年自治区各县政府成立劳动科,主管劳动管理,劳动工资,监管知识青年回城就业安置。在1984年更名劳动局,扩大职务范围,包含职业培训,技术考核等,并对个体户的理发职种进行技能鉴定,开始对农村就业早期职业鉴定工作。

在就业培训上,培训服务中心南疆乡镇企业人才培训中心成立于 1989 年。1988—1990 年，完成短期培训 7052 人，完成成人学历教育培训 910 人。

第三，这个时期从事非农业劳动力的数量也有了一定的增长，农民收入有了一定程度的提高。

1985 年从事第一产业的就业人员占从事经济活动总人口的比例从 1980 年的 70.01% 下降至 64.20%，到 1990 年占比为 61.24%，与此同时第二产业就业人口和第三产业就业人口分别增长了 1% 和 3%。据新疆统计年鉴，1984—1990 年第二产业占新疆生产总值的比例呈下降状态，可见新疆农村富余劳动力大多转移到第三产业就业。

此阶段新疆农村居民家庭人均纯收入从 1985 年的 201 元增长至 1995 年的 1137 元，增长了 5 倍多。恩格尔系数由 1980 年的 57.9 降至 1995 年的 50.1。

这个阶段一小部分农民以个体经商为主，自发到疆内外大中城市以及周边国家做生意，通过烤羊肉串及贩卖干果、花帽、小刀等增加收入。

新疆维吾尔族农村劳动力分布集中的南疆地区在历史上被称为"三十六城郭"，以耕种为主，中华人民共和国成立后工业不发达。农村维吾尔族富余劳动力从农业劳动中的转移路径主要是以个体工商户就业方式为主。其中，不少南疆富余劳动力突破城乡限制，转移到北疆经济相对发达地区就业，如北疆《巩留县志》记载在 20 世纪 80 年代就收到南疆非正规转移劳动力 200 余人。

（二）第二阶段：有序转移期（1993—2002 年）

第一，此阶段新疆维吾尔族富余劳动力从就近就地转移进入省际范围内自由流动阶段，省内劳动力转移速度上升，农民经济收入进一步提升。

据新疆统计年鉴，农村非农劳动力比重从 1995 年的 9.26%

上升到 1999 年的 10.42%，农村劳动力转移率从 1995 年的 0.4% 增长至 1999 年的 0.73%。

此阶段新疆农村居民家庭人均纯收入从 1995 年的 1137 元增长至 2000 年的 1618 元，增长速度减缓。恩格尔系数由 1995 年的 50.1 减至 2000 年的 49。由此可以看出此阶段的就业限制政策对农村经济发展没有起到正面效应。

第二，由于政策对跨省转移的限制，自治区基本没有农村劳动力跨省转移现象发生。

国家统计局农村社会经济调查总队 2000 年《乡村劳动力调查基层表》关于农村劳动力的就业和流动状况专项调查的数据显示，新疆没有进行跨省劳动力输出，而河南、四川、甘肃等省份分别对新疆进行了劳动力输入，是造成 2000 年以后新疆农村劳动人口增加除计划生育政策外的另一个影响因素。

第三，新疆农村维吾尔族劳动力收入水平相比自治区平均水平低，绝大多数人口束缚在农村。

在我国 1994 年确定的 25 个国家级贫困县中，新疆维吾尔族人口集中分布的喀什、和田、克州、阿克苏、吐鲁番五个地区中，克州 4 个县，喀什 6 个县（共 12 个县），和田 8 个县被定为贫困县，占新疆贫困县总数的 72%。据 2001 年国务院新闻办公室发布的《中国的农村扶贫开发》白皮书内容，到 2000 年我国《国家八七扶贫攻坚计划》中所列各县市已解决温饱问题。这说明了劳动力转移带来的红利可以使人吃饱饭，但是不足以改变这些地区的相对贫困现状。2000 年人口普查时维吾尔族占全区总人口 45.9%，其中 80.5% 仍然属于农业劳动者。可见，新疆农村维吾尔族就业比例要实现《国家八七扶贫攻坚计划》目标的 50%，还任重道远。

（三）第三阶段：加快转移期（2003年至今）

此阶段劳动力转移以劳务输出为主，富余劳动力劳务创收逐年增加。新疆自2003年大力开展农村富余劳动力转移就业工作以来，平均每年实现160万人次转移就业。

"十一五"期间，新疆共计转移农业富余劳动力800万人次，劳务创收190亿元；完成农村富余劳动力技能培训211.46万人次，全区人均增收416元，劳务创收占人均收入的39%。其中2005年，全区转移就业67.46万人次，2006年转移就业120万人次，2007年转移就业144.85万人次，年均增长30%以上，三年迈出三大步。

2008年，农村富余劳动力共转移就业187万人次，其中乡镇企业转移农村富余劳动力106.3万人次（占转移总数的56.84%），农产品加工业转移农村富余劳动力20.39万人次。

2009、2010年自治区进一步提高农民工转移就业的组织化程度，突出抓好农村富余劳动力"一年一户一人一技"致富技能培训和农民工返乡创业培训工程建设。中央新疆工作座谈会召开后，新疆农村富余劳动力转移就业连创新高。

2011年，全区实现农村富余劳动力转移就业258.3万人次，完成年度目标任务的143.5%，劳务创收96.6亿元。

2012年，新疆实现农村富余劳动力转移就业260万人次，完成目标任务的130%，给农民带来的增收达到100亿元，是近年来新疆转移人数最多、劳务创收额度最高的一年。

2013年新疆共转移农村富余劳动力270万人次，其中转移城镇就业100万人次，农牧民劳务收入130亿元，再创历史新高。在农村富余劳动力转移工作中，新疆6个国家级示范县成绩突出，共完成农村富余劳动力转移就业47.92万人次，占全区总量的18%，在职业技能培训、有组织转移、推动稳定就业和自主创业方面发挥了很好的示范带动作用。

新疆劳动力转移就业工作虽然取得了一定成绩，但现实存在却不容乐观。新疆现有农业富余劳动力总量依然较大，少数民族农业劳动力比例较高。据相关统计截至2013年底，新疆拥有农村富余劳动力340.17（测算数据）万人，其中维吾尔族占72.68%，达247.24万人，主要集中在喀什、和田、克州、阿克苏以及吐鲁番等地州。当前新疆劳动力转移工作依然存在农村维吾尔族富余劳动力接受职业技能培训基础薄弱、就业观念陈旧和语言沟通困难、劳动力素质偏低、劳动力工作环境差等问题，转移就业工作难度较大，任务仍然十分艰巨。

依据表2-13所示，2008年南疆三地州农村劳动力转移91.84万人，2009年转移107.9万人，2010年转移113.7万人，2011年转移131.73万人。可见南疆三地州劳动力转移的总趋势是上升的，新疆维吾尔族富余劳动力的转移就业意识已经建立。

此外，从表2-13可以看出，自2008年以来，南疆三地州劳动力转移以疆内转移为主，转移指标中"转移到疆外省区就业人数占比"中2008年为11%，2009年为8%，2010年为8%，2011年为5%，均不超过11%。2011年转移到疆内其他地州就业占比35%，转移到疆内城镇就业人数占比39%。可见在劳动力输出方面，劳动力的跨省流动存在比例偏小的问题。

表2-13 2008-2011南疆三地州农村劳动力转移就业一览

转移指标 \ 年份	2008	2009	2010	2011
本年累积转移就业人数（人）	918400	1079000	1137000	1317300
累计转移城镇就业人数占比%	30	44	38	39
转移到疆内城镇就业人数占比	28	34	33	37
转移到疆内其他地州就业占比	51	40	62	35

续表

转移指标 \ 年份	2008	2009	2010	2011
转移到疆外省区就业人数占比	11	8	8	5
有组织转移人数占比	38	24	26	20
通过职业中介就业人数占比	19	6	15	14
转移前接受到职业培训人数占比	36	30	23	20

资料来源：阿布都外力·艾则孜：《南疆三地州农村富余劳动力转移规模与就业问题分析》，载《新疆农垦经济》，2013（3）。

2010年自治区提出的鼓励"劳动力返乡创业和就近转移"的政策受到农村维吾尔族农村劳动力的热烈欢迎，但是劳动力转移的目的不仅仅是增加收入，更重要的是劳动者通过异地就业可以学到新技术、新生活方式、新工作方法，开阔眼界，增强信心，提高自我发展能力，提高其人力资本存量。以新疆现有的经济发展水平和科技水平急需外出务工人员传播内地先进的生产生活方式、文化及技术。

但是在新疆维吾尔族富余劳动力跨省流动的时候，会出现由于语言、宗教习惯和大工业生产行为的不适应性等因素导致的冲突事件，如2009年的"6·26"韶关事件起因就是由于民族习惯不同导致的信息传递失误。2012年发生的"切糕"事件除了语言不通的因素外，还有内地各级干部对少数民族政策的不了解。2013年部分维吾尔族极端分子实施的一系列恐怖事件发生后，大部分维吾尔族男性务工者被遣返回疆，其原因除语言、宗教习惯、和工业生产行为不适应等综合因素外，与个别极端分子破坏了整个维吾尔族人的声誉有直接关系。因此，新疆维吾尔族劳动力转移最好的方式是梯度渐进式转移。

三、转移特征及制约因素

（一）转移工作特征

新疆农村维吾尔族富余劳动力转移工作存在的问题与一般的农民工问题有共性但也有其特性，受生活习俗和人文环境的影响，新疆农村维吾尔族富余劳动力流动具有独特的地域性和民族文化烙印。

第一，在转移的区域上以区内转移为主，呈现区内转移与区外输出并重趋势。

2003年以后新疆开始出现大规模劳动力转移，并逐步呈现由疆内转移向疆外转移转变，转移就业形式呈多样化。由于语言和风俗习惯及自身劳动素质限制，有90%左右的农村维吾尔族富余劳动力选择在疆内就业，跨省区流动比较少。区内转移就业多数集中在农业、建筑、运输和服务等行业；跨省转移就业则主要集中在制造业和服务业。与此同时，区外劳动力却大量流入新疆，其较强的竞争能力在一定程度上抑制了本地农村维吾尔族富余劳动力的转移。

第二，从转移的人口特征看，维吾尔族农民转移呈现的人力资本状况普遍偏低；以青壮年劳动力为主，集中在劳动密集型行业；40~50岁劳力相对转移就业困难。

目前，新疆维吾尔族疆外转移就业的人员绝大部分是20~30岁的青壮年，以历届初高中毕业生居多，年龄在18~35岁之间，女性比例占到转移人员总数的80%以上，其接受和学习新知识、新技能、新思想的能力也较快，相对比较好转移、比较好就业。但由于受文化素质、工作技能和城市就业制度等因素影响，其工作主要集中在技术含量低、工资低的服装、零售、纺织、餐饮等劳动密集型行业。同时，以简单体力型劳动和服务业为主要特征，以体力、青春乃至健康付出为筹码的就业形式决定了其就业年限极其有限，以上双重原因使得其转移具有不稳定性和回流性。而那些40~50岁的年龄较大人员，因面临子女教育、父母赡养等问题，知识文化程度偏低，外出转移就业难度大。

第三，从转移的动力看，新疆维吾尔族劳动力转移的根本动力来自于农村内部的"推力"，来自城镇的"拉"力相对不足。

富余劳动力转移存在着"推""拉"效应。一方面农业对劳动力的"挤出"效应，推动富余劳动力向城镇和非农生产部门转移。与此同时南疆三地州普遍自然条件较差，农业生产较为落后，维吾尔族农民生活水平普遍不高，生活改善的愿望迫使维吾尔族农民外出打工来改变家庭经济状况。由此可以看出，经济压力是劳动力外出务工的主要驱动力。另一方面，目前新疆干旱区绿洲城镇发展水平较低，尤其南疆农村二、三产业不发达，工业化程度低，吸纳劳动力能力不高，转移到县内者仅占到劳动力转移总数的10%左右。总体来看，来自城镇的"拉"力远远不够。

第四，从转移重点看，劳动力转移与就业培训并驾齐驱。

新疆农村维吾尔族富余劳动力由于语言障碍、劳动技能欠缺，其规模化转移的步伐受到制约。因此，政府和相关中介组织，以市场需求为导向，重点从汉语言培训、就业技能培训等方面开展培训工作，注重通过培训开发人力资源，以备提供产业所需的合格产业工人。2011年新疆共开展劳动力转移就业培训34.7万人，其中：技能培训25.4万人；劳动预备制培训2.7万人；致富技能培训6.1万人；创业培训0.54万人；汉语言培训8.2万人。职业技能培训后转移就业率达52.5%，创业成功0.27万人，创业成功率达50%。2012年全区农村富余劳动力转移就业技能培训42.5万人，其中定单、定岗、定向培训8.4万人，紧缺职业（工种）培训7.6万人。培训后，23.1万人取得职业资格证书，占培训总人数的54.5%，实现转移或就近、就地就业18.6万人，就业率达

43.8%。2013年共完成农村富余劳动力转移就业培训59.7万人，国家通用语言培训9.7万人，培训质量、培训的针对性和培训后的就业率明显提高，农村维吾尔族富余劳动力转移就业规模稳步扩大。

第五，从转移效果上看，经济效益提高，社会效应凸显。

一方面新疆农村维吾尔族富余劳动力转移增加了收入，改善了生活，外出务工者大多获得了比在家乡务农者更高的经济收入、更好的生活条件和更高的生活质量。据调查，新疆南疆贫困地区的人均年收入为2300元左右，而从业于内地城市制衣厂的外出女工大多一个月就可能挣到2000元。另一方面新疆农村维吾尔族劳动力转移使得他们开阔了视野、解放思想、转变观念，学到生产、经营、管理技能，增强了国家认同感和民族认同感。由于政府有序的引导、组织，新疆政府组织型劳务转移群体总体上实现了良性流动。

第六，从转移保障条件看，新疆维吾尔族农民工就业"软环境"有待完善。

大多数外出务工的农村维吾尔族富余劳动力文化素质较低，不明确自己有哪些合法权益，且解决问题的方式比较简单，其正当权益容易受到侵害。对新疆维吾尔族农民工的外出打工满意程度的调查显示，有近50%的农民工表示在外打工一般或不太满意，主要表现为工作时间与工资不成比例、缺少社会福利待遇等。由此，迫切需要建立相应的社会保障体系和制度。

（二）制约转移的因素

新疆农村维吾尔族富余劳动力转移就业问题必须充分认识其复杂性，综合考虑区域政治、经济、社会、文化及宗教等各种因素的影响。以下着重从思想意识、个体素质、经济及制度因素四方面分析制约其转移就业的深层次原因。

1. 思想意识因素

第一，闭塞的环境和封闭的社会经济文化体系，造成农民思想保守，观念滞后。据第六次全国人口普查数据统计，南疆三地州大专文化人口仅占总人口的2.4%；不识字或识字很少人口却占总人口的13.8%，不识字、识字很少人口数量巨大，人口总体文化素质构成明显偏低。低文化的劳动人口受传统观念的束缚，使其难以形成正确的劳动观和人生观。第二，新疆维吾尔族群众信仰伊斯兰教，穆斯林在宗教信仰、风俗习惯、语言文化等方面与疆外的大部分省份居民有很大的差别。受特殊的饮食生活习惯、服饰、宗教文化因素制约，其对不同社会文化的适应力较差，很大程度限制了穆斯林群体的外出务工。此外，由于农民身份，外出务工的农民在日常生活和社会交往中，一定程度上会遭受当地市民的偏见和歧视，使他们难以真正融入当地的"主流"社会群体，进一步阻碍了其由"农民"向"市民"身份转变。

2. 个体素质因素

少数民族农民整体素质偏低，导致其就业和择业能力差。新疆农村劳动力的科技素质及文化素质整体偏低，据全国人口普查新疆的农村中文盲、半文盲及小学文化程度的比重高达49.38%，比全国高12.7个百分点，导致其就业空间较窄，适应能力差。随着经济发达地区从劳动密集型产业向技术密集型产业和资金密集型产业发展，人才供需矛盾升级，结构性失业风险加大，一定程度上进一步削弱了农村劳动力的就业，并进而影响了其向非农产业和城市转移的规模和层次，影响了新疆农村富余劳动力转移的速度。

3. 经济因素

新疆产业结构不合理，城市化进程严重滞后，乡镇企业数量少且规模小，导致县域经济吸纳农村劳动力能力较低，使得富余劳动力向非农就业转移进程缓慢。新疆农村二、三产业不发达，同时产业结构与就业结构偏差较大，使得新疆农村劳动力从事非农产业的从业人员严重偏低。新疆县域城镇化处于起步阶段，城镇聚集功能差，劳动力就地流转缺乏载体。以南疆三地州为例，其乡镇企业总产值仅占新疆乡镇企业总产值的9%左右（2011—2013），非农产业发展滞后，进一步加大了农村富余劳动力向乡镇企业的转移难度。

4. 制度因素

由于土地流转机制不活，使部分务工农民农闲离乡，农忙回乡，形成了"季节型"务工群体，影响了转移就业的稳定性。由于户籍制度和社会保障等制度的不健全，农民不能分享国家的就业资源和就业政策，外出务工缺乏保障，时常受到歧视性待遇。以上制度原因，极大减缓了新疆农村富余劳动力转移的步伐。

四、转移就业效应

关于劳动力转移的效应，目前学术界主要从其对移出地和移入地的正负作用来进行分析，本研究侧重对新疆本地的影响。从移出地来看，新疆农村富余劳动力转移效应具有二重性。一方面，加快组织少数民族农业富余劳动力转移，带来了许多积极的"正"效应。有利于新疆农村维吾尔族开阔视野、解放思想、转变观念，学到生产、经营、管理技能，增加收入、改善生活，并有利于增强国家认同感和民族认同感。另一方面也存在一定的"负"效应，存在土地抛荒、农村婚姻家庭稳定性变差、炫耀性消费不良社会风气等现象，产生了一些负面影响。

(一)劳动力转移"正"效应

1. 增加了农民收入,提高了农民生活质量,缩小了城乡差距,对输出地经济及社会产生了积极影响

首先,新疆农村富余劳动力的输出正效应体现在农民增收方面,尤其是维吾尔族分布最广的南疆四地州。从 2-14 表可以看出,2009 年到 2013 年间,农民工资性收入呈上升状态,2009 年是 352 元,2011 年是 717 元,2013 年是 1043 元,累计增加 691 元,年均增长 31.2%,实现了明显突破。工资性收入在农民人均纯收入中的比重从 2009 年的 11.6% 提高到 2013 年的 18.2%,提高 6.6 个百分点,对农民增收的贡献率达 25.5%。

表 2-14 2009—2013 南疆四地州农民收入构成与占比情况表

年份	农民人均纯收入	农民人均纯收入的四个组成部分							
		工资性收入(元)	占比(%)	家庭经营性收入(元)	占比(%)	转移性收入(元)	占比(%)	财产性收入(元)	占比(%)
2009	3030	352	11.6	2479	81.8	152	5.0	47	1.6
2010	3705	428	11.5	1990	80.7	233	6.3	55	1.5
2011	4244	717	16.9	2968	69.9	459	10.8	101	2.4
2012	4985	765	15.3	3361	67.4	800	16.1	59	1.2
2013	5745	1043	18.2	3785	65.9	842	14.7	75	1.3

资源来源:《南疆四地州农民收入情况分析报告》,新疆维吾尔自治区党委农村工作办公室,http://www.xjnb.gov.cn/news/Show.asp?id=22021,2015 年 3 月 13 日。

其次,新疆农村富余劳动力的输出正效应体现在缩小城乡差距上。从下表可以看出,2009—2013 年南疆四地州城乡居民收入比在逐年缩小,见表 2-15,其中工资性收入在农民人均纯收入中的比重逐年提高。新疆四地州农村富余劳动力的输出有效地缩小了城乡差距。

表 2-15　2009—2013 年南疆四地州市城乡居民收入比变化

（单位：%）

地州市	年份				
	2009	2010	2011	2012	2013
阿克苏地区	2.33	2.59	2.67	2.49	2.31
克州	3.84	4.01	4.01	4.28	4.63
喀什地区	3.83	3.64	3.61	3.35	3.07
和田地区	5.39	5.41	4.85	4.33	4.05

资料来源：新疆各地州市《社会和国民经济发展公报》（2009—2013 年）。

最后，新疆农村维吾尔族富余劳动力的输出正效应体现在人力资本积累上。人力资本积累是一个人知识、技术、素质等的累积。农村富余劳动力一般转移到比家乡富裕、发达的区域。富余劳动力在打工的过程中可以学习富裕、发达地区的生活方式、生产方式和劳动技能，边干边学，不断积累自身人力资本。其中一部分富余劳动力在积累过程中可以厚积薄发，返乡创业，不仅提高其自身素质和生活质量，还使当地民众获益，对输出地的经济和社会都产生积极影响。

2. 劳动力转移数量越来越多，劳务收入逐年提高

表 2-16　自治区劳动力转移和劳务收入数据

年份	劳动力转移数量	劳务收入	政府劳动力转移投入
2003	58 万人次	6.5 亿元	扶贫资金 6.1 亿元

续表

年份	劳动力转移数量	劳务收入	政府劳动力转移投入
2004	100 万人次	13 亿元	5000 万农民工就业技能培训工作
2007	145 万人次	17 亿元	完成预算 270 亿元,支持贫困农牧民职业技能培训、农村劳动力转移培训和新型农民培训
2008	187 万人次	36 亿元	自治区社会保障和就业投入 109.1 亿元(不含保障性住房投入)
2009	231 万人次	71 亿元	自治区社会保障和就业投入 139.1 亿元(不含保障性住房投入)
2010	210 万人次	80 亿元	社会保障和就业支出 132 亿元
2011	220 万人次	87 亿元	社会保障和就业支出 136.9 亿元
2012	258 万人次	96 亿元	社会保障和就业支出 153.2 亿元
2013	272 万人次	130 亿元	社会保障和就业支出 171.9 亿元

数据来源:根据历年自治区政府工作报告整理而得出,其中 2005、2006 年份资料缺失。

从表 2-16 可以看出,自实施积极的就业促进政策以来,自治区劳动力转移人次逐年增多,劳务收入也从 2004 年的 13 亿元上升到 2013 年的 130 亿元,就业和社会保障支出逐年增多,由此可以看出自治区就业政策起到了积极的政策效应。农村维吾尔族劳动力在城镇转移就业以后,获得了一定的工资收入,加之家乡的土地耕种收入,因此他们普遍认为城乡收入差距与过去相比在缩小。

以南疆为例,近年来,南疆三地州贯彻落实地委提出"两个加速,一个突破"的发展战略,劳务输出按照"政府引导服务、大户牵头带动、农民自愿参加"的原则,采取向区外转移、疆内转移、就地转移三种方式,着重在"短期变长期和体能型变技能型"两个重点上下功夫,把劳务输出作为农民增收的主要途径之一。2007—2010年,墨玉、疏附、疏勒三县人均劳务输出收入占农民人均收入比例由19.1%、18.7%、10.7%分别提高到29.5%、44%、18.3%,尤其是劳务输出大县疏附县,其近4年年均增幅超过6%,见表2-17。劳动力转移增加了农民收入,收入的提高带来了农民生活质量的提高,绝大多数农民用打工挣的钱盖房子、买家电、汽车、电脑或农业用的车等,出现了"转移一人,富裕一户,转移一批,富裕一村"的可喜现象。另外,由于转移引起的经济收入的上升,可以使他们增强消费能力,通过购买和消费过程,参与到经济运行的循环中去,有利于增强劳动者的自信心和自强心,满足自我实现的需要。此外,外出务工者将城市的生活方式、观念及有关信息带回农村,扩散了城市文明,对于缩小城乡差别,改善城乡二元结构,加速城镇化,推动农村现代化,改变农村传统的生活方式,提高消费水平与生活质量也起到潜移默化的作用。少数民族农村劳动力转移从整体上看,推动了新疆农村的社会经济发展,促进了民族地区的社会变迁。

表2-17 2007—2010年南疆三地州三县农民劳务输出收入情况

年份	劳务输出人数（万人）			劳务创收收入（万元）			人均劳务输出收入（元）			人均劳务收入占人均收入的比例(%)		
	墨玉	疏附	疏勒	墨玉	疏附	疏勒	墨玉	疏附	疏勒	墨玉	疏附	疏勒
2008	10.2	7.2	5.04	12675	19420	10160	303.5	740	376.7	19.1	18.7	10.7
2009	11.0	7.3	6.60	20524	26030	12600	483.6	979	467.1	24.0	25.2	11.6
2010	12.8	7.3	6.40	29900	15900	15474	691.4	1045	563.5	28.2	38.0	12.4
2011	13.3	7.6	9.5	39046	19797	25600	868.5	1345	906.1	29.5	44.0	18.3

资料来源:2012年7—8月实地调研数据汇总。

3. 提升新疆农村维吾尔族的人力资本和社会资本

受城市文明和现代生活方式的影响，其价值观念、思维方式、生活习惯等都发生明显转变。农村劳动力向城镇流动，本是城乡间劳动要素的相互吸引和互动过程。这一进程在相当程度上超越了人口流动的初衷——劳动者追求个人收益最大化的设想，进一步扩展为开阔视野、增长见识、掌握技术、提高素质、转变观念等人力资本积累不断提升的过程，迅速提高了国民素质，成为有现代知识和思想的新型农民。

第一，有利于农村人力资源素质的提高。受城市文明和现代生活方式的影响，农村人力资源的生存方式和价值观发生了相对的变化。农业劳动力在不同地区、不同行业间的流动，可以促进他们更新观念，学到先进技术和管理经验。许多农民进城后，在参加城市经济活动的过程中，不断学到新知识、新技能，逐步适应城市的生活节奏和契约化的社会关系，其能力也在一定程度上得到锻炼，不知不觉地实现了自身素质和精神风貌的变化。不少新疆维吾尔族青年通过长期的外出务工生活，通过亲眼目睹内地经济建设巨大成就，亲身体验科学文明生活方式，人生观、价值观发生巨大变化，许多青年农民的思想观念有了很大的转变，已不满于传统的"日出而作，日落而息"的农耕方式。在长期的务工生活中，他们不仅学到了知识，开阔了眼界，掌握了技能，积累了资金，而且还对自己的世界观，人生观，价值观重新定格。

第二，劳务输出为县域新型工业化进程储备了产业工人，劳动力素质得到提高。劳务输出造就了一大批具有新思想，新见识和掌握一定技术的新型农民，为经济发展准备了熟练工人和技术管理人才。据调研，浙江雅戈尔制衣厂伽师分厂于2010年4月16日在伽师县开工，聘用了86名新疆维吾尔族女员工，这些员工的大部分从浙江雅戈尔制衣厂和内地其他制衣厂务工回来的，从内地务工回来的人员比没外出的工作积极性高，一大批农村劳动力通过参加各类培训或"干中学"的方式由农民转变成第二、三产业工人。

第三，农民的创业意识增强。许多在外务工人员"换了脑子，赚了票子"后积极返乡创业。农民工在完成了资本、技术和管理经验的积累后，返回家乡去开发农业或创建新产业，成为经营者，带动农业中劳动力整体素质的提高。此外，由于农业劳动力的流出，人地矛盾得到缓解，从而使农业规模经营成为可能，与之相适应的资本有机构成提高而带来的科学技术的进步，必然促进农业人力资源素质。

第四，农村劳动力转移扩充了其社会资本。法国社会学家布尔迪厄（Pierre Bourdieu）认为社会网络的实质是一种社会资本，是个体拥有的社会关系网络以及通过这种网络动员和获取社会资源的能力，包括信任、亲情、参与和互惠等。由进城农民工们一手建构的农民外出务工，其交际活动已远远超过其血缘关系和地缘关系的半径，大大地扩大了其社会网络，一方面以血缘和地缘关系为基础的初级关系仍然是他们社会网络中的强纽带关系，进城农民工们主要从这种先赋性的强纽带关系中获得他们在城市生活中所迫切需要的社会支持；另一方面，一些全新的社会元素，如老板、城里人、当地居委会及政府干部等异质群体和制度内关系，也正在被他们逐渐吸收到自己的社会网络中来。社会关系网络正在成为他们在城市生活中赖以生存和发展的重要资本。

4. 农民工返乡创业产生了回归效应，有力推动了县域民族经济发展

农民外出务工收入，为农村发展提供了资金积累；在城市就业的农民工适应了现代生产方式的管理模式，掌握了技术，开阔了视野，积累了经验，促进了农村人力资本的形成。由此外出务工人员回到家乡创业比较普遍，在商贸、农产品加工、餐饮服务、客货运输和服装加工等方面创办实体。既可吸纳农村富

余劳动力，又可带动其他农民致富，在农村发展中起到十分重要的作用。同时，他们的思想解放、观念较新，生活方式也与农村不同，对周围农民产生了潜移默化的影响，推动了农村社会文明和进步。新疆农村富余劳动力的转移，通过"输出劳务—积累生产要素—返乡创业"的发展模式，使新疆欠发达地区获得了发展的外源力量和造血功能，促进了第三产业的发展，推动了家乡经济的发展。

近年来，外出务工人员返乡创业的逐步增多，带动了本地农村维吾尔族富余劳动力就业，以南疆三地州为例揭示如下，见表2-18：

表2-18　南疆三地州乡镇企业发展情况

年份	地区	乡镇企业数（个）	从业人数（人）	总产值（万元）
2010	克州地区	9314	20001	28819
2011	克州地区	9128	20225	32126
2012	克州地区	9223	20787	38007
2013	克州地区	9398	22208	93557
2010	和田地区	44700	134774	248528
2011	和田地区	44708	137885	278557
2012	和田地区	44769	139978	308446
2013	和田地区	44342	154045	344591
2010	喀什地区	61450	160530	470540
2011	喀什地区	62500	166580	509433
2012	喀什地区	63700	171380	585845
2013	喀什地区	64200	172955	665809

资料来源：喀什、和田、克州地区志，（2010-2013年）。

5. 立足区域特色，打造劳务品牌，以品牌效应促进了转移就业，扩大了新疆劳务的疆内外的影响力

各区县政府立足区域特点，打造以"勤劳、智慧、诚实、守信"为主要内涵的新疆劳务品牌，积极开拓区内外劳务市场，加强与外省区劳务输出和转移就业合作，形成"一村一品""乡镇多品""县市精品"的劳务输出品牌格局。例如，墨玉县重视劳务经纪人队伍建设，2012全县约有200名经纪人，每年通过经济人带出的农村富余劳动力占全县劳动力转移就业的80%。疏附县曾先后荣获全国、自治区劳务输出示范县称号，并多次受到全国、自治区和地区的表彰，并涌现出了"全国劳动模范""全国优秀农民工"、第十四届"中国五四青年奖章"获得者等优秀人才，几年来疏附县劳务输出工作制度不断完善，县政府已成功组织38万余人次到天津、江苏、浙江、河北、广东、山东、福建等地企业务工。此外，各区县在发挥其比较优势进行劳务输出，塑造了勤劳智慧、诚实守信的新疆务工人员的形象，进一步开拓了中亚劳务市场，扩大了新疆劳务的疆外影响力。

6. 妇女务工逐渐增多，少数民族女性社会地位有所提高

新疆农村转移的劳动力虽然以男性为主，但近年来，女性人数也在不断上升。外出务工人员创收的提高转变了新疆农牧民的思想观念，少数民族及妇女外出务工明显增多。2010年新疆农村少数民族劳动力外出务工获得转移性收入的人员中，女性占了近50%，在季节性劳务输出方面表现更为突出，大量农村妇女劳动力通过劳务派遣公司、政府组织输出等方式，集体到农场拾棉花、摘番茄等。农牧区妇女劳动力转移大大提高了农村的劳动力转移性收入，在一定程度上也提高了女性在家庭及社会中的地位。

7. 对边疆社会的稳定起了"减震"作用，有利于增强国家认同感和民族认同感

政府及社会中介组织采取多种模式对农村劳动力进行适度规

模转移，减轻了社会就业压力、经济压力以及社会安全压力。其"减震"效果具体体现在两方面：一是通过加快农村劳动力转移，提高了劳动生产率和经济效益，增加了农民收入和为新村建设积累了资金，促进了农村社会公共事业的发展，改善了农民的居住、生活和医疗状况，进一步促进了社会稳定。二是在外出务工的过程中，新疆少数民族和汉族在共同生产、生活、工作中自然地结合一起，互相帮助、互相关心、互相学习各方的文化、长处，从而会建立良好的友谊关系，树立起了少数民族和汉族互相离不开的理念，促进了民族融合和民族团结，有利于增强国家认同感和民族认同感。

（二）劳动力转移"负"效应

新疆少数民族农村劳动力转移存在积极"正"效应的同时，也不可否认带来了一定的"负"效应。

1. 农村劳动力年龄结构、智力结构造成一定程度失衡，导致人才流失，影响了农业生产

素质较高的年轻力壮、精力充沛、富有进取心的壮年劳动力缺失，留在农村的从业人员出现了以老人、儿童、妇女为主的人员结构，导致农业发展的高素质劳动力资源需求缺乏，农业劳动生产率低下。这些人长期外出打工，形成人才外流，还使农村基层民主建设滞后甚至出现断层现象。这对加强农业生产带来了一定的负面作用。例如伽师县A.S，男、33岁、小学毕业、农民，有六亩耕地。他连续几年自发外出务工，第一年邻居租了他的六亩地，第二年开始没人租他的地，自己也不想免费给别人，这样他的地就荒弃几年了，影响了土地产出效益。此外，大批农村青壮年劳动力外出，使一些地方严重缺乏从事农田水利基本建设的劳动力，农业生产的基础设施长年失修和改造，削弱了农业生产长期稳定发展的基础。

2. 劳务输出给对维吾尔传统农村婚姻、家庭稳定及和谐带来了一定影响

近年来,有些少数民族农民到经济发达地区务工,当夫妻一方外出时,其家庭生活、家庭关系和家庭稳定往往会受到外出者打工时间的长短、打工地离家的距离、打工地外在社会环境等因素的严重影响。外出打工者容易受大环境的影响,对婚姻和家庭责任的认识有所改变,且长期两地分居,导致夫妻双方在生活态度、生活方式方面产生差距;生活压力过大、夫妻沟通少,部分农户会出现家庭矛盾甚至婚变。此外,对于外出打工的农村女青年来说,建立家庭,结婚生育,常常意味着有可能失去在城市中的工作,甚至失去外出打工的机会。外出的女青年多于男青年,使当地原有的人口性别比例失调,部分男青年择偶更加困难。

3. 出现农民务工收入增加用于炫耀性消费,败坏了社会风气

农村维吾尔族劳动力尤其是年轻人外出打工的收入,多被用于不必要的消费,尤其是炫耀性消费,而不是用于生产性投资,导致了社会风气的败坏。还引起农村社区之间以及社区内部穷人与富人之间的差距。例如伽师县在轮台县、民丰县种甜瓜的老板就有这样的情况,一般卖完甜瓜以后十几个大小老板聚在库尔勒市一起赌博,一些老板输掉一年的收入几百万元之后还欠债。

4. "留守老人""留守学生"问题

由于大部分维吾尔族青壮年外出打工,留在家里的只有老人和儿童,影响到老人的生活及"留守学生"的健康成长。"留守老人"现象使得需要关照的老人们在思想、心理、生理、精神等方面引起一系列的问题,一些外出打工的已婚青年将子女留给农村家中的祖辈抚养,结果将造成亲子关系的疏远。大部分"留守学生"的行为习惯存在一定的问题,道德品质出现了滑坡,心理健康也呈现出不同程度的问题,从而影响了他们的学业,也加重了社会和学校的负担。此外,留守问题还造成农村劳动力年龄结构、

智力结构的严重失衡,使农村基层民主建设滞后甚至出现断层;甚至由于"棒劳力"缺少,还导致农业不同程度减产。

  为引导新疆少数民族农村富余劳动力充分就业,稳定就业,帮助少数民族农民增收,让新疆少数民族地区真正地摆脱贫困,本章系统梳理了维吾尔族人口发展状况,简要归结了就业分布,分类描述了就业结构及特征。全面回顾了新疆农村少数民族富余劳动力转移的历程,就业促进政策的演进,剖析了少数民族转移就业的特征和存在的问题,深度总结其影响及效应,理性展望未来的发展趋势,认为新疆农村维吾尔族劳动力转移就业在就业地域、就业行业、农民工教育培训、就业素质提高、经济和社会效益等方面发生了深刻变化,新疆农村维吾尔族"固守家园"现象已经松动。劳动力转移带来的工资性收入有效改善了收入结构分布,拓宽了收入来源渠道,所产生的正效应显著超过负效应。现状充分证实了劳动力转移工作在带动维吾尔族农民素质方面,在繁荣新疆城乡经济,促进新疆农村社会的稳定方面都做出了突出贡献,但同时也存在一些负效应。

第三章 新疆农村维吾尔族富余劳动力规模与"固守家园"窘境

第一节 劳动力规模

新疆农村维吾尔族富余劳动力的数量决定了转移工作任务的艰巨程度,也是进一步做好劳动力转移工作的基础。农村维吾尔族富余劳动力规模有不同的测算方法,结果存在较大差异。从人的全面发展理论出发,研究以农村不低于全社会平均生活水平为一个标准尺度,来衡量新疆农村富余劳动力的规模,并对农村富余劳动力的就业倾向进行广泛调查摸底,以期有序推进新疆农村劳动力转移工作。由于受众多因素影响,对农村维吾尔族富余劳动力数量给出准确测算较为困难。近年来,许多专家学者对农村富余劳动力数量测算提出很多方法,如国际标准模型法、农业技术需要法等,可借鉴这些研究方法并结合新疆维吾尔族实际情况,选择合适方法对富余劳动力规模进行测算。

一、规模估计方法

学术界至今关于农村富余劳动力规模测算仍然没有一种统一方法。究其原因主要是因为国内外学者对农村富余劳动力概念的定义,测算方法及角度,数据来源与处理技术存在差别等原因造成的。总体来说,对我国农村富余劳动力规模进行测算的方法主要有以下几种。

(一) 国际标准模型法

该方法由钱纳里和赛尔昆两位经济学家提出:他们通过对许多国家有关数据进行回归分析,得到与不同人均国内生产总值相适应的各部门劳动力份额和各部门产值份额的"国际标准结构",并用所研究的国家农业劳动力份额与该结构相比较,从而得出该国农村富余劳动力较"准确"的估计值。① 把该模型应用到中国,测得实际结果是:在农村劳动力份额方面,中国的份额比国际标准份额高约 20%,在农业产值份额方面,中国的份额也比国际标准份额高 4% 左右,若按 1999 年全国农村劳动力数量 4.7 亿估计,则国际标准模型法估算出中国农业隐性失业约为 0.47 亿至 0.65 亿。② 这与中国的实际存在较大的差距,显然,国际标准模型法是不可接受的。

(二) 总量分解法

该方法由王诚提出,他根据农业相关统计数据,将农村劳动力总量进行逐步分解,从而直接计算农村富余劳动力数量。其计算公式如下:

$$RDU = RE - TVE - PE - IE - FE - CE \qquad (3-1)$$

其中,RDU 为农村富余劳动力数量,RE 为农村总劳动力数

---

① 钱纳里、赛尔昆等:《发展的型式:1950—1970》,31~32 页,北京,经济科学出版社,1988。
② 王飞霞:《我国农村富余劳动力转移问题研究》,载《湖北社会科学》,2003(8),70~71 页。

量，TVE 为乡镇企业就业量，PE 为私营企业就业量，IE 为个体劳动就业量，FE 为流入城市岗位就业量，CE 为农业资源可容纳有效就业量。① 在其之后，郑晓云从三方面对该公式进行修正：首先，用第二次农业普查中的"农村外出从业劳动力人数"替代"按照成功就业的民工人数占城市就业人数的比例不变所推算"的数据对流入城市岗位就业量 FE 进行修正；其次，对农业资源可容纳有效就业量 CE 进行修正，先测算出当前农业生产函数，然后根据一定的农业总产出情况下社会对农业的支出成本最低原则，测算出农业资本和劳动力的最优组合，即为农业从业人员数量，用它减去城镇农业从业人员数就是农村农业从业人员即农业资源可容纳有效就业量；再次，将原来公式变为"农村富余劳动力数量 = 农业从业人数 – 城镇农业从业人员数 – 农村农业资源可容纳有效就业量"，前两项数据通过统计年鉴直接获得，最后一项则采用修正后数据。② 此方法前后数据口径不一致，且计算过程比较复杂，不便于操作。

（三）人均耕地负担法

该方法根据历史经验，确定在正常年景下一个农业劳动者平均应负担的耕地面积，再同总耕地面积相比，估算出所需要的农村劳动力数量，可用公式表示如下③：

农村富余劳动力 = 农村劳动力总数 – 农村实际所需劳动力

农村实际所需劳动力 = 总耕地面积 ÷ 每个劳动力应负担耕

---

① 王诚：《中国就业转型：从隐蔽失业、就业不足到效率型就业》，载《经济研究》，1996 (5)，38~46 页。
② 郑晓云、徐卫斌：《关于我国农村富余劳动力数量测算方法的研究述评》，载《西北人口》，2010 (6)，72~73 页。
③ 冯景：《陕北地区农村剩余劳动力转移探讨》，西安，延安大学，硕士论文，2009。

地面积

每个劳动力平均应负担耕地面积为 0.51 公顷，这是根据国家统计局运用人均耕地负担法对近几年农村富余劳动力进行估算的结果。但该方法忽略了我国耕地自然分布对农村劳动力规模的影响。

(四) 劳均耕地面积比例法

陈先运（2004 年）提出：决定农村劳动需求量的因素众多，如农业自然资源，农业政策及生产经营方式等。但结合我国目前农村现状，农业资源尤其是耕地资源对我国农村劳动力需求具有决定性影响。在大量分析论证基础上，以 1952 年作为农村劳动力充分利用固定期，得出农村富余劳动力计算公式如下[①]：

$$SL_t = L_t - S_t/M_t \qquad (3-2)$$

$$M_t = a \times (1+\beta)^{(t-1952)} \qquad (3-3)$$

SL_t 表示第 t 年农村富余劳动力，L_t 表示第 t 年农村实际劳动力总量，S_t 表示第 t 年实际耕地面积，M_t 表示第 t 年每个劳动力的平均耕地面积，a 表示假定农业劳动力充分就业时的劳均耕地面积，β 表示经营耕地变动率，即农业生产技术进步对农业生产率的影响程度。要计算每年的劳均耕地面积 M_t，首先需要确定 a 和 β 的数值。按照当年数据可得到当年劳均耕地面积为 a=0.6237 公顷，β=0.0018。该方法较符合中国国情，既考虑了劳均耕地面积对农业劳动力吸纳能力的重要影响，并把它作为计算农业生产实际对劳动力需求量的一个重要指标，又考虑了随着生产技术的进步使劳均耕地有所增加的趋势。相对来讲，采用此方法计算比

[①] 陈先运：《农村富余劳动力测算方法研究》，载《统计研究》，2004（3），50~52 页。

较客观。因此，课题研究以劳均耕地面积比例法测算农村维吾尔族富余劳动力的数量。

二、新疆农村维吾尔族富余劳动力规模估计

劳均耕地面积比例法估计农村富余劳动力规模，其数量始终等于农村劳动力实际数量与农业劳动所需数量之差。农村劳动力实际数量可根据国家统计年鉴农村从业人数年数据得到，所以对农业劳动力所需数量的估计是农村富余劳动力数量的关键和难点所在。

本研究对农村维吾尔族富余劳动力数量进行估算时，借鉴劳均耕地面积比例法。公式（3-2）在具体测算过程中，界定新疆农村实际劳动力总量 L_t 时，假定农村劳动力全部从事农业劳动，而不考虑林、牧、渔等行业对农村劳动力的影响；界定新疆实际耕地面积 S_t 时，鉴于新疆部分地区施行耕种轮作制度，因此以新疆农作物面积代替实际耕地面积进行计算。根据张雅丽、冯颖[①]的计算结果，对每年的劳均耕地面积 M_t 进行修正，将有效劳均耕种土地面积调整为13.71亩（0.914公顷），并假定从1996起，农村有效劳均耕种土地面积以每年4.23%的速度增长。建立测算模型如下：

$$M_t = 0.914\,(1+0.0423)^{\,t-1996} \quad\quad (3-4)$$

运用公式（3-2）和（3-4）对2000—2013年新疆农村维吾尔族富余劳动力数量进行估算的结果见表3-1。

---

① 张雅丽、冯颖：《陕西省汉中市农村富余劳动力的估算与思考》，载《西北人口》，2007（1），31~34页。

表 3-1　耕地劳动比例法的新疆农村维吾尔族富余劳动力测算

年份	农村从业人数 L_t（人）	实际耕地面积 S_t（公顷）	有效劳均耕地面积 M_t（公顷）	劳动力需求量 S_t/M_t（人）	农村富余劳动力 SL_t（人）	农村维吾尔族富余劳动力（人）
2000	3529042	2478960	1.0787	2298012	1231030	910593
2001	3642291	2487870	1.1244	2212676	1429615	1057486
2002	3722183	2307580	1.1719	1969038	1753145	1296801
2003	3810631	2558310	1.2215	2094391	1716240	1269503
2004	3939433	2617960	1.2732	2056245	1883188	1392994
2005	4027617	2742290	1.3270	2066486	1961131	1450648
2006	4124442	2830670	1.3832	2046518	2077924	1537040
2007	4241109	2935700	1.4417	2036317	2204792	1630885
2008	4343142	3393190	1.5027	2258131	2085011	1542283
2009	4486884	3731680	1.5662	2382608	2104276	1556533
2010	4639411	3815370	1.6325	2337180	2302231	1673262
2011	5013125	3869400	1.7015	2274083	2739042	1990736
2012	5384462	4010360	1.7735	2261275	3123187	2269932
2013	5591459	4047790	1.8485	2189754	3401705	2472360

数据来源：2001—2014 年《新疆统计年鉴》，（注：2000—2009 年农村维吾尔族人口按五普数据中农村维吾尔族人口占全疆农村人口的比重 73.97% 计算，2010—2013 年按六普 72.68% 计算）。

新疆农村富余劳动力人数从 2000 年的 123.10 万人增加到 2013 年的 340.17 万人，其中维吾尔族富余劳动力从 91.06 万人增加到 247.24 万人，增长幅度高于新疆农村的平均水平，农村维吾尔族富余劳动力呈现持续增长趋势。2013 年农村维吾尔族富余劳动力数量占比接近 72.68%，且没有减少的趋势。受干旱区水资源的限制，新疆农业耕地无扩大的条件，农村就地解决就业状况令人担忧。

从估算得出的新疆农村维吾尔族富余劳动力数量变化来看，2000—2013 年的 13 年间，尽管在个别年份新疆农村维吾尔族富余劳动力在数量上小有起伏，但其总体上还是呈上升趋势，2000 年新疆农村维吾尔族富余劳动力数量约为 91.06 万人，2001 年为 105.75 万人，2002—2010 年这几年富余劳动力数量整体上呈现逐年递增趋势，在 105 万~168 万人之间波动，但波动幅度不大。2003 年出现下降趋势，但下降幅度不大，从 129.68 万人减少到 126.95 万人，减少了约 3 万农村富余劳动力；相比较 2008 年降幅较大，从 2007 年的 163.09 万人减少到 154.23 万人，减少了大约 9 万农村富余劳动力。2009 年则又呈现增长趋势，其中 2011 年增幅较大，从 167.32 万人增长到 199.07 万人，增加了约 32 万人，2012 年新疆农村维吾尔族富余劳动力突破 200 万人，达到 226.99 万人，2013 年农村维吾尔族富余劳动力到达 247.24 万人。

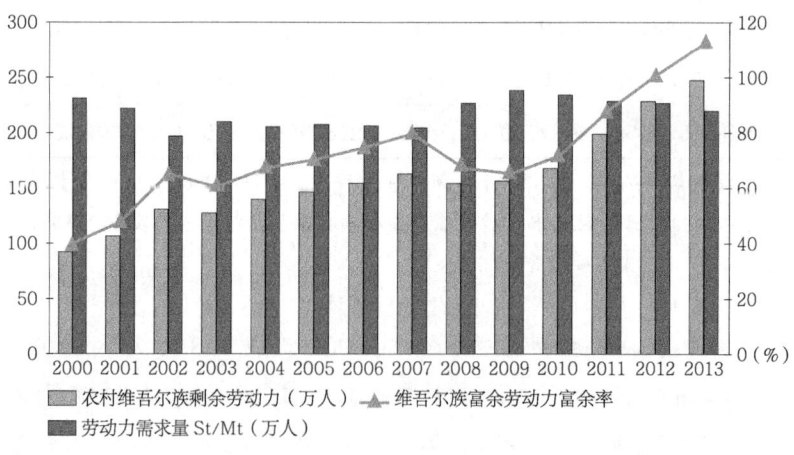

图 3-1　2000—2013 年新疆农村维吾尔族富余劳动力变动情况

从劳动力富余率来看，2000—2007年新疆农村维吾尔族富余劳动力的富余率呈平稳递增趋势，2008年下降比例较大，从80.09%下降到68.30%，下降了11.79个百分点，2002—2007年农村维吾尔族富余劳动力富余率基本都在60%以上，2008年有所下降，但之后又有逐年上升的趋势。由此可见，新疆农村维吾尔族劳动力多半处于富余状态，富余劳动力数量使得转移工作压力巨大。

第二节 "固守家园"窘境分析

一、就业困难

（一）乡村就业难

1. 人多地少的矛盾

中华人民共和国成立后，维吾尔族人口出生率一直较高，死亡率因生活条件的不断改善逐年降低。人口再生产模式由20世纪50年代的高出生率，高死亡率，低自然增长率转变为高出生率，低死亡率和高自然增长率。从1953年到2010年，新疆维吾尔族总人口从364.01万人增长到1001.98万人，人口净增637.97万人，年均增长速度为1.76%。分阶段考察，维吾尔族人口增长越来越快，从20世纪五六十年代的0.92%增长到20世纪80年代的2.40%；之后呈下降趋势的原因是维吾尔族在1988年下半年才开始实行计划生育政策，但是政策宽松，人口自然增长率依然很高。

从新疆维吾尔族人口的地域分布可知，新疆维吾尔族大部分分布在偏远落后的南疆农村地区，这些地方自然环境恶劣，水土资源匮乏，交通不便，生产力发展长期滞后，产业构成单一，人们赖以生存和发展的经济基础只有种植业和畜牧业，土地对于维吾尔族来说至关重要，然而人口增长快，人均可耕地面积减少，土地质量越来越差，农村人均耕地面积不足3亩。沙大风沙多，地表附有沙层，土地持水保肥能力差，风沙和浮尘天气居多，农作物产量低，御灾能力差。如喀什河流域的耕地盐碱化面积超过50%，部分地区高达91.20%。同时，随着劳动生产率的提高，农业对农村劳动力的需求日益减少。在这样的条件下，新疆农村维吾尔族聚居区必然存在数量庞大的富余劳动力，且大部分处于隐形失业状态，其规模亦在不断扩大。

农村安置劳动力的能力有限，农村富余劳动力外出务工成为促进当地经济发展，缓解人地矛盾的主要途径。而维吾尔族人口众多，这就导致很多年轻人因家里劳力多，在家无事可做，且收入极低。为了解决这一矛盾，很多维吾尔族年轻人选择自己进城务工，或者通过血缘和亲缘关系外出务工，或通过政府组织选择进城务工。农村维吾尔族富余劳动力进城打工，一方面使他们就业有了出路，另一方面也得到了一定的收入。农村维吾尔族富余劳动力外出就业、进城务工这一过程同农业技术进步产生的劳动力节约结合在一起，构成了推动农业劳动力向非农业部门转移的一个首要动因。

2. 就业渠道狭窄

维吾尔族是典型的绿洲游牧民族，农业人口占本民族就业人口比重高。第六次人口普查维吾尔族就业人口的职业构成情况很好的说明了这一点，农村维吾尔族劳动力绝大多数仍滞留在第一产业，从事第一产业的劳动力占总的农村维吾尔族劳动力人数的比重为61.65%。南疆四地州维吾尔族聚居地区经济发展水平低下，经济增长迟缓，人口密度较高，产业开发程度低，经济结构单一，因此，创造就业能力相对较低，吸纳劳动力的空间十分有限，而且这种状况不可避免地在一个较长时期内存在。

在新疆，由于农村劳动力文化素质不高，转移出去的农村劳动力绝大多数从事凭借传统生产经验和体力劳动为主的行业，即使他们转移到第二、三产业或到城镇就业，大多数人仍旧从事的是要求体力劳动的工作，很难进入技术含量高的行业岗位工作，这样就使得他们的发展受到限制，能够涉及的工作行业相当有限，同时也造成了他们的工作极其不稳定。

3. 城乡一体化就业市场发育不全，就业信息不畅

城乡一体化作为社会经济发展过程中城乡关系日趋融合为统一整体的过程，包括城乡政治、经济、人口、文化、空间及生态环境融合。新疆地广人稀，城市化水平较低且城市与乡村的距离相对较远，对周边地区特别是广大农牧区的辐射带动作用弱，少数民族聚居地区又大都较为偏僻，路途远，交通不便，信息沟通更为闭塞。

受传统体制的影响，目前自治区各县没有建立统一标准的人力资源市场，各县各乡镇村队没有规范的就业服务机构，各地的人力资源管理五花八门，使用工单位和求职者之间不能形成有效连接，供求不匹配，造成了"有人没活干，有活没人干"和"就业难，招工难"的两难局面。

由于缺乏正规、有效的劳动力市场，农民自主转移缺乏信息来源，劳务经纪人顺应时代的要求承担起了沟通劳动力与劳动力市场的重任。这一模式在短期内是适应新疆农村劳动力转移的，但一般农村劳务经纪人尚处于初始发展阶段，素质参差不齐，他们对市场行情、政策信息、市场经济的发展规律认识还不足，对劳务输出的品牌意识不强，加之信息采集手段也比较落后，宏观上难以把握劳动力市场供求关系及发展趋势，预计和抵抗市场风险的能力不强。大多数劳务经纪人各自为政，组织程度弱，合伙型、公司型等劳务经纪人实体较少，其经营行为缺乏必要的约束

力，多少带有随意性和盲目性，市场发育程度不高，稳定性差，发展后劲不足。

农村富余劳动力外出务工，自发转移、结伴同行是主要形式，据调查资料显示，农村维吾尔族富余劳动力外出务工的就业渠道选择中，选择自己进城的人数比重为40.50%。目前，农民工打工主要依靠的是传统血缘、人际关系网络这类社会资本，通过"资深"农民工介绍这样一轮带一轮的滚动式进城方式。① 据605份问卷调查资料显示，依靠社会亲情网络（熟人或亲戚朋友介绍进城）的人数所占比重为15.80%，依靠工头组织或政府机构组织实现外出就业的人数所占比重为20.00%，自己进城人数占16.80%，依靠中介机构实现外出就业的人数所占比重仅为15.0%。新疆农村维吾尔族富余劳动力外出务工就业方式以工头组织或政府组织为主，劳动力输出中介机构的贡献率相对较低。从性别来看，自发输出主要以男性自主择业、自愿外出务工为主，政府疆外有组织输出以综合素质相对较高的女性青年为主。

4. 语言沟通障碍

维吾尔族聚居的南疆农村地区，有很多初中、高中毕业的维吾尔族青年的汉语交际能力较差，去外地打工会遇到汉语交际障碍，而目前技能培训的双语教育时间短，效果也不明显。农村维吾尔族富余劳动力在进入城市后往往因不符合用人单位的要求，在人才市场的竞争中处于不利地位。对802份农村问卷进行分析，发现维吾尔族富余劳动力的语言沟通与非农就业能力关联度为0.8901，关联度很高，说明语言沟通障碍对其获得就业机会影响较大。

---

① 杨传林：《市场经济进程中中国人口流动问题研究》，98页，青岛，青岛大学，2008。

5. 就业技能缺乏

劳动力素质的高低影响着劳动力转移的效率和就业层次。农村维吾尔族富余劳动力素质的高低与其接受的科技文化知识和双语教育有直接的关系。实践证明，他们接受的科技文化知识越多、双语水平越高，就业机会就越多，收入也就相对较高。当前南疆三地州维吾尔族劳动力平均受教育年限、文化水平还相当低。通过调查我们发现，在被调查的 1407 位农民中，将近 80% 的农民受教育程度为初中及以下水平，接受大学专科、本科教育的农民为仅 11.02%。

新疆农村维吾尔族劳动力素质普遍偏低，虽然随着农村基础教育的改善，近年来农村维吾尔族人口受教育程度明显提高，但现阶段受教育程度与城镇相比，差距依然较大。2010 年第六次人口普查数据显示，新疆维吾尔族 6 岁及以上人口 884.58 万人，其中城镇为 199.03 万人，农村为 685.55 万人，文盲人数 34.08 万人，其中农村文盲人数 24.09 万人，城镇文盲人数 9.99 万人，农村文盲人数大约是城镇的 2.4 倍。

新疆 16 岁及以上农村维吾尔族劳动力有 228.35 万人，其中，文盲 8.02 万人，占农村维吾尔族劳动力的比重为 3.51%；小学文化程度 95.41 万人，所占比重为 42.78%；初中文化人数为 96.07 万人，所占比重为 42.07%；高中以上文化水平的人数为 28.85 万人，占总人口比重为 12.64%。现阶段新疆农村维吾尔族劳动力的受教育水平主要集中在初中和小学，其所占比重高达 83.85%（见图 3-2）。

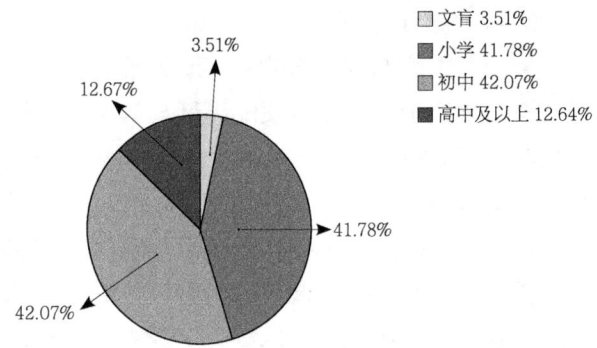

图 3-2　2010 年第六次人口普查农村 16 岁及以上维吾尔族受教育情况比重

从发达国家农业、农村现代化的历史来看，农村的现代化过程是一个农民知识化，农村城市化的过程。农村教育是传播文化科技知识的媒介，是进行农村人力资源开发，提高农民素质的主渠道。在农村"盼子成龙，盼女成凤"的父母们为了让自己的孩子不再重复他们"面朝黄土，背朝天"的命运，不惜倾尽所有，送孩子读书。有的考上了大学，摆脱了农民的身份，走进城市，成为城市的一员，但绝大部分没有考上大学的孩子只能回到农村或者到城里打工。

整体新疆地区的农村教育质量很大程度上制约着就业技能水平的提高，由于教育发展环境较差，总体上教育仍然处于落后水平，质量较低，与全疆和全国平均水平相比仍有较大差距。群众对教育还不满意，用一些维吾尔农民的话说是"在学校学不到什么东西""上不了高中更上不起大学""学校毕业即失业"。

乡镇企业和城镇工业发展对劳动力的素质有一定的要求，要求能够掌握具有一定技能和专业知识的劳动力就业，而正是在这一点上，乡镇企业的发展往往受到很大限制，只能发展一些素质要求不高的劳动密集性企业。城镇地区某些行业也是需要劳动力的，但同样由于文化素质、专业技能等的限制，使得维吾尔族农村富余劳动力不能很好地抓住这些就业机会。

6. 农村经济环境及产业发展水平制约

新疆产业结构水平的低下，主要表现为新疆农村经济结构单一，农村二、三产业发展落后，大量农村富余劳动力滞留在第一产业。新疆农村维吾尔族富余劳动力转移就业面临城市发展与生存空间压力产生的困境。在新疆城市化发展过程中，由于产业发展不均衡，资源型工业带动的第二产业发展过快，实际吸纳的农村富余劳动力有限。岗位结构失衡，存在高端人才市场需求旺盛，低端劳动力密集型行业劳动力过剩。新疆城市发展与工业发展并不匹配，城市所提供的相应职位和岗位扩张较慢，而岗位供求结构性矛盾却很突出，劳动力市场上充斥着外来务工求职人员、城市新增劳动力、大规模扩招后毕业的本地大学生和乡村富余劳动力，就业岗位竞争激烈，对于农村维吾尔族劳动力的转移就业存在潜在威胁，就业空间小。要转移农村大量的闲置人力资源，城镇必须有能吸纳大量劳动力的就业岗位。而就业岗位的创造在很大程度上取决于二、三产业发展水平。

(二) 城镇务工艰难

1. 外出务工就业政策环境问题

在城乡二元经济制度的影响下，进入城镇就业的农村劳动力，即使长期在城镇居住、就业和生活，由于现有的户籍制度弊端的存在，却仍保留农业户口，成为城镇化进程中的一个特殊的边缘群体，进而导致城乡劳动力身份地位不完全平等。农村劳动力往往处于弱势群体，他们进城就业，主要从事城里人不愿意干的累活、苦活、脏活，报酬相对偏低，往往仅能维持在城市里的基本生活需求，在福利享受方面低于城里人，这些都影响和制约了农村富余劳动力向城镇转移的积极性。

城乡二元结构制度不合理，阻碍了农村劳动力的转移。目前无论是体制、政策，还是流动人口的管理制度，都在一定程度上限制了农村劳动力的流动。长期以来实行的城乡封闭的二元经济社会制度，严重阻碍了城市化水平的提高，也严重阻碍了农村劳务输出的扩大。改革开放以来，随着社会主义市场经济体制的逐步确立，对农村劳动力流动的束缚在逐步解除，但农村劳动力的自由流动在目前城乡分割制度下仍存在着诸多障碍，如农村劳动力进入城镇就业，会受到很多不合理的限制。土地流转目前处于自发阶段，缺乏规范的土地流转市场。户籍管理制度没有本质的改变，农村人口基本无法向城镇迁移。农民外出就业要办理名目繁多的证件、身份地位受到歧视、"农民工"子女在城市入托和上学难等，使农民无法和城镇人享有平等的权力，从而无法使农村劳动力真正转移到城市中。

2. 外出务工组织化程度问题

新疆外出务工人员中近三分之一通过自发转移方式实现了转移，通过中介机构实现转移的占一定比例，超过40%的务工人员是通过"三缘"（血缘、地缘、人缘）关系实现的转移，依靠政府组织实现转移的不足15%。外出务工人员转移方式的结构表明其组织化程度不高，主要依靠农村自发转移和依托传统的"三缘"关系转移，存在相当程度的盲目性和随意性。在调查中发现，早年外出到内地打工的农民，近年来频繁组织同乡集体外出务工，在一定程度上充当了经纪人角色，在内地许多城市形成了以烧烤、干果销售等为主的固定打工群体。

目前，新疆农村维吾尔族富余劳动力转移模式主要有政府相关部门组织转移、政府主导下的劳务经纪人组织转移、农民自主转移等三大模式。政府主导下的劳务经纪人组织转移模式是现阶段南疆农村维吾尔族富余劳动力转移的主要模式，但这一单一模式很难满足当地劳动力的转移。

成熟阶段的劳动力转移主要是依靠劳动力市场来运转的。劳动力市场是指在劳动力管理和就业领域中，按照市场规律，自觉运用市场机制调节劳动力供求关系，对劳动力的流动进行合理引导，从而实现对劳动力的合理配置的机构。它是连接招聘者与应聘者的主要桥梁，在促进和规范劳动力转移就业中发挥着不可替代的作用。目前针对农民进城就业的专门服务机构还没有系统形成，新疆农村的劳动力市场主要由各级政府的劳动和社会保障部门或人事部门下属的人才市场、各类民办的劳动力转移中介机构构成。但由于目前农村人才市场发育缓慢，工作人员短缺，设施不完善，缺乏对南疆农村维吾尔族富余劳动力信息的全面掌握和通过有效渠道获取外界劳动力需求信息，难以承担起为用人单位推荐劳动者，为农村维吾尔族富余劳动力提供用人信息、择业指导、求职咨询、档案寄存等服务，农村维吾尔族富余劳动力基本不通过劳动力市场外出务工。

目前，个别新疆县城成立的劳务派遣公司起步时间短，存在资金短缺、政策支持力度不够等问题，他们所提供的供求信息缺乏系统性、广泛性和权威性，且覆盖面和时效性也不能完全满足形势发展的需要，转移农村劳动力的水平和层次还相对较低。劳动力市场不完善，劳动力转移中介机构建设滞后，使得南疆三地州农村维吾尔族富余劳动力转移仍处于相对无序状态。

3. 外出务工就业经济成本及风险问题

外出就业经济成本主要包括流迁费用、生存费用、机会成本。由于新疆地域广阔，城乡距离较大，农村劳动力转移过程中流迁费用较高，进城就业后，在城市生活，缺少医疗等社会保障，一定程度上又增加了其生存费用，维吾尔族由于文化、语言、知识等差异，就业机会少于汉族，就业风险较高。

根据调查资料中往返路费项目的分析得知：农村维吾尔族富余劳动力外出务工的往返城乡费用在200元以上的区间范围内所占比重最大，为34.5%；其次是在50~100元这个区间的人数，所占比重为 34%；往返路费在 100~200 元之间的人数所占比重为 31.5%。综合来看，外出务工人数中，既有省外务工人员，也有省内到北疆地区的务工人员，还有就地务工的人员，所以往返费用在三个区间的人数相差不是很多，路费相对而言在他们的经济能力可以接受的范围内，但是费用在 200 元以上的人数还是居多。

农村维吾尔族富余劳动力在城镇的生活费用是他们花费的主要开支，调查资料显示：有 53.8% 的人城镇生活费用在 500~800 元之间，41.5% 的人城镇生活费用在 800~1000 元之间，只有 4.7% 的人城镇生活费用在 1000 元以上。这说明农村维吾尔族富余劳动力在城镇生活费用在 500~800 元之间的人居多，这主要是大部分单位或企业为外出务工人员提供住宿等条件，他们在城镇只需支付日常生活费用，还有一些单位给他们提供职工食堂，相对而言就餐费用要便宜很多；生活费用在 800~1000 元之间的人员大部分都是未婚的年轻人，他们在城镇生活的花费相对而言要多一些；生活费用在 1000 元以上的人数是最少的，这部分人之所以费用高，是因为他们中的大部分在城镇从事个体经营，花费自然就会多一些。

4. 外出务工社会保障问题

农民自主转移是今后劳动力转移的主要趋势，但由于信息渠道不畅通、个人力量弱小、生活习惯差异大，很多农村维吾尔族富余劳动力对外出务工还存在很多顾虑，如担心拿不上工资、吃住不方便，想要外出务工只能求助于亲属、劳务经纪人和政府相关部门。

作为城市的边缘人，无法得到充分的社会保障，农村维吾尔族人口进城之后，除没有完善的养老、工伤、医疗保险制度外，子女教育、就业保障、用工制度、住房政策不到位等问题也十分严重。此外，进城务工人员还缺乏最基本的最低生活保障和失业保险，所以在失业之后，将面临着无依无靠的尴尬境地，如城乡下岗失业人员在办理《失业证》和《下岗优惠证》时的户籍界限，农村劳动者失业金申领、养老保险金转移和续缴制度缺失。又如农村青年在工厂里干了十多年甚至大半辈子，没有达到法定的退休年龄，但因身体健康等原因，不能在工厂继续干下去，可他们的养老保险却无法接续。这些弊端与全国的户籍改革、城镇化建设、统筹就业、老龄化社会保障等不相适应。

在城市务工的维吾尔族农民工还会受到城镇居民的排斥及企业务工歧视，工作极其不稳定，经常遇到失业，一旦失业，他们只能依靠平时的积蓄，或是本民族同乡的接济，生活举步维艰。

5. 外出务工生活习惯与文化差异问题

研究表明，农村维吾尔族富余劳动力向城市转移过程中，在物质文化、制度文化、精神文化等方面都存在着差异，精神文化方面的差异尤为突出。精神文化是承载民族文化的核心，是区分不同民族文化的重要层面。精神文化在人们心灵深处积淀甚深，对人们的认知和行为起着支配作用，一般不可能因环境的改变而改变。由于个体生长环境不同，其价值观、宗教信仰不同，思维方式、行为模式也不尽相同，这就使得进入城市后，在精神文化层面与城市文化产生多方面的不一致。对农村维吾尔族富余劳动力而言，这种差异和不一致不单是不同民族之间的文化差异，还包含不同社会发展阶段的差异。他们对城市管理的规章制度知之甚少或者心存抵触，习惯于同本民族的成员交往，沉浸于熟悉的文化环境中，客观上使得他们与城市的主流社会、主流文化相疏离。在跨民族交往中他们总是处于被动地位，形成了一种"过客心态"，对所在城市难以形成归属感，且经常产生一些摩擦和矛盾纠纷。

长期受生活环境及宗教信仰、民族风俗习惯的影响，维吾尔族农民工与城市市民的思想观念和行为习惯呈现很大的差异，维吾尔族农民工保守、封闭的思维习惯和意识形态往往与开放、包容、个性的市民意识不相融合。因此，生活在城市的维吾尔族农民工往往对市民的歧视和排斥更为敏感，加上维吾尔族农民工自身语言沟通存在障碍，"文化适应能力弱"，从而导致维吾尔族农民工社会交往的封闭和自我隔离，他们的社会活动圈往往局限于城市内本民族老乡和熟人范围内，产生"内卷化"倾向，这使得生活在城市的维吾尔族农民工成为游离于城市的"异乡人"，这也是维吾尔族地区农村富余劳动力输出"回流"的重要原因之一。

6. 外出务工技能与收入差距问题

从第六次人口普查和课题组田野调查情况来看，新疆农村维吾尔族劳动力绝大多数分布在农业领域，二、三产业占比很低，属于典型的"游牧民族"，但每年季节性劳务输出规模达200多万人次之众，又充分反映出维吾尔族正处于寻求突破农村局限的当口。从对农村问卷和访谈资料的相关信息上可以看出，他们增加收入，改善家庭生活质量的要求是比较强烈的，但真正要离开家乡，远赴他乡从事非农岗位就业的信心是不足的。尽管多年来，县政府组织了多轮技能培训，有相当数量的劳动力走向了外出务工的行列，但所从事的职业岗位绝大多数分布于劳动密集性领域，以建筑、纺织、餐饮服务业为主，技能水平要求不高，收入有限。即便是同汉族从事相同的工种，由于工效偏低，按计件方式取酬的结果来看，不及内地在新疆务工人员的三分之二，非农务工技能水平达不到快速增加收入的目标。

与不擅长的非农领域务工相比，在维吾尔族传统优势领域，诸如屠宰、烧烤、切糕方面，维吾尔族务工人员的收入还是很可观的。在乌鲁木齐八大市场专业从事屠宰的墨玉县农民工每月务工收入可达4000元以上，但这些维吾尔族传统优势领域吸纳劳动力的数量又十分有限。代表现代文明发展方向的产业领域一直以来都是新疆维吾尔族的薄弱环节，这一领域却正是就业的主渠道。而在这一领域，务工技能的缺乏严重制约了新疆农村维吾尔族富余劳动力的大规模转移就业。

二、"固守家园"倾向分析

（一）就业难成因分析

1. 就业困境经济因素分析

经济因素是劳动力转移的最根本的原因，马克思认为人们为之奋斗的一切都与他们的利益密切相关，人们之所以采取这种行动而不采取那种行动，根本原因在于行动背后的利益冲动。只要是理性人，每个人都会追求个人尽可能好的幸福生活，力求实现个人各方面的最大化发展，概括地说就是追求个人利益最大化。

城市是人类经济和社会发展的结果，从城市化的生成机制和发展演变的过程看，城市化与一个地区的经济环境是密切相关的，归根到底取决于一个国家和地区的工业化水平和经济结构程度，具体表现为产业结构的多元化和高度化。而产业结构高度化的标志是第二、三产业的比重大大超过第一产业的比重。由于二、三产业的共同特点表现为它们都需要人口的集中，以形成劳动力人口的集聚和消费市场的发展，因此人口向城市集聚就要以当地的经济环境作为动力。

相比较南疆各地区人均国内生产总值较低，经济不发达，产业结构不合理，主要是以第一产业种植业为主，第二、三产业发展缓慢，能为农村富余劳动力提供就业的机会很少，就业空间狭窄。

改革开放以来，新疆产业结构虽然在不断调整，但第二、三产业发展速度明显落后于全国水平。2013年，新疆三次产业产值比重为17.4∶46.4∶36.2，其中第一产业高于全国水平6.2个百分点；第二产业高于全国水平2.0个百分点，工业化发展速度较快；第三产业产值低于全国水平9.1个百分点。

新疆三次产业就业结构也存在严重缺陷，就业结构变化明显滞后于产业结构变化。第一产业就业比重过大，第二、三产业就业人数比重相对较小，尤其是第二产业。2013年新疆三次产业就业结构比重为46.2∶16.3∶37.5，第一产业就业比重比全国高13.9个百分点，第二产业就业比重仅为GDP比重的35%，二产对就业的贡献太低；第三产业就业比重虽逐年上升，但目前新疆第三产业从业人员只占全部从业人员的37.5%，在发达国家中，第三产业就业人数基本在总就业人员的60%以上，也就是说，新疆第三产业的就业比重与发达地区相差近1倍，与新疆目前的经济发展水平不相适应。第三产业是城市中提供就业岗位的重要渠道，第三产业不发达，减少了就业岗位，严重阻碍了新疆农村富余劳动力的转移。

肖金成认为"城市化是促进城乡，区域协调发展的根本途径。加速农村富余劳动力向城镇地区的转移，提高我国的城市化率，是我国全面进入小康社会的必然选择。城市化进程对解决中国的人口问题至关重要。城市化是解决日益严重的农村富裕劳动力的主要出路"。但是，因为新疆就业结构变化与产业结构的调整不同步，由此导致新疆城镇化进程滞后，城乡发展不协调。与经济发展水平相近的国家和地区相比，新疆是城镇化水平（城镇人口／总人口）较低的地区。根据2011年新疆人口数据，新疆的城镇化水平（以城镇人口占总人口比重表示）为43.54%。新疆城镇化发展滞后，经济实力不强，对国民经济的贡献和支撑不足。新疆城镇化水平偏低也影响到主要依托城市发展的第二、三产业的发展速度，缩小了农村劳动力转移就业的空间，影响了农村劳动力的转移。

在城镇化水平发展落后的情况下，新疆工业的发展未能形成推动第三产业发展的内在动力。工业化的进程都伴随着农村劳动力向城市的大量转移，以此推动城市经济和社会全面快速发展，2011年新疆第二产业占GDP的比重为48.8%，由于城市化落后于工业化，目前新疆约有56.46%的人口滞留在农村，主要是因为受城乡分割二元结构的影响。新疆城乡分割的状况不仅不利于城乡之间的经济交流，在很大程度上影响了新疆农村经济的提高和农村劳动力的顺利转移以及农民收入的提高。城镇化进程缓慢在一定程度上制约了新疆经济的发展和现代化建设，同时加剧了区域经济发展的不平衡，导致地区差距和城乡差距不断继续扩大，严重阻碍了新疆城乡经济的共同发展和农村劳动力的顺利转移。

2. 就业难社会因素分析

在我国历史上，维吾尔族一直过着群居生活，由于居住地区交通不便利，严重影响与外界的广泛交往联系，农村地区离乌鲁木齐等大中城市距离较远，很难获得这些城市的经济扩散和辐射影响，而且本地区的中小城镇基本没有能力带动区域经济发展。维吾尔族聚居的乡村地区，民族结构单一，很少与其他民族交流学习，这些不利因素使他们长期处于封闭状态，自成封闭的社会经济文化体系，他们所交往的活动空间仅限于身边的乡邻和亲戚朋友，这种孤僻狭隘的活动圈，使他们异常留恋农村的乡邻及朋友关系，在一定程度上，阻碍了农村维吾尔族富余劳动力外出务工的步伐。

（1）农村承包地

在维吾尔族这样一个以"农业为本"的传统群体中，"农本"思想可谓根深蒂固，土地长期以来被看作是财富和社会地位的象征。很多进城务工者，虽然不以土地为生，但家里依然拥有土地，土地对于维吾尔族农民工来说，是最后生存的寄托，他们不会自愿放弃土地的经营权，虽然土地只是提供最后的就业和维持生命最低消费的功用，既不能提供养老保障，也不能提供医疗保障。

现行土地制度所承载的保障功能强化了农民工社会心理中浓厚的故土观念和依赖情节，阻碍维吾尔族农民工向城市转移。

在调查样本中，有 43.5% 的人家里有承包地，56.5% 的人家里无承包地，这与南疆地区人多地少的现实情况相符。北疆地区的农村维吾尔族富余劳动力比重较小，大多数家庭一般没有承包地。在有承包耕地的家庭中，其中 5 亩以下的家庭占 52.1%，5~7 亩的家庭占 17.8%，7~9 亩的家庭占 6.1%，9 亩以上的家庭占 24.0%。农村维吾尔族主要以从事农业生产为主，对土地的依赖性很强，但是家庭承包地并不是很多，这与农村维吾尔族家庭经济情况及农村近年来可耕种土地面积的减少有密切关系。

（2）城镇生活成本

按照托达罗预期收入理论，迁移过程的成本和迁移者在城市生活的预期成本也是影响迁移的重要因素。相对于缓慢增长的工资水平，维吾尔族农民工在城镇生活成本却在不断上升，2013 年 12 月居民消费价格指数（CPI）同比上涨 2.9%，全年涨幅达到 3.9%。农民工工资增长的速度低于物价上升的速度，农村富余劳动力在城市的生活成本增加，生活质量下降。再加上城市租房、交通及其他消费成本，乃至一些企业的拖欠工资现象，导致维吾尔族农民工在城市生活的压力不断增大。

（3）宗教活动和民族风俗

受长期生活环境及宗教信仰、民族风俗习惯的影响，维吾尔族农民工与城市市民的思想观念和行为习惯呈现很大的差异，加上自身语言沟通存在障碍，"文化适应能力弱"，他们的社会活动圈往往局限于城市内本民族老乡和熟人范围内。文化传统的不相容性，语言沟通的障碍，清真生活的饮食困难，推动维吾尔族农民工回到自己熟悉的家乡。

（4）制度因素及城镇歧视

制度因素包括城市中对农村外出劳动力定居城市不利的制度规定，也包括其他非制度规定因素。在相关的制度中，户籍歧视是最大的城市推力。它通过配额、征税、附加条件、关闭市场等方式造成了对农村外出劳动力的歧视（张兴华，2000）。户籍制度是中国特色的一个身份体系，对流动进入城市就业的农民工具有很大的反推力，即"城镇推力"。这种户籍制度的分离，使得农民工难以真正融入城市社会生活，大部分农民工始终处于循环流动状态，按照季节、经济周期甚至政策周期而在农村与城市之间呈"候鸟式"流动就业，而不是永久定居在城市。

（5）就业风险

刘易斯、费景汉、拉尼斯三人强调了农业部门与工业部门之间受边际劳动生产率决定的"工资"的推拉作用，从而把农村富余劳动力就业风险问题归结为工资获得与否及其高低的风险问题[①]。哈里斯—托达罗模型强调"预期收入"在城乡人口迁移中的推拉作用，并用获得工作概率的大小来衡量农村富余劳动力的就业风险。大卫·李嘉图和李斯特用简化模型说明了就业风险对农村劳动力重新配置的不利影响。乔根森则从消费结构变化的角度分析了农村劳动力就业及其风险问题。这些学者从不同角度研究了就业风险对农村富余劳动力外出务工的影响，可见，就业风险对农村维吾尔族富余劳动力在城镇长期务工意愿也具有很大影响，是城镇推力的重要组成部分。

（6）社会保障权益缺失

作为城市的边缘人，无法得到充分的社会保障，农村维吾尔族人口进城之后，除没有完善的养老、工伤、医疗保险制度外，

---

① 徐永良：《农村劳动力转移效率工资与产业集聚的规模》，载《工业技术经济》，2007（10），108~113页。

子女教育、就业保障、用工制度、住房政策不到位等问题也非常突出。此外，进城务工人员还缺乏最基本的最低生活保障和失业保险，所以在失业之后，将面临着无依无靠的尴尬境地，在城市务工的大部分维吾尔族农民工工作极其不稳定，经常遇到失业，一旦失业，他们只能依靠平时的积蓄，或是本民族同乡的接济，生活举步维艰，在无法维系基本生存情况下，部分人只能选择离开城市，回到农村，这是十分重要的阻碍农村维吾尔族人口外出务工的城镇推力因素之一。

（7）人口规模中劳动力相对众多

我国长期以来严格执行计划生育国策，对少数民族实行倾斜性计划生育政策，充分体现了发展少数民族人口的必要。这一政策同样施用于人口达 1000 万规模的维吾尔族，短期看影响不大，但放大到 20 年来考察，人口结构情况有了巨大变化。从 2005 年始，新疆的维吾尔族人口首次超过了新疆的汉族人口，成为新疆的第一主体民族，加之新疆属于典型的干旱区绿洲生态区，受制于水资源的限制，耕地不易扩大，而人口再生产不断增大，生活于农村的维吾尔族人均耕地不断减少，即便是在农产品价格不断上涨的情况下，新疆农村维吾尔族集中区的人均收入增长也十分有限。随着社会进步，科技发展，农业机械化水平的提高，每一个劳动者的管控土地的能力已然发生了变化，在人口增长和劳动生产率提高的双重挤压下，新疆农村维吾尔族劳动力人口就业压力陡增。

（二）"固守家园"倾向常态化分析

国内学者对农村富余劳动力转移经济效应的研究证实了外出务工的价值。胡永泰、潘文卿等认为农村劳动力结构变化对区域经济增长有支持性贡献。刘继兵等认为劳动力转移对农村经济发展有正向作用。李实等人的研究结果表明，非农收入是拉开城乡居民收入差距的最重要原因，若能通过不同方式促使农村富余劳动力向外流动，将会有效抑制农村内部收入差距的扩大。赵耀辉借助统计局与农业部农业研究中心1996年在四川省的调查数据，使用一个家庭收入模型对不同类型的劳动力对家庭收入贡献的大小进行估计。结果表明外出务工的劳动力不仅能够获得高的劳动报酬率，还会对本家庭中其他劳动力劳动报酬率的提高产生积极影响。

南疆塔克拉玛干沙漠南缘的绿洲城镇，由于生态环境脆弱、自然条件恶劣、水土资源匮乏，人地矛盾突出。这里又是县域经济发展水平落后的少数民族聚集地区，农村富余劳动力的转移已成为促进当地经济发展，缓解人地矛盾的重要途径。马戎认为：南疆农村维吾尔族青年到内地打工是非常值得关注的新现象，如果这样的劳务输出能够真正健康地发展并得到维吾尔族农民的欢迎，这将对南疆地区的社会经济发展具有特殊的重要意义，对中国未来的民族关系也必将产生深远的影响。针对少数民族聚集区劳动力转移的问题，学者们主要从劳动力转移的现状特点、农牧民劳动力转移的必然性、转移的原因、劳动力的安置、转移的经济效率等方面进行了定性的研究，相比我国其他区域的研究缺乏实地调查和定量研究。张善余、曾明星基于2000年第五次人口普查千分之一抽样数据的比较分析指出，少数民族人口迁移流动率虽然呈现一个明显的增长趋势，但和汉族相比还是较低，人口分布相对固化。丁赛进一步研究表明：与汉族相比，位于西南地区的壮族和苗族有更多的劳动力转移，回族、维吾尔族、彝族、满族四个少数民族的农村劳动力转移都比汉族要少，表现出明显的"固守家园"倾向。阿布都外力·依米提认为新疆少数民族"等""靠""要"思想严重、宗教信仰的约束、民俗和生活习惯差异是导致其不愿外出务工的关键因素，导致新疆少数民族农村富余劳动力的低流动。从主客观两个方面来看，"固守家园"的主要原因为以下一些。

1."固守家园"倾向客观原因

随着国家"兴边富民"政策的逐步落实和农业税的取消，新疆维吾尔族聚集区的农民对政策表现出极大的认同。802份农村样本资料显示：在农村生活的维吾尔族大多数对目前在农村的生活状况比较满足，持满意态度的比重为59%，认为一般的比重占33.1%；有45.6%的人认为农村目前的政治环境良好，本民族之间和睦相处，朋友亲邻走动自如，关系十分融洽；有28.8%的人对当地经济发展水平不满意，但生活习惯了，也就适应了居住地环境。对当地文化环境的评价，由于饮食、宗教信仰条件好，经常举办的乡村巴扎和庆典节目表演很受当地百姓欢迎，有67%的农民表达了比较满意的倾向。相对于教育而言，他们更重视宗教文化的传承，对于部分新疆维吾尔族来说，学校教育的重要性次于宗教文化的学习，已经形成了一种常态。由于新疆维吾尔族信仰伊斯兰教，宗教的心理慰藉作用使得他们接受了农村的落后，改善生存状态的诉求并不强烈，同时宗教活动对于增强民族凝聚力和民族认同感具有重要作用，一旦离开家乡，很多人会感到孤独和不适，宗教文化、生活习俗正是新疆维吾尔族农民"固守家园"的一个重要原因。

2."固守家园"倾向的主观原因

在160个被访样本中，每个被访户主选择"固守家园"的农村拉力成因各不相同，访谈时，设计了7种选择，依重要程度要求最多选3种。从分析结果看，首选前三位的因素分别为：在家收入还可以，占选择固守家园样本的48.30%；农村有熟悉的朋友，生活习惯了，占28.46%；父母年老体弱，占17.22%。户主选择"固守家园"的城镇推力因素也不相同，访谈时，同样设计了7种选择，从分析结果看，首选前三位动因分别为：城里朋友少，生活不习惯，占被访样本的32.45%；在城里语言沟通困难，占被访样本的 28.32%；民族文化差异带来的生活别扭，占被访样本的 17.12%。可见农村的引力和外出务工的顾虑，使大多数新疆维吾尔族农民选择"固守家园"。

在维吾尔族聚居区，大部分人对财富的欲望不强烈，就业观念落后，竞争意识薄弱，受传统习俗的影响，不少人认为"外出务工挣钱丢面子""妇女不宜外出务工"，大部分人喜欢农村宽松的生活环境，可以自由支配个人时间，和周围的邻居朋友自在的交流，这种舒适的生活氛围是很多新疆维吾尔族农民都喜欢的生活方式。而进城务工，遇见的很多都是自己十分陌生的人，交流缺乏共同的话题。被访者中的大部分人认为难以适应城市紧张快速的生活节奏。再加上语言、文化、宗教信仰、父母年老体弱需要照顾的困扰，他们中的大部分表现出对外出务工的恐惧，即便是外出务工也多选择就近的本地城镇。

"固守家园"从调查结果的表面上看，似乎是生活上的不习惯原因造成的，但从到本地季节性劳务输出（摘棉花）每年超过百万人次之规模，足以证明他们对劳务创收提高家庭生活质量的渴望程度，而"离乡不离土"及"离土不离乡"的特征恰好反映出他们的乡土情结，也隐含着对非农就业的不自信。

第三节 外出务工是缓解就业压力的必然选择

从新疆维吾尔族人口的地理分布中，不难看出，新疆的维吾尔族大部分分布在偏远落后的南疆农村地区，这些地方自然环境恶劣，水土资源匮乏，交通不便，生产力发展长期滞后，产业构成单一，县域经济困难，没有能力吸收富余农村劳动力的现状，维吾尔族农民家庭生活质量依靠农业已难以保障。

一、县域经济滞后,政府引导外出务工

所调查的样本县无一例外均出现高额赤字,财政不堪重负,收支矛盾极为突出;县级财政支出100%要上级财政补助,对上级财政有着极强的依赖性。2011年,新疆第一县库车县财政自给率75.70%,财政赤字达8.39亿,而最差的墨玉县财政自给率仅有5.51%,财政经费缺口达20.88亿,见表3-2。且财政极为困难的状况具有普遍性、延续性、长期性和复杂性的特点,县级财政资金极端匮乏,长期处于赤字状态,使得贫困县的公共产品供给不足,公共基础设施、科教文卫、社会福利与优待抚恤事业严重滞后,招商引资条件先天不足,无力扶持支撑性产业发展,第二产业和第三产业只能是听天由命,自然也无能力去消化逐年递增的劳动力。从政府管理角度看,引导外出务工是唯一可行的减缓就业压力和保持县域经济有序发展的推动力量。

表3-2 样本县财政自给率一览表

(单位:万元)

样本县	疏附县	疏勒县	叶城县	巴楚县	墨玉县	和田县	拜城县	库车县	阿克陶县	托克逊县	察布查尔县
财政一般预算收入	11333	20167	23710	17331	12170	9619	75445	260766	14214	37786	20003
财政一般预算支出	154117	142388	246736	174381	220989	138841	150003	344461	148535	103704	126242
财政自给率(%)	7.35	14.16	9.61	9.94	5.51	6.93	50.30	75.70	9.57	36.44	15.84

资料来源:2012年7—8月实地调研数据汇总。

二、人多地少收入低，生活贫困逼迫外出务工

样本县绝大多数是国家级贫困县，所处的地理环境恶劣，如在和田百姓中流传的顺口溜：和田人民苦啊，风吹沙石走啊，天上不飞鸟啊，地上不长草啊。生态脆弱，先天不足造成的生态贫困在南疆大地普遍存在，从样本县的调查数据分析，处于塔克拉玛干大沙漠边缘的南疆三地州（喀什、和田、克州）人均耕地面积不足2.5亩，相当多的村民没有坐过火车，甚至有几十年没有走出过县城的村民，与之相比北疆的察布查尔县情况要好得多。墨玉县家庭年收入只有5500元，生活的贫困可见一斑，见表3-8。穷则思变，杨宇、张小雷、雷军等在墨玉县的调查中有93.7%的样本选择外出务工的主要原因是家庭贫困，与我们新疆11县的抽样调查显示，有83.2%的外出务工者的选择基本吻合。

表3-3 样本县人均耕地、家庭年收入一览表

样本县	疏附县	疏勒县	叶城县	巴楚县	墨玉县	和田县	沙车县	库车县	阿克陶县	托克逊县	察布查尔县
乡村人口（万人）	30.3	23.7	38.1	21.3	45.6	21.3	14.3	13.4	16.1	9.4	12.8
人均耕地（亩）	2.55	3.12	2.12	6.81	1.12	2.12	7.60	7.29	2.72	2.71	9.14
家庭年收入（元）	5693	5693	8702	9481	5500	6878	6025	9388	8197	14522	21250

资料来源：2012年《新疆统计年鉴》，2012年7—8月实地调研数据汇总。

三、农村富余劳动力逐年递增，就业诉求选择外出务工

依据《新疆统计年鉴》的数据，对新疆2000—2013年的农村富余劳动力进行测算，在测算过程中，假定农村劳动力全部从事农业劳动，不考虑林、牧、渔等行业对农村劳动力的影响。在界定新疆实际耕地面积时，考虑到新疆水资源的匮乏，部分地区

施行耕种轮作制度,选择用新疆农作物面积代替新疆实际耕地面积进行计算,计算结果,见表 3-1。新疆农村富余劳动力人数从 2000 年的 123.10 万人增加到 2013 年 340.17 万人,新疆农村维吾尔族富余劳动力从 91.06 万人增加到 247.24 万人,增长幅度高于新疆农村的平均水平,且富余劳动力人数呈现持续增长趋势。而县域经济在短期内甚至在一个相对长期的周期内,无能力消化不断增长的劳动力,他们就业的诉求更多期许外出务工来实现。

新疆农村维吾尔族富余劳动力在 2013 年达到 247.24 万人,占比为新疆农村总体富余劳动力的 72.68%,对维吾尔族聚集区形成巨大就业压力。尽管"固守家园"有多种原因,但归结起来主要有:人地矛盾、就业渠道、就业信息、语言沟通、务工技能及经济与产业发展水平限制。虽然大多数富余劳动力有改变自身困境的要求,但存在外出务工非农就业的信心不足。一是受客观上的政策环境拖累;二是受组织化程度的制约;三是务工成本上涨的困扰;四是社会保障的顾虑;五是生活习惯及文化的影响;六是务工技能及收入差距的不给力。解读固守家园的成因,有客观环境原因,也有主观意识原因,更多的表现为对民族、城乡和文化差异碰撞的担心,主观上的内在顾虑是主因,"固守家园"的内在机理为外出务工动力不足以拉动来自技能缺乏,就业意识,民族宗教的束缚,汉语交流困难,维吾尔族风俗和生活习惯差异的退缩式惯性的影响。

第四章 新疆农村维吾尔族富余劳动力就业诉求和外出务工意愿

第一节 就业诉求

新时期"三农问题"的核心是农民增收问题，怎样把农村中潜在的大量富余劳动力转化为生产力是我国农村经济发展的关键（费孝通，1999）。

新疆维吾尔族主要聚居在新疆南疆地区，2013年在新疆少数民族人口中，乡村人口676.63万人，占新疆农村总人口的80.56%，远高于全国的平均数58.2%。新疆农民人均工资性收入在农民人均纯收入中的比重为7.6%，而全国的这一比重已经达到了34%。由于经济不发达，不少新疆少数民族群众仍然很贫困，南疆贫困人口占到了全疆贫困人口的88%。据相关统计截至2013年底，新疆拥有农业富余劳动力340.17万人（测算数据见第三章），其中农村维吾尔族富余劳动力为247万人，喀什、和田、阿克苏、克州南疆四地州约占90%以上。新疆维吾尔族地区"三农"问题突出表现为：一是农民增收困难，转移就业渠道狭窄；二是城乡收入差别较大，2013年已达到2.8∶1，而且存在差距扩大之势，这与构建和谐社会的目标尚有一定差距；三是农村劳动力就业不充分。

当前，新疆正处在加快经济社会发展的关键时期，根据地区资源禀赋、文化特征、劳动力素质等特点，寻找适合新疆农村劳动力转移的方向与途径，积极引导他们充分就业，稳定就业，帮助他们增收，对实现新疆跨越式发展和长治久安具有十分重要的意义。为夯实研究基础，除获取大量的年鉴资料外，深入到农村广泛调查，获得第一手资料是非常必要的。

一、农村调查方案设计与数据来源

（一）样本框设计

新疆农村维吾尔族主要分布在南疆四地州，尤以喀什、和田、阿克苏最为集中，北疆主要集中在伊犁和吐鲁番地区。2012年新疆各地区农村劳动力总量分别为179.4万人、92.4万人、103.8万人、85.4万人和24.2万人。因此，为了使调查样本具有普遍代表性，能够反映农村维吾尔族富余劳动力外出务工的不同特征，同时综合考虑新疆各地区经济发展状况及调查的可行性，本次调查主要采取分层抽样方法进行，主要选择的抽样县分布为喀什4个县，分别为叶城县、疏附县、巴楚县、疏勒县。和田2个县，分别是墨玉县、和田县。阿克苏2个县，分别是拜城县、库车县。伊犁察布查尔县、克州阿克陶县及吐鲁番托克逊县3个县。共计11个县，以每个县抽取2个乡每乡抽取2个村进行调查。每个村随机抽取20户富余劳动力家庭（根据实际情况，个别地区选择样本较多），每户调查1个富余劳动者代表。

（二）数据来源

课题研究数据主要来源于石河子大学商学院"新疆农村新疆少数民族人口就业和外出务工情况调查研究"课题组于2012年7—8月进行的面向新疆维吾尔自治区6个地州市、11个县、44

个村所做的"农村维吾尔族劳动力外出就业活动调查问卷（农村）"问卷调查。为全面掌握调查地的实际情况，对当地负责劳动力转移工作的领导进行了半结构化访谈，内容涉及：该地区人口、劳动力就业、耕地面积等基本情况；国家政策；开展工作中遇到的困难问题；劳动力转移中的典型事例；对口支援省市的具体措施；对劳动力技能培训方面的问题等。对每户户主的访谈内容包括：外出务工者背景信息；外出务工意愿；未进城务工的动因及障碍；家庭收入；在家就业的风险与保障等问题，共访谈户主160人。

二、农村维吾尔族富余劳动力情况调查

（一）样本分布

调查以6个少数民族集中地区为主，以每个县抽取2个乡（伊犁每县1个乡），每个乡抽取2个村，每个村随机抽取20户，每户调查1个外出务工者。调查员由石河子大学商学院人资2008级、审计2009级民班、统计2010级研究生三个不同年级经过严格挑选的32名学生和课题组6名成员组成。为了保证调查数据的质量和代表性，本次调查安排在暑期间进行，一是学生和教师有充足的时间，二是已外出务工人员不在本乡村，留置在农村的劳动力正是课题的调查对象，可以保证被调查对象结构的合理性。调查采取等额概率抽样方法，首先按照样本地州的乡村人口总数，确定各地州理论上应该发放的问卷数，然后由调查者进行入户结构式问卷访问，并对部分农民家庭户主进行了深度访谈。共发放问卷880份，回收问卷857份，剔除无效问卷后，共获得有效问卷802份。具体样本分布情况详见表4-1。

表 4-1 调查样本的地区分布情况

地州	县市	样本乡	样本村	发放问卷	有效问卷
和田	和田县 墨玉县	4	8	160	160
喀什	疏附县 疏勒县 巴楚县 拜城县	8	16	320	291
柯尔克孜州	阿克陶	2	4	80	67
阿克苏	库车县 沙雅县	4	8	160	140
吐鲁番	托克逊县	2	4	80	73
伊犁州	霍城县 察布查尔县	2	4	80	71
合计	12	22	44	880	802

资料来源：2012 年 7—8 月实地调研数据汇总。

（二）调查样本的基本情况

从表 4-2 的统计结果来看，男性农民所占比例为 59.3%，女性农民的比例为 40.7%；有 78.8% 的被调查农民处于已婚状态，婚姻状况为未婚占 21.2%。这与新疆少数民族集中区婚姻状况的现实相符。从被调查对象的文化程度来看，被调查对象的 84% 以上为初中及以下水平，高中以上文化程度的只有 15.94%，这与农民文化程度普遍不高的现实相符。从被调查对象的年龄构成来看，30 岁以下的被调查农民所占比例接近 74.8%，30~40 岁之间的农民占 17.5%，这与"六普"数据显示新疆少数民族青壮年农民处于生育高峰期的结果相符。从农民的健康状况自评来看，62.5% 的被调查农民健康状况良好，9% 农民健康状况不好，28.5% 的农民健康状况一般。上述信息，特别是性别、年龄、文化程度、婚姻状况、身体素质五个方面的基本分布情况表明，本次调查数据符合新疆维吾尔族集中连片区农民分布的基本情况，调查数据质量较高。

表 4-2　被调查对象的个体特征分布情况

（单位：人，%）

项目	类别	样本频数	比例	项目	类别	样本频数	比例
性别	男	476	59.3	文化程度	文盲	15	1.9
	女	326	40.7		小学	259	32.3
年龄	20岁以下	151	18.8		初中	400	49.9
	20~30	449	56.0		高中或中专	58	7.2
	30~40	140	17.5		大专及以上	70	8.7
	40~50	47	5.8	身体素质	非常好	227	28.3
	50岁以上	15	1.9		良好	274	34.2
婚否	已婚	632	78.8		一般	229	28.5
	未婚	170	21.2		较差	67	8.4
					非常差	5	0.6

资料来源：2012年7—8月实地调研数据汇总。

（三）外出务工意愿情况

由于外出务工意愿是一种主观感受，易受特定调查情景的影响，对单一个体而言，在不同时间下的两次调查结果可能会不一致，但在大样本情况下，各种偶然因素会相互抵消，从而呈现较为稳定的状态。为准确描述"维吾尔族农民外出务工意愿"的强烈程度，按照李克特量表设计了非常愿意、比较愿意、一般、不太愿意和很不愿意五个选项，以此来测量农民对外出务工的态度。尽管这种测量方法相对简单，但类似的研究表明，这种方法具有心理测量学的充分性，有充分的效度和信度。维吾尔族农民外出务工的意愿情况见表4-3。

从表4-3的统计结果来看，有20.5%的维吾尔族农民非常愿意外出务农，有33.7%的农民比较愿意外出务工，二者合计所占比例为54.2%，即超过一半的农民显著倾向于外出务工。还有29%的农民选择了一般，只有16.8%的农民明确了不愿意外出务工。这一结果表明，2003年以来新疆政府推动的农村劳动力转移工作已取得了可喜成绩，不仅已有超过百万人次农民工活跃在城镇，而且"固守家园"中的绝大多数农民心思也开始活泛起来，距离"走出去"目标已不遥远。如果能找准未外出务工者的顾虑，克服他们在决定外出务工时存在的瓶颈，将进一步有序推进新疆农业转移人口市民化工程。

表4-3 农村维吾尔族富余劳动力外出务工的意愿

外出务工态度	样本频数	百分比	累积百分比
很不愿意外出	40	5.0%	5.0%
不太愿意外出	95	11.8%	16.8%
一般	233	29.0%	45.8%
比较愿意	270	33.7%	79.5%
非常愿意外出	164	20.5%	100.0%

资料来源：2012年7—8月实地调研数据汇总。

三、就业诉求现状及特征

（一）就业取向

新疆农村维吾尔族家庭增收缓慢一直是制约农民生活水平提高的重要因素。研究从多民族聚居，多宗教，多文化、多生态共生的维吾尔族地区出发，以农村维吾尔族问卷调查为基准，客观反映新疆农村维吾尔族富余劳动力的就业诉求，梳理新疆农村维吾尔族富余劳动力转移就业的新特点、新情况和新问题，从战略高度把握新疆维吾尔族地区农村富余劳动力转移就业开发的内在规律。

1. 就业领域取向

调查发现，新疆农村维吾尔族富余劳动力有54.2%劳动力希望在城镇非农就业，其中有17.3%的劳动者想到外省打工，从事建筑、加工制造业及餐饮服务业，呈现出离土又离乡倾向；82.7%的人希望在省内离家不远的县市打工，呈现离乡不离土或是离土不离乡倾向。由于大多数农村维吾尔族就业人口靠近边境口岸，外贸比较发达，有46.8%的劳动者希望在家乡从事农业或个体经营，其中有17.1%的人希望能够从事养殖业，愿意继续从事农田作业的占56.9%。有26%选择了其他行业。

2. 就业地域取向

调查数据表明新疆农村主要以乡内就业为主，不同月收入家庭呈现相同的就业倾向。总体上新疆农村维吾尔族富余劳动力县外务工的人员比重非常小。县内乡（镇）就业成为农村劳动力选择的主要的就业渠道。省外就业的极少，第六次人口普查显示，占比不到全部农村劳动力的0.1%，劳务输出至国外的维吾尔族几乎是空白。表现出新疆农村维吾尔族劳动人口极强的恋家情结。

（二）对外出务工的认同度

1. 新疆"固守家园"者对外出务工的认同度

从获取的802份农村有效问卷统计结果看，有54.2%的留守田园的农民有异地就业意愿，但意愿程度并不强烈。有16.8%无就业意愿。这与陈小昆（2011）的调研结果：新疆农村维吾尔族未就业者无就业意愿的人数比例达15.99%相符。新疆农村维吾尔族富余劳动力是否具有异地就业意愿，一方面与当地经济发展水平、社会救济、社会保障程度有关，另一方面与劳动者家庭环境有关，此外还受民族就业习惯及观念等影响。主观上的预期愿望的达成率对外出务工的认同度影响很大。在意愿选择的地域、外出途径、行业、收入、培训需求上如果能满足，可显著提高外出务工的意愿强度。

从意愿务工地选择上，约有 82.7% 的人愿意在新疆本地城镇就业。在意愿外出方式上，有 29.8% 的人选择自己进城；36.3% 的人选择"社会亲情网络"，即通过熟人、朋友介绍进城；31.5% 的人愿意选择"由政府机构组织进城"。在务工行业倾向上，建筑业的人数较多，所占比例为 48.8%，其次是生产制造业占 25%，第三是餐饮服务业占 10.6%。在务工收入意愿上，有 61% 的被调查者意愿接受的月工资为 1500 元以上的工作。为适应外出务工需要有 76.4% 的人表示出对参加技能培训的兴趣。

2. 农村已进城务工人员对外出务工的认同度

从获取的 605 份城镇有效问卷统计结果（调查资料在第五章）看，67% 的被调查者表现出了对外出务工满意的态度。但在长期外出务工选择上，男性有长期务工打算的占 27%，女性有长期外出务工打算的只有 9%，绝大多数人员表示出外出打上几年工，有了一定积蓄后回乡发展的需求。调查数据显示，对进城镇务工表示很有信心的占比只有 16.1%。

调查统计数据表明：男性农村维吾尔族富余劳动力在省内就业人数占调查样本比重为 68.8%，在省外就业比重为 31.2%；女性在省内就业人数比重为 41.4%，在省外就业比重为 59.6%。依靠社会亲情网络（熟人或亲戚朋友介绍进城）的人数所占比重为 15.8%，依靠政府机构组织实现外出就业的人数所占比重为 20.0%，自己进城人数占 16.8%，依靠中介机构实现外出就业的人数所占比重为 15.0%。调查样本中，农村维吾尔族富余劳动力在城市的就业主要集中在加工制造业、住宿餐饮业、建筑业、居民服务和其他服务业、纺织业领域，其中生产加工制造业占 40.0%，住宿餐饮业占 20.5%，建筑业占 15.4%，居民服务和其他服务业占 16.9%，交通运输、仓储邮政业占 7.2%。外出务工月收入在 1500 元以上收入区间的人所占比重为 35.7%，在 1000~1500 元这个区间的人数所占比重为 37.0%，在 600~1000 元收入区间的人所占比重为 27.2%。对自身务工的技能水平的认识上，有 64% 被调查对象选择为一般，表明技能水平培训仍有迫切需要。

（三）城镇就业诉求现状

调查发现，新疆农村维吾尔族富余劳动力城镇就业的愿望较为强烈，总体来看，期望在城镇就业的比例达 54.2%，其中，"特别想"的比例占 20.5%，"很想"的比例占 33.7%。"感觉一般"的占 29%，"不愿意"的占 16.8%。

1. 城镇就业意愿与性别的交叉分析

从性别来看，选择"特别想"的比例中，男性和女性分别为 67.5%、32.5%；选择"很想"的比例中，男性和女性分别为 68.8%、31.2%。在维吾尔族男性中，选择"很想"的比例最高，达 37.6%；在维吾尔族女性中，选择"一般"的比例最高达 40%，见表 4-4。

由此可见，在维吾尔族劳动力城镇就业意愿中，维吾尔族男性的就业意愿较女性更为强烈，在男性群体中，一半以上的人有到城镇就业的意愿，而在女性群体中愿意到城镇就业的比例则不足一半。

表 4-4 城镇就业意愿与性别交叉分析表

城镇就业意愿		性别	
		男	女
特别想	性别内的（%）	67.5	32.5
	城镇就业意愿内的（%）	14.7	14.2
很想	性别内的（%）	68.8	31.2
	城镇就业意愿内的（%）	37.6	34.2
一般	性别内的（%）	64.5	35.5
	城镇就业意愿内的（%）	36.3	40.0
没有考虑过	性别内的（%）	66.2	33.8
	城镇就业意愿内的（%）	11.3	11.6

数据来源：根据 2012 年 7—8 月实地调研数据，通过 SPSS 软件计算所得。

2. 城镇就业意愿与年龄的交叉分析

从城镇就业意愿与年龄的交叉分析，表 4-5 来看，选择"特别想"的比例中，21~30 岁维吾尔族群体占 45.24%，其次是 20 岁以下的群体占 36.9%；选择"很想"的比例中，21~30 岁群体占 44.81%，其次是 20 岁以下的群体占 29.72%；选择"一般"的比例中，21~30 岁群体占 49.78%，其次是 31~40 岁群体占 20%；选择"没有考虑过"的比例中，21~30 岁群体占 53.85%，其次是 20 岁以下的群体占 27.69%。

从各年龄阶段内部的城镇就业意愿来看，20 岁以下群体选择"特别想"和"很想"的比例合计高达 65.28%；21~30 岁群体选择以上两项的比例合计达 47.5%；31~40 岁群体选择以上两项的比例合计达 48.04%；41~50 岁群体选择"一般"的比例最高，达 59.57%，选择以上两项的比例合计 31.92%；51~60

岁群体选择"很想"的比例达 41.67%。

从以上交互分析结果来看，30 岁及以下的群体到城镇就业的意愿最为强烈，表明年轻人是期望城镇就业的主力军。而随着年龄的增长，新疆农村维吾尔族富余劳动力外出务工的意愿呈现下降趋势，尤其是 40 岁以上的群体，外出务工的意愿较弱。

表 4-5 城镇就业意愿与年龄交叉分析表

城镇就业意愿		年龄					
		<20 岁	21~30	31~40	41~50	51~60	>60 岁
特别想	年龄内的 %	36.90	45.24	16.67	1.19	0.00	0.00
	城镇就业意愿内的（%）	21.53	13.57	13.73	2.13	0.00	0.00
很想	年龄内的 %	29.72	44.81	16.51	6.60	2.36	0.00
	城镇就业意愿内的（%）	43.75	33.93	34.31	29.79	41.67	0.00
一般	年龄内的 %	14.22	49.78	20.00	12.44	3.11	0.44
	城镇就业意愿内的（%）	22.22	40.00	44.12	59.57	58.33	100.0
没有考虑过	年龄内的 %	27.69	53.85	12.31	6.15	0.00	0.00
	城镇就业意愿内的（%）	12.50	12.50	7.84	8.51	0.00	0.00

数据来源：根据 2012 年 7—8 月实地调研数据，通过 SPSS 软件计算所得。

3. 城镇就业意愿与文化程度的交叉分析

从城镇就业意愿与文化程度的交叉分析，表 4-6 来看，选择"特别想""很想""一般"和"没有考虑过"四类选项中，初中文化程度群体所占比例均最高，分别为 57.14%、55.19%、53.78%、56.92%；其次均是小学文化程度群体，所占比例分别为 26.19%、

35.38%、25.33%、27.69%；第三均为大学及以上文化程度群体，所占比例分别为 9.52%、5.66%、14.22%、12.31%；文盲群体在城镇就业意愿各选项中的比例最小。

从各文化程度来看，文盲群体城镇就业意愿中选择"特别想"和"很想"的比例之和占 70%；小学文化程度群体选择以上两项的比例之和为 56.39%；初中文化程度群体选择以上两项的比例之和为 51.08%；高中文化程度群体选择"一般"选项的比例占 61.9%；大学文化程度群体选择以上两项的比例之和为 33.33%，选择"一般"选项的比例达 53.33%。

表 4-6 城镇就业意愿与文化程度交叉分析表

城镇就业意愿		文化程度				
		文盲	小学	初中	高中	大学及以上
特别想	文化程度内的（%）	4.76	26.19	57.14	2.38	9.52
	城镇就业意愿内的（%）	40.00	12.79	14.86	9.52	13.33
很想	文化程度内的（%）	1.42	35.38	55.19	2.36	5.66
	城镇就业意愿内的（%）	30.00	43.60	36.22	23.81	20.00
一般	文化程度内的（%）	0.89	25.33	53.78	5.78	14.22
	城镇就业意愿内的（%）	20.00	33.14	37.46	61.90	53.33
没有考虑过	文化程度内的（%）	1.54	27.69	56.92	1.54	12.31
	城镇就业意愿内的（%）	10.00	10.47	11.46	4.76	13.33

数据来源：根据 2012 年 7—8 月实地调查数据，通过 SPSS 软件计算所得。

由此可见，初中和小学文化程度群体是期望到城镇就业的主力军，在初中和小学文化程度群体中，一半以上的人期望到城镇就业。其次，在高中和大学及以上文化程度群体中，有三分之一以上的人群期望到城镇就业。

综上所述，在新疆农村维吾尔族富余劳动力群体中，从性别来看，男性较女性外出务工的意愿更强，男性群体中有一半以上的人期望到城镇就业。从年龄来看，18~30岁维吾尔族群体期望到城镇就业的意愿更强，该群体中有一半以上的人期望外出务工，随着年龄的增长，他们外出务工的意愿呈现下降趋势，尤其是40岁以后，外出务工的愿望较小。从文化程度来看，初中和小学文化程度群体期望到城镇就业的意愿更强，这部分群体中有二分之一以上的人希望外出务工，而调查发现文化层次较高的群体中期望外出务工的比例并不高。

（四）城镇就业诉求特征

新疆农村维吾尔族富余劳动力在到城镇就业过程中诉求较多，比如：到城镇就业的方式或途径、外出务工与务农的关系、期望从事的职业、期望得到的帮助或支持等，这些诉求对他们外出务工具有重要影响。

1. 到城镇就业的方式或途径

调查结果显示，28.7%的维吾尔族群体选择了随工头进城或由政府机构组织进城，25.5%的维吾尔族群体选择自己进城务工，25.2%的维吾尔族群体选择通过社会亲情网络进城务工，12.1%的维吾尔族群体通过报名参加企业来农村的招工方式进城务工，8.5%的维吾尔族群体选择由劳务中介机构组织进城的方式。由此可见，通过政府或劳务中介机构组织的方式进城务工是当前他们进城务工选择的主要方式。

2. 从事农业或非农业生产活动诉求

调查结果显示，维吾尔族富余劳动力在对外出务工时从事农业或非农业生产活动的认识上，42.3%的维吾尔族群体选择了离乡不离土；23.6%的维吾尔族群体认为如果有机会外出务工，希望从事农业生产或非农业生产活动；21.6% 的维吾尔族群体选择离土不离县；仅有 12.4% 的维吾尔族群体选择离土又离乡。由此可见，在本地城镇就业是大部分维吾尔族群体的主要诉求。

3. 就业的地点或单位诉求

调查结果显示，在城镇就业意愿样本中，有 82.7% 的维吾尔族群体选择在新疆本地城镇就业，仅有 17.3% 的维吾尔族群体选择到内地城镇就业；在大城市或中小城市的就业意愿中，24.9% 的维吾尔族群体选择进入大城市就业，75.1% 的维吾尔族群体选择进入中小城市就业；在就业单位的选择中，12.5% 的维吾尔族群体选择大企业，23.2% 的人选择中小企业，有 64.3% 选择个体经营。可见，新疆农村维吾尔族富余劳动力中，去往内地城镇就业的意愿并不强烈，相比之下更倾向于本地就业。在就业的城市类型选择中，更倾向于去往中小城市就业。在企业类型的选择上，更倾向于中小企业和个体经营。

4. 就业时考虑的首要问题

调查发现，在去往城镇就业时，32.9% 的维吾尔族群体会首先考虑工资待遇问题，20.7% 的维吾尔族群体会首先考虑离家远近的问题，16.1% 的维吾尔族群体会考虑生活方便问题，15.2% 的维吾尔族群体会考虑就业地点的本民族同胞是否较多问题，11.5% 的维吾尔族群体会首先考虑工作岗位问题，3.6% 的维吾尔族群体会首先考虑就业所在地区的社会包容性问题。可见，工资待遇和离家远近是他们在外出务工时首要考虑的问题，而生活是否方便、工作岗位、就业所在地维吾尔族同胞多寡以及社会包容性问题则不是主要考虑的因素。

对较高收入的追求是支持他们的首要动力。据访谈资料的结果，对外出务工的收入期望值统计如表 4-7 所示。

表 4-7　农村维吾尔族富余劳动力收入意愿

序号	收入范围	比例（%）
1	800 元及以下	2.7
2	800～1000 元	10.8
3	1000～1500 元	22.4
4	1500 元以上	61.0
5	未表态	3.1

数据来源：2012 年 160 户户主访谈资料。

从现有的维吾尔族农民工打工的行业或职业来看，恰恰大部分都是收入水平偏低的行业，其对收入的预期值与实际工资水平差距较大。这也是导致大部分留守在农村的人不愿意外出务工的一个重要原因。期望月收入水平在 1500 元以上的人数是最多的，所占比例为 61.0%。其次是 1000~1500 元之间的收入水平，选择这一区间的人数所占比重为 22.4%。所以，若要改变外出务工者的低收入状况，满足其对较高收入的追求，除了改善外出务工者的工作环境，提供相应待遇外，最重要的是怎样改善和提升未外出务工者的素质和技能，在农村地区加强"固守家园"劳动力的素质和技能方面的培训，适时转变思想观念，让其拥有一技之长，实现素质型就业。

5. 进城外出务工的主要影响因素

调查结果显示，在影响新疆农村维吾尔族富余劳动力在本地就业的因素中，26.6% 的维吾尔族群体选择了收入高选项，16.7% 的人认为是工作稳定，14.7% 的人认为是离家近，14.3% 的人认为风险小，12.6% 的人认为所在地生活习惯接近，5.9% 的人认为能学习到一技之长，5% 的人认为熟人多，4.3% 的人认为能发挥特长。可见，在本地就业收入高低是影响维吾尔族富余劳动力是否外出务工的最重要因素,其次是工作的稳定性、离家远近、外出风险的大小及生活是否习惯,而能否学习到一技之长、熟人是否较多以及能发挥特长则不是主要影响因素。

6. 在城镇就业的职业诉求

调查发现,在城镇就业的职业诉求中,24.2%的维吾尔族群体倾向于生产制造业,15.7%的人倾向于建筑业,14.1%的人倾向于餐饮服务业,8.7%的人倾向于商业贸易行业,8.4%的人选择房地产业,8.2%的人选择政府机关,6.1%的人选择家庭服务业,5.1%的人选择娱乐服务业,4.9%的人选择交通运输业,4.7%的人选择文教卫生相关工作。可见,生产制造业、建筑业和餐饮服务业是他们的主要职业诉求。

7. 在城镇就业期望获得的就业指导诉求

调查发现,新疆农村维吾尔族富余劳动力在城镇就业期望获得的就业指导诉求中,35.5%的维吾尔族群体选择技能培训,21.1%的人期望获得就业求职信息,20.7%的人期望获得职业指导帮助,13.1%的人期望获得创业指导帮助,其他诉求占9.6%。可见,技能培训、就业求职信息和职业指导三个方面是他们城镇就业时最希望获取的三个方面。

8. 在城镇就业获取帮助的诉求

调查发现,在新疆农村维吾尔族富余劳动力到城镇就业时获取帮助的主要方式和途径中,54.5%的维吾尔族群体选择当地政府,14.4%的人选择家人,8.6%的人选择当地宗教局或民政局,8.2%的人选择亲戚,6.2%的人选择朋友,3.6%的人选择老乡,3%的人选择同学,1.4%的人选择其他方式。可见,当地政府是到城镇就业时获取帮助的主要方式和途径,其次才是家人及其他方式。

9. 在城镇就业期望得到的待遇诉求

调查结果显示,在城镇就业时,新疆农村维吾尔族富余劳动力期望获取的待遇中，27.6%的维吾尔族群体期望给予就业政策优惠，21.6%的人期望得到法律保护，15.7%的人期望得到资金和贷款支持，12.1%的人期望得到住房，11.8%的人期望解决生活困难问题，7%的人期望改善就业，4.1%的人期望解决子女就学问题。可见，政策优惠、法律保护、资金和贷款支持、住房问题、生活困难问题是他们在城镇就业时期望得到的主要待遇。

以上从九个方面分析了新疆农村维吾尔族富余劳动力到城镇就业过程中的诉求问题，具体来看，他们渴望通过政府或劳务中介机构组织的方式到城镇就业，大部分维吾尔族群体更倾向于离乡不离土，主要选择在本地的大城市中的中小企业就业。工资待遇和离家远近是大部分维吾尔族群体到城镇就业时考虑的首要问题，其次，才是生活是否方便、工作岗位、就业所在地民族同胞多寡以及社会包容性问题。在职业选择过程中，生产制造业、建筑业和餐饮服务业相对比较理想，并期望得到更多的技能培训、就业求职信息和职业指导服务和帮助。在城镇就业时，当地政府是大部分维吾尔族群体获取帮助和服务的主要方式和途径，其次是家人、亲戚、朋友等，他们期望得到更多的政策优惠、法律保护、资金和贷款支持等帮扶。

第二节 影响外出务工意愿的因素分析

从农村维吾尔族富余劳动力就业诉求数据资料中，可以看到有54.2%的被调查者有较强烈的外出务工意愿，也有16.8%的被调查者没有外出务工意愿。作为缓解就业压力的主要途径是外出务工，前面已做了较充分的探讨，就实际外出务工规模及质量上看，积极参与到务工行动的情况并不理想。是什么影响了新疆农村维吾尔族富余劳动力的外出务工意愿呢,本节将给予重点探究。

一、实证分析数据检验及模型选择

(一)数据信效度检验

效度检验指测量结果的有效性或正确性,即量表能够测量出研究者想要测量的概念或者特性的程度。效度越高表示该问卷测试结果所要代表的测验行为的真实度越高,越能达到问卷测验目的,该问卷可靠性越强。效度一般包括内容效度和结构效度,内容效度的评价主要通过经验判断进行,问卷在文献研究、小组讨论的基础上,多次咨询相关专家建议,不断修订,最终确定现有问卷,有效性较高。结构效度指问卷对某一理论概念或特质测量的程度,常用因子分析法进行评价,一般采用 KMO(Kaiser-Meyer-Olkin)检验问卷的结构效度,KMO 值越大,问卷的结构效度越好。

表 4-8 KMO 和巴特莱特检验

KMO 值		0.762
巴特莱特球形检验	卡方值	1974.646
	自由度	261
	显著性水平	0.000

信度是对量表的有效性进行研究,有效性指量表测量结果的稳定性、一致性及可靠性,一般主要对量表内在性度进行分析,信度系数越高,测量结果越一致、稳定、可靠,信度系数主要包括克拉巴哈(Cronbach)α 系数、折半(Split-half)信度系数等。

本文采用 Cronbach's α 系数对 802 份调查问卷的信度进行检

验,总体的 Cronbach's α 系数为 0.904,各维度 Cronbach's α 系数均大于理论值 0.7,可以满足实证分析对数据精度要求。各维度 Cronbach's α 系数值如下表所示,见表 4-9。

表 4-9 信度检验

	Cronbach's α		指标个数
决策环境影响	个人禀赋	0.701	11
	家庭特征	0.734	5
	就业环境	0.716	7
能力倾向影响	就业能力	0.789	5
	身份认同	0.727	3
	择业预期	0.833	4
务工风险影响	民族特质	0.782	5
	风险意识	0.725	5
务工支持影响	社会关系	0.794	4
	就业帮扶	0.854	6
	务工信心	0.787	7
务工资本影响	人力资本	0.712	6
	社会资本	0.784	5

(二) 模型选择

Probit 模型是计量经济学非线性分析中的重要模型之一,常被应用于劳动力转移的研究。根据调查问卷的设计,农村维吾尔族劳动力外出务工意愿为 Y_i 1-2-3-4-5 不同程度的有序变量,非常适合运用有序 Probit 模型进行分析。有序 Probit 模型(Ordered

Probit Model）是一种受限因变量模型（Limited Dependentvariable Model），它运用可观测的有序反映数据建立模型来研究不可观测的潜变量（Latentvariable）变化规律。课题研究中的被解释变量"农村维吾尔族劳动力外出务工意愿"即为一种潜变量，其结构线性形式如下：

$$Y^* = X_i' \beta + \varepsilon_i \quad i=1, 2, 3, 4\ldots N \tag{4-1}$$

（4-1）中 i 为样本序号，β 为参数向量，Xi 是待求的一组参数，Xi 是自变量矢量，表示可能影响农村维吾尔族劳动力外出务工意愿的一组解释变量的观测值，ε_i 为随机误差项。Y^* 表示农村维吾尔族劳动力外出务工意愿的潜变量，是一个不可观测的变量，通过可观测的 Y_i 与 Y^* 之间的关系来代表。可观测变量 Y_i 与被解释变量 Y^* 存在的关系如下：

$$Y_i = \begin{cases} 1（非常不愿意外出务工）Y^* < \alpha_1 \\ 2（不愿意外出务工）\alpha_1 \leq Y^* < \alpha_2 \\ 3（感觉一般）\alpha_2 \leq Y^* < \alpha_3 \\ 4（愿意外出务工）\alpha_3 \leq Y^* < \alpha_4 \\ 5（非常愿意外出务工）Y^* \geq \alpha_4 \end{cases} \tag{4-2}$$

（4-2）中 Y_i 是离散变量，且取值为（1，2，3，4，5），表示第 i 个样本外出务工意愿。α_i 是一组新参数，是决定样本组别的分界线，有 $\alpha_1 < \alpha_2 < \alpha_3 < \alpha_4$。$Y^*$ 就被划分为五个互不重叠的区间，Y_i 表示某个具体的观察值落到了哪个区间，Y_i 取到一特定值 j 的概率为：

$$P(Y_i = j) = P(\alpha_{j-1} \leq Y^* < \alpha_j) = P(\alpha_{j-1} - X_j^{'} \leq \varepsilon_i < \alpha_i - X_i^{'}\beta) \quad (4-3)$$
$$= F(\alpha_j - X_i^{'}\beta) - F(\alpha_{j-1} - X_i^{'}\beta)$$

（4-3）中 F 为 ε_i 的累积分布函数，其中 $1 \leq j \leq 5$。现假设误差项 ε_i 服从标准正态分布，则 F 满足标准正态分布累积函数的条件，有：$\varepsilon_i/X_i \sim (0, \delta^2)$ 如此把农村维吾尔族劳动力外出务工意愿观察值 Y_i 作为被解释变量，建立标准有序 Probit 模型，其对数似然函数为：

$$LnL = \sum_{i=1}^{n} \sum_{j=1}^{j} Y_{ij} \hbar \left[\phi(\alpha_j - X_i^{'}\beta) - \phi(\alpha_{j-1} - X_i^{'}\beta) \right] \quad (4-4)$$

（4-4）中，ϕ 为标准正态分布的累积函数。通过最大化对数似然函数式，即可估计出有序 Probit 模型中的系数 β 和参数 α_i。估计所得的 β 值就是课题研究的"农村维吾尔族劳动力外出务工意愿"影响因素系数。

二、个人禀赋、家庭特征、制度因素影响

（一）研究假说

1. 个人禀赋

"性别"歧视和男主外，女主内的传统思想决定了妇女在家庭中的传统作用，通常男性比女性外出的可能性更大。

年青人更偏好于外出务工，一方面，年轻人在体能方面强于年老者，而且他们适应能力强，更容易掌握务工新技能，在外出时，年青人具有较强的就业竞争力；另一方面年轻人较少承担照顾老人的责任，家庭负担较小，因而外出务工的成本较低。

"读书年限"对外出务工具有正效应。受教育程度越高，获得工作信息能力也越强，找不到工作的风险也就越低，由此外出务

工的成本就越低。同时受教育程度越高，在劳动力市场上竞争力就越强，所从事的工作收入较高，外出务工的收益越满意。

"清真饮食和宗教活动按时参加在意程度"衡量维吾尔族的民族属性、文化传统、饮食习惯和宗教信仰对劳动力外出务工的影响，通常对清真饮食和宗教活动是否按时参加越在意的农村劳动力，外出务工的意愿越差。

"外出务工风险的态度和自身就业能力的评价"是衡量维吾尔族农村劳动力在城镇找到工作的自信程度，一般认为"在城镇务工遇到风险小，对外出务工影响不大的劳动力和对自身就业能力评价很高的劳动力"倾向于外出务工。在研究"自身就业能力评价"的影响时，将自身就业能力评价细分为"身体素质评价、务工经验评价、务工技能评价和语言沟通能力评价"四个子变量，作进一步的研究，有助于挖掘细分的影响因素。

2. 家庭特征

"家庭子女数量"反映了养育负担，对农民外出务工的影响可能为正，也可能为负。一方面，家庭子女越多，意味着需要更多的收入来满足他们日常生活需要，会促使家庭中劳动力外出务工。另一方面，家庭被扶养的人数越多，其家庭成员需要腾出时间来照顾他们，从而限制了外出务工。

"父母健康状况"与维吾尔族外出务工有密切联系，维吾尔族信仰伊斯兰教，敬重老人已形成传统，如果父母健康，为使父母生活得更好，家中青壮年劳动力更愿意外出务工，如果父母身体不太好，必须有人照顾，一定程度上制约了外出务工。

"家庭所在地距务工城市的最远距离预期"反映了外出务工的态度倾向，务工地城市离家越远，可能的务工时间就会越长，为家庭带来的收益就越高，越近表明离家外出务工的信心不强，短期务工回流家乡的可能性越大。

"家庭对外出务工态度"越开放，维吾尔族农村劳动力越倾向于外出务工。因为有了家庭的支持，外出务工就会减少很多困扰，越易克服诸如土地、子女教育、照顾父母等一系列问题的后顾之忧。

"家庭年收入状况"在当地的层次与水平对维吾尔族外出务工的影响可能有两面性。贫困家庭更加渴望通过外出务工改善目前的状况，迅速提高生活质量。富裕的家庭也有可能因为外出务工提高了家庭生活福利，而强化了外出务工的意愿。

3. 就业环境

"是否听说或经历过克扣工资现象""对老板信誉的预期"作为输入地就业环境对外出务工者的心理有较大影响，此类恶劣务工信息传得越多，越易造成维吾尔族农村劳动力的对外出务工的恐惧。

"对城镇就业环境的认识"越充分，工作越好找，城镇市民没有歧视，文化活动越丰富对农村劳动力越有吸收力。因为相比农村而言，城镇存在更多的发展机会和更大的发展空间。为此将"城镇就业环境认识"这一指标细分成"对城镇政治环境的认识、对城镇经济环境的认识和对城镇文化环境的认识"三个方面，更有利于考察城镇对农村劳动力外出务工的直接影响因素，也有助于研究的深入。

"对城镇就业条件的认识"用于反映城镇就业门槛的高低，城镇非农就业条件要求越高，农村劳动力会倾向于待在家中，从事农业劳动。城镇非农就业条件越低，就业越容易，越有助于农村劳动力外出务工。

（二）变量赋值及统计特征

根据以上理论假说与模型，解释变量分为个人禀赋，家庭特征和就业环境三个方面，见表4-10。

表4-10 变量统计特征

	变量	均值	标准差	影响	变量解释
	外出务工意愿（Y）	0.42	0.493		非常不愿意1-2-3-4-5非常意愿
个人禀赋	性别（X1）	0.63	0.483	（+）	1=男，0=女
	年龄（X2）	27.61	8.083	（-）	最小年龄=15，最大年龄=65
	读书年限（X3）	7.85	3.810	（+）	最少读书年限=0，最大读书年限=18
	清真饮食在意程度(X4)	0.74	0.440	（-）	1=在意，0=不在意
	宗教活动按时参加在意程度（X5）	0.82	0.385	（-）	1=在意，0=不在意
	外出务工风险的态度（X6）	0.21	0.405	（-）	1=务工风险可怕，0=务工风险正常
	自身就业能力的评价（X7）*	3.67	0.740	（+）	非常差1-2-3-4-5非常好
	身体素质（X7-1）*	3.81	0.960	（+）	非常差1-2-3-4-5非常好
	务工经验（X7-2）*	3.15	0.748	（+）	非常差1-2-3-4-5非常好
	务工技能（X7-3）*	3.24	0.858	（+）	非常差1-2-3-4-5非常好
	语言沟通能力（X7-4）*	2.59	0.971	（+）	非常差1-2-3-4-5非常好
家庭特征	家庭子女数量（X8）	0.80	0.953	待定	最少子女数=0，最大子女数=5
	父母健康状况（X9）	0.95	0.227	（+）	1=健康或已死亡，0=不健康
	家庭距务工城市最远距离（X10）	220.8	18.84	（-）	务工城市最远距离预期1-2400公里
	家庭对务工态度（X11）	0.58	0.494	（+）	1=赞成，0=不赞成
	家庭年收入状况（X12）	11241	10275	待定	最低收入=1000，最高收入=70000

续表

变量		均值	标准差	影响	变量解释
	听说或经历过克扣工资（X13）	0.13	0.338	(-)	1=听说或经历过，0=没听说过或没经历过
	对企业老板信誉预期（X14）	0.10	0.298	(+)	1=对老板信誉预期较好，0=预期较差
就业环境	城镇就业环境认识（X15）*	3.45	0.778	(+)	非常差 1-2-3-4-5 非常好
	政治环境（X15-1）*	3.42	0.761	(+)	非常差 1-2-3-4-5 非常好
	经济环境（X15-2）*	3.17	0.871	(+)	非常差 1-2-3-4-5 非常好
	文化环境（X15-3）*	2.98	0.884	(+)	非常差 1-2-3-4-5 非常好
	城镇就业条件认识（X16）*	2.64	1.044	(+)	非常苛刻 1-2-3-4-5 非常宽松

注：* 表示农村劳动力评价结果划分：1=非常差，2=差，3=一般，4=好，5=非常好

（三）回归结果及分析

1. 回归输出结果

为了消除自变量间的多重共线性和相关性，文章采用两个方程对所选取的自变量进行处理。方程1着重分析"性别（X1）、年龄（X2）、读书年限（X3）、清真饮食的在意程度（X4）、宗教活动能否按期参加的在意程度（X5）、外出务工风险的态度（X6）、自身就业能力的总体评价（X7）、家庭子女数量（X8）、父母健康状况（X9）、家庭所在地距务工城市的最远距离预期（X10）、家庭对外出务工的态度（X11）、家庭的年收入状况（X12）、是否听到或经历过克扣工资现象（X13）、对企业老板信誉的预期（X14）、对城市就业环境的总体认识（X15）、对城镇就业条件的认识（X16）"这十六个变量对维吾尔族农村劳动力外出务工意愿的影响。方程2重点考察"劳动力就业能力总体评价和城镇就业

环境的认识"的细分子变量对外出务工意愿的影响，子变量包括"对身体素质的评价（X7-1）、务工经验的评价（X7-2）、对务工技能的评价（X7-3）、对语言沟通能力的评价（X7-4）、对城镇政治环境的认识（X15-1）、对城镇经济环境的认识（X15-2）、对城镇文化环境的认识（X15-3）"。研究运用 EVIEWS 软件对模型进行估计，回归结果见表 4-11。

2. 回归结果分析

（1）个人禀赋方面

性别（X1）在 5% 的显著性水平下通过了检验，回归系数为 -0.2687。表明维吾尔族农村女性劳动力外出务工的意愿强于男性。此结论与赵耀辉和程名望等学者研究的结论不一致，体现出维吾尔族妇女外出务工意识的觉醒和争取经济独立的迫切要求。从维吾尔族女性劳动力工资预期明显低于男性，进一步印证了女性外出务工意愿的强烈程度。

年龄（X2）在 1% 的显著性水平下呈现负向影响。表明年龄越大，劳动力外出务工的意愿越弱，此结论与程名望的观点一致，但与钱文荣、蔡昉等、朱农等的研究结论并不一致。说明目前维吾尔族农村劳动力外出务工还处于早期发动阶段，劳动力转移呈现典型的"候鸟式"特点。年轻力壮时进城打工，年衰体弱时又回到农村。

表4-11 个人特征、家庭特征和就业环境对外出务工影响的回归结果

变量		方程1		方程2	
		系数	P值	系数	P值
个人禀赋	性别（X1）	-0.2687*	0.0126		
	年龄（X2）	-0.0316**	0.0001		
	读书年限（X3）	-0.0213	0.1621		
	对清真饮食的在意程度（X4）	-0.3682**	0.0026		
	宗教活动能否按时参加在意程度（X5）	0.0339	0.8081		
	对外出务工风险的态度（X6）	0.1082	0.3993		
	对自身就业能力的总体评价（X7）	0.2511***	0.0007		
	身体素质（X7-1）			0.4188	0.6753
	务工经验（X7-2）			1.9683*	0.0490
	务工技能（X7-3）			2.4475**	0.0144
	语言沟通能力（X7-4）			-1.3479**	0.0391
家庭特征	家庭子女数量（X8）	0.0057	0.9250		
	父母健康状况（X9）	0.5167*	0.0264		
	家庭所在地距务工城市最远距离（X10）	-0.0015	0.6159		
	家庭对外出务工的态度（X11）	0.4049**	0.0003		
	家庭的年收入状况（X12）	3.0E-05***	0.0000		

续表

	变量	方程1 系数	方程1 P值	方程2 系数	方程2 P值
	是否听说或经历克扣工资现象（X13）	0.1996	0.2512		
	对企业老板信誉的预期（X14）	0.3801**	0.0472		
	对城市就业环境的认识（X15）	0.2535***	0.0003		
就业环境	政治环境（X15-1）			1.6560*	0.0977
	经济环境（X15-2）			0.6320	0.5274
	文化环境（X15-3）			1.9785**	0.0479
	对城镇就业条件的认识（X16）	0.0946*	0.0731		
	Log likelihood	−416.3519		−467.0889	
	McFadden R-squared	0.120866		0.018899	
	Total obs		701		

注：*、**和***分别表示在10%、5%和1%的显著性水平。

读书年限（X3）对维吾尔族农村劳动力外出务工的影响不显著。这与赵耀辉、朱农和程名望等的研究结果不一致。可能是因为维吾尔族农村劳动力的知识水平普遍较低，对职业层次的选择要求不高，受教育程度对他们外出务工从事一般性的普通工作影响相对微弱。对宗教活动能否按时参加的在意程度（X5）和对外出务工风险的态度（X6）对外出务工的影响不显著。主要原因是维吾尔族农村劳动力大多数倾向于在新疆本地城镇务工，选择亲戚朋友较多的城镇生活，因此，他们具备参加宗教活动的条件。同时，新疆用工单位受民族政策的引导，尊重少数民族务工者，就业风险相对偏低。而去省外务工的，普遍选择政府组织外出务工形式，由于政府提前与省际用工企业达成了协议，提供了较完善的工作生活条件，基本不存在就业风险及宗教信仰困难。

清真饮食的在意程度（X4）在 1% 的显著性水平下，显著负面影响维吾尔族农村劳动力外出务工。在维吾尔族农村劳动力中，自身能克服清真饮食的劳动力倾向于外出务工，对是否能吃到清真食物很在意的劳动力倾向于留在农村，从事农业劳动。

自身就业能力评价（X7）在 1% 的显著性水平下通过显著性检验，回归系数是 0.2511。说明对自身非农就业能力持肯定态度的维吾尔族农村劳动力具有强烈的外出务工的意愿。分析"自身就业能力的评价"的细分子变量，"务工经验（X7-2），务工技能（X7-3）和语言沟通能力（X7-4）"三个变量通过显著性检验，且变动系数大于 1，对外出务工影响较大。其中语言沟通呈现显著负影响。身体素质虽未通过检验，但系数为正，身体素质好的农村劳动力有外出倾向。表明身体素质好，拥有一定外出务工经验和技能的农村劳动力，对外出务工较有信心，他们外出务工的意愿也更强。

（2）家庭特征

父母的健康状况（X9）对维吾尔族农村劳动力外出务工决策影响显著。父母身体健康，生活可以自理，不需要子女花费大量的时间和精力对其进行照顾，子女可以专心外出务工，增加家庭收入。因此，健全农村养老体系，形成农村社区养老新机制，可有效解决农村劳动力外出务工时的后顾之忧，提高他们外出务工的机率。

家庭对外出务工的态度（X11）在 1% 的显著性水平下，显著影响农村劳动力外出务工决策，回归系数为 0.4049。这表明对外出务工持开放态度的家庭，其家庭中的劳动力倾向于外出务工。

家庭的年收入状况（X12）在 1% 的显著性水平下，显著正影响维吾尔族农村劳动力外出务工意愿。在调查的农村维吾尔族家庭中，收入水平较高的多以非农收入作为家庭的主要收入来源，外出务工显著提高了家庭的收入水平，强化了他们外出务工的意愿。

家庭子女数量（X8）对维吾尔族农村劳动力外出务工影响不显著。可能是少数民族地区农村幼儿教育机构数量的增加和教育体系的不断完善，已消除了农村劳动力的顾虑，且政府扶贫政策长期存在，养育子女比较有保障。

家庭所在地距务工城镇的最远距离预期（X10）对农村劳动力外出务工的影响不显著。主要是随着中国经济的快速发展，城乡之间的交通更加便捷，外出务工人员可以方便、快捷地往返于家庭和务工地，他们已不再将交通作为外出务工决策的重要因素。

（3）就业环境

听说或经历拖欠工资现象（X13）对维吾尔族农村劳动力外出务工的影响不显著。这与前文中提到的维吾尔族农村劳动力一般选择在亲戚朋友较多的新疆本地城镇务工有关。他们认为在新疆本地城镇务工，并且有亲戚朋友照应，企业一般不敢拖欠工资。

对企业老板信誉预期（X14）在5%的显著性水平下，显著影响维吾尔族农村劳动力外出务工决策。劳动力预期的老板信誉的好坏与其决定是否外出务工密切相关，如果他们认为企业老板信誉较好，他们就会选择跟随老板外出务工，反之，他们就会留守家中。因此，企业主在招募、雇佣农民工时，应与城镇工人同工同酬，消除歧视性行为，树立良好形象。

对城市就业环境的认识（X15）和对城镇就业条件的认识（X16）分别在1%和10%的显著性水平下，显著影响农村劳动力外出务工。即优越的城镇就业环境、宽松的城镇就业条件对维吾尔族农村劳动力具有非常大的吸引力。进一步分析"城镇就业环境认识"的细分子变量，在"对政治环境的认识（城镇的安全秩序情况、X15-1）、对经济环境的认识（城镇找工作的难易程度、X15-2）和对文化环境的认识（城镇生活娱乐的多样性、X15-3）"三个解释变量中，只有"对政治环境的认识（X15-1）和对文化环境认识（X15-3）"的系数显著。这可能是因为第一，"7·5事件"以后，无论是汉族还是少数民族均比较关注城镇的安全秩序状况，人身和财产安全得到保障，是农村劳动力决定外出务工的基础。第二，维吾尔族的传统文化赋予了维吾尔族人民能歌善舞的特质。因此，与汉族相比，他们对城镇的文化娱乐活动更加关注。"对经济环境的认识"的影响不显著，这主要是因为中央新疆工作座谈会议的召开和西部大开发的深入，大量的企业涌入新疆，劳动力市场供不应求，劳动力就业压力低于内地城镇。因此，他们普遍认为在城镇找到一份工作不是什么难事，对城镇经济环境并不担心。

总的来看，维吾尔族农村劳动力个人的语言沟通、务工经验和务工技能，家庭态度和家庭收入，城镇就业环境特征对外出务工都有显著影响，而读书年限、宗教、就业风险和城镇经济环境的影响并不显著。而且回归结果中的 R-squared 的值相对偏小，表明影响维吾尔族农村富余劳动力的因素比较复杂，本研究所选变量并不能对维吾尔族富余劳动力外出意愿做出全面解释，只能有针对性的对主要因素先行探讨，还有诸多因素需要进一步深入挖掘和研究。

（四）结论性评述

农村维吾尔族劳动力转移是新疆少数民族集聚区实现工业化必须面对的重大课题，也是解决新疆少数民族地区"三农"问题的重要途径。本节的研究发现，维吾尔族农民个人禀赋和家庭特征对城镇非农就业有一定的影响。就样本个人禀赋而言，女性外出务工意愿更为强烈，青年农民外出务工倾向明显，能克服清真饮食和宗教活动不便利的农村劳动力外出务工意愿较强，有务工经验和务工技能，身体素质好的农民对外出务工有信心。而读书年限对是否外出务工影响不显著，也表明了维吾尔族对正规教育的不重视。就家庭特征而言，父母健康，家庭支持和家庭收入高的农村劳动力外出务工意愿更强烈，而距离务工地的远近对外出务工影响并不显著。家庭子女数量一定程度上会造成生活负担，实证分析结果为不显著，表明维吾尔族对优生优育政策重视不足。从就业环境特征来看，样本对象对城镇就业形势存在盲目乐观，即优越的城镇就业环境、宽松的城镇就业条件对维吾尔族农村劳动力具有较强的吸引力。对外出务工风险普遍估计不足，表现为是否拖欠工资对外出务工影响不显著。可见，总体上维吾尔族农村劳动力有外出务工意愿，但付诸行动的人离政府的预期还有较大差距，本书的研究为引导农村维吾尔族富余劳动力规模性转移指明了方向。

三、就业能力、身份认同、职业倾向影响

（一）研究假设

参考已有的研究成果，结合实地调查感受，假定新疆农村维吾尔族劳动力均是理性的"经济人"，本文做出如下研究假设。

假设1：农村劳动力的流动和就业机会与他们自身能力密切相关，就业能力水平的高低决定了外出是否能被有效接纳，获得稳定的经济收入。个体因素是影响就业能力的最主要因素，包括个人特征、人力资本和环境适应力，他们对自身就业能力的综合评价越高意味着外出一无所获出现的概率越小，越愿意外出。因此就业能力综合自我评价与其外出务工意愿呈正相关关系。

假设2：对于新疆农村维吾尔族劳动力而言，就地转移就业

多数集中在农业、建筑、运输和服务等行业；跨省转移就业则主要集中在服务业，这些工种均具有工作时间长，劳动强度大等特点，对劳动力均有良好身体素质的要求。因此，如果他们对自身身体素质有一个较高评价，则就业信心比较足，外出务工意愿就比较强，即身体素质的自我评价与其外出务工意愿呈正相关关系。

假设3：知识文化水平高的劳动力容易满足非农就业的要求，即使一时难以满足要求，由于知识文化水平高，接受能力强，所需要的培训时间就短、成本相对较小、学习专业技能速度相对较快，相比于知识文化水平低的劳动力而言有较多就业机会，并且知识文化水平高的劳动力想外出拼闯、增加收入的愿望也更强烈，因而也更愿意外出务工。因此，知识文化的自我评价与其外出务工意愿呈正相关关系。

假设4：务工技能对农民能否投入"流动"来对就业机会做出反应以及这种反应的质量有着决定性的影响，拥有务工技能的劳动力，在劳动力市场中更具吸引力，竞争力较强，那些没有务工技能的劳动力只能从事没有技能要求的简单劳动或从事劳动密集型的工种。专业知识与技能是人力资本的核心，这意味着务工技能较高的新疆维吾尔族劳动力其就业能力也相对较强，在非农就业中拥有一定的优先权，就业层次也较高。因此务工技能对实现非农就业具有明显的促进作用，务工技能自我评价高的群体外出意愿更为强烈。

假设5：新疆农村维吾尔族劳动力语言沟通能力还不同于汉族农村劳动力，其语言沟通能力往往隐含着对自身汉语水平的评价。汉语水平高，能听懂并且会说，就不存在人际交流困难，语言通畅能够使人与人之间形成亲切感，这有助于他们在劳动力市场上建立良好的人际关系，获得更多就业信息，拥有较多的发展机遇。语言沟通能力自我评分高的务工人员会认为自己的发展机遇多，学习接受能力强，因而外出务工意愿强烈。

假设6：新疆农村维吾尔族劳动力如果外出务工希望得到谁的帮助，反映的是其内心对人际网络关系和身份被接受程度的感知。如果希望得到家人、亲戚等亲缘关系人的帮助，说明人际交往面窄身份被认同度极低；如果希望得到同学、朋友的帮助，说明可求助的范围较广泛；如果希望得到的老乡的帮助，说明同族群体大，身份被认同程度较高；如果希望得到政府、民政机关等的帮助，说明认为从制度政策上被就业地认可，外出意愿最强烈。

假设7：调查显示，新疆维吾尔族农民工流动主要途径是自己流动，占48.75%，其次是通过亲戚、同乡、朋友介绍共占43.29%，最后通过政府组织介绍的有7.96%，亲戚、朋友等的传导作用对他们外出务工意愿有很重要的影响作用。如果其所知道的外出劳务人员中有遇到当地执法机关无礼待遇，这种社会执法上的不公平，映射了身份不被认同的事实，为了避免遭受身体、精神伤害，其外出务工意愿就弱。

假设8：用工单位同工不同酬，甚至以各种理由拒绝招收少数民族的行为，都是对少数民族的偏见。如果新疆农村维吾尔族劳动力知道在其周围外出务工人员中有这种被歧视的遭遇，说明身份没有被接纳地认可。此类负面信息传递的越多，对他们造成的心理阴影越严重，其外出务工意愿越弱。

假设9：行业倾向选择不仅表明外出务工意愿的强弱程度而且表明了外出的决心和信心。"离乡不离土"的行业倾向，说明新疆农村维吾尔族劳动力即使换个地域空间仍旧离不开土地，土地情节浓厚，外出信心不足；"离土不离乡"的行业倾向，说明其虽然由农业生产活动转向了非农生产活动，但不愿离开熟悉的生活环境，外出决心不足；"离乡又离土"的行业倾向，说明他们外出决心大、务工信心足，外出意愿也强烈。

假设10：外出地域的选择也可以在一定程度上反映择业倾向。如果新疆农村维吾尔族劳动力外出倾向于在新疆本地城镇的企业就业或自主创业，反映其外出时对宗教信仰、清真饮食、民族风俗等方面比较在意或是顾虑比较多，所以若能在熟悉的环境中务工生活，外出就业意愿相对较强；而如果在内地城镇的企业就业或自主创业，一个是生活起居、宗教活动开展等可能有许多不方便，另外外出的成本也会增加，风险相对较大，因而外出意愿相对较弱。

假设11：工种预期倾向对新疆农村维吾尔族劳动力的外出务工意愿有一定影响。如果其倾向于选择餐饮服务业或是建筑业等劳动密集型的工种，则说明其自身文化知识和技能水平不高，则就业信心可能有所欠缺，外出务工意愿较弱；如果其倾向于选择生产制造、商贸运输及科教文卫事业等技术含量较高，对人力资本素质要求较高的工种，则说明其自身素质水平较高，在竞争中占有优势，外出务工意愿也越强烈。

假设12：新疆农村维吾尔族劳动力在择业途径的选择上是自主、独立的还是被动性的，反映了外出务工意愿的强弱。如果倾向选择随工头或政府机构组织外出，则说明被动因素较多，农民"等""靠""要"的思想依旧严重，外出务工意愿很弱；如果选择随劳务中介机构组织外出或报名参加企业来农村的招工，说明他们已经有一定的市场化意识，开始向自主性过渡；如果依靠社会亲情网络或自己进城，说明其自主因素占主导，往往外出务工意愿强烈。

（二）变量选择

假定新疆农村维吾尔族劳动力均是理性复杂的"经济人"，当他同时面临几个选择方案时，他一定选择效用最大方案。本节的因变量为他们外出务工意愿，按照李克特五点量分法划分为"非常不愿意外出（$Y=1$）""不愿意外出（$Y=2$）""一般（$Y=3$）""愿意外出（$Y=4$）""非常愿意外出（$Y=5$）"，对影响新疆农村维吾尔族劳动力外出务工意愿强弱的因素，主要选取了以下 3 组共 12 个解释变量，各解释变量定义和预期影响方向见表 4-12。

表 4-12 变量定义

	变量名称	方向	变量含义及说明
检验变量	外出务工意愿（Y）	---	非常不愿意 1-2-3-4-5 非常意愿
	就业能力综合自我评价（X1）	(+)	非常差 1-2-3-4-5 非常好
就业能力	身体素质自我评价（X1-1）	(+)	非常差 1-2-3-4-5 非常好
	知识文化自我评价（X1-2）	(+)	非常差 1-2-3-4-5 非常好
	务工技能自我评价（X1-3）	(+)	非常差 1-2-3-4-5 非常好
	语言沟通能力自我评价（X1-4）	(+)	非常差 1-2-3-4-5 非常好
身份认同	如果外出务工最希望得到谁的帮助（X2）	(+)	1=家人；2=同学/朋友；3=老乡；4=当地政府
	周围外出务工人员中是否有人受到执法机关无礼对待的情况（X3）	(-)	1=是；0=否
	周围外出务工人员中是否有人受到歧视（X4）	(-)	1=是；0=否
职业预期	行业选择倾向（X5）	(+)	1=离乡不离土；2=离土不离乡；3=离乡又离土
	地域选择倾向（X6）	(-)	1=新疆本地城镇；2=内地城镇
	工种选择倾向（X7）	(+)	1=餐饮服务业；2=建筑业；3=生产制造业；4=商贸运输业；5=科教文卫及其他
	择业途径选择倾向（X8）	(+)	1=随工头/政府组织；2=劳务中介结构；3=社会亲情网；4=自己进城

（三）实证分析

研究建立两个模型，通过 Eviews 统计软件对新疆农村维吾尔族劳动力样本数据进行有序 Probit 回归分析，模型 1 仅对就业能力综合自我评价（X1）、身体素质自我评价（X1-1）、知识文化自我评价（X1-2）、务工技能自我评价（X1-3）、语言沟通能力自我评价（X1-4）、如果外出务工最希望得到谁的帮助（X2）、周围外出务工人员中是否有人受到执法机关无礼对待的情况（X3）、周围外出务工人员中是否有人受到歧视（X4）、行业选择倾向（X5）、地域选择倾向（X6）、工种选择倾向（X7）、择业途径选择倾向（X8）共 12 检验变量进行有序回归；模型 2 在模型 1 的基础上引入个人特征中的年龄（X9）、性别（X10）、文化程度（X11）和婚否（X12）四个控制变量进一步进行有序回归，回归结果如表 4-13 所示。

表 4-13 有序回归结果

变量		模型 1		模型 2	
		系数	P 值	系数	P 值
就业能力	就业能力综合自我评价（X1）	0.3634***	0.0000	0.3597***	0.0000
	身体素质自我评价（X1-1）	0.1500***	0.0005	0.1612***	0.0002
	知识文化自我评价（X1-2）	0.0661	0.1687	0.0720	0.1390
	务工技能自我评价（X1-3）	0.1939***	0.0001	0.1979***	0.0001
	语言沟通能力自我评价（X1-4）	0.2617***	0.0000	0.2802***	0.0000

续表

变量		模型1		模型2	
		系数	P值	系数	P值
身份认同	如果外出务工最希望得到谁的帮助（X2）	0.0292	0.4360	0.0207	0.5981
	周围外出务工人员中是否有人受到执法机关无礼对待的情况（X3）	−0.1425	0.3026	−0.1423	0.3074
	周围外出务工人员中是否有人受到歧视（X4）	−0.2673***	0.0024	−0.2628***	0.0030
职业倾向	行业选择倾向（X5）	0.0289	0.6459	0.0125	0.8474
	地域选择倾向（X6）	−0.4106***	0.0000	−0.4083***	0.0000
	工种选择倾向（X7）	0.0870***	0.0074	0.0893***	0.0067
	择业途径选择倾向（X8）	0.2272***	0.0000	0.228***	0.0000
个人特征	年龄（X9）	-----	-----	−0.2688***	0.0000
	性别（X10）	-----	-----	0.1851**	0.0389
	文化程度（X11）	-----	-----	0.0533	0.1869
	婚否（X12）	-----	-----	−0.2883***	0.0034
Log likelihood		−861.3980		−845.6316	
LR index（Pseudo-R2）		0.155831		0.172132	
Total obs		802			

注：*，**和***分别表示在10%、5%和1%的显著性水平。

通过模型1和模型2回归结果的对比发现，各变量在影响"新疆农村维吾尔族劳动力外出务工意愿"的显著性上一致，说明年龄（X9）、性别（X10）、文化程度（X11）、婚否（X12）并未影响实证结果，从而证实了问卷数据的质量和可靠性较高。以下我们以模型2为主对回归估计的结果进行分析。

1. 就业能力对外出务工意愿的影响分析

在1%的显著性水平下，表征就业能力的五个变量中"就业能力综合自我评价（X1）、身体素质自我评价（X1-1）、务工技能自我评价（X1-3）、语言沟通能力自我评价（X1-4）"四个变量均通过了显著性检验，呈正向影响。假设1、假设2、假设4和假设5都得到了验证。表明就业能力是决定农村劳动力外出的关键因素，维吾尔族劳动力也不例外。"就业能力综合自我评价（X1）"的回归系数是0.3597，说明当新疆农村维吾尔族劳动力对自身综合就业能力评分越高，就业信心就越足，其外出务工意愿越强烈。

就业能力细分因素中回归系数最高的是"语言沟通能力自我评价（X1-4）"，"务工技能自我评价（X1-3）"次之，反映出对于新疆农村维吾尔族劳动力而言，他们认为具有流畅的汉语交流能力是最重要的，畅通的语言交流才能建立良好人际关系，把握更多就业信息，施展务工技能。并且正常的语言交流可以减少民族间的隔阂，加深彼此了解，他们在面临陌生环境和民族群体时的恐惧感就会减弱，因而外出务工意愿强烈。"务工技能自我评价（X1-3）"的回归系数较大，说明他们具备有一技之长才能在城镇中较好立足、在劳动力市场中占有竞争优势的意识。尽管"身体素质自我评价（X1-1）"的回归系数相比就业能力其他两个细分要素略小，但是对其外出务工意愿的正向影响也是比较显著的。这和农村劳动力外出务工时选择从事建筑、餐饮业等苦、脏、累的工种相吻合，他们意识到良好的身体素质才能胜任这些工种的工作强度。

"知识文化自我评价（X1-2）"未能通过显著性检验，对新疆农村维吾尔族劳动力外出务工意愿影响不显著。表明他们轻视知识文化在就业机会把握和就业层次划分中的重要作用，认为劳动密集型的行业不需要太高的知识文化水平；假设 3 未被验证，这与多数研究汉族农村劳动力的结论不一致，反映出他们对学习知识文化的不重视。

2. 身份认同对外出务工意愿的影响分析

在表征身份认同的三个变量中只有"周围外出务工人员中是否有人受到歧视（X4）"系数显著，在 1% 的显著性水平下对新疆农村维吾尔族劳动力外出务工意愿呈负向影响，假设 8 被验证。说明他们很在意"被歧视"这种来自精神甚至是身体的伤害。当他们越多知道周围外出务工人员会受到语言或行为上的恶意中伤、排斥、隔离等歧视待遇时，他们的外出务工意愿就越弱，因为这种负面信息会加深他们对外出务工的恐惧。

"如果外出务工最希望得到谁的帮助（X2）"、"周围外出务工人员中是否有人受到执法机关无礼对待的情况（X3）"两个变量都不显著，假设 6 和假设 7 未被验证。可能是被调查的他们还没有落实"外出务工"行动，因此对外出可能遇到的困难还没有明确清晰的认识。

3. 职业倾向对外出务工意愿的影响分析

在影响职业倾向的四个变量中"地域选择倾向（X6）"对新疆农村维吾尔族劳动力外出务工意愿呈负向影响，这与假设 10 相符；表明大多数的新疆农村维吾尔族劳动力首先倾向于在新疆本土谋生，因为自身的民族风俗习惯、对饮食的清真要求等，在新疆各地受影响的程度较小，而且省内转移会降低迁移成本、心理成本，内心的不安全感相对于去内地城镇小很多。"工种选择倾向（X7）"和"择业途径选择倾向（X8）"对其外出务工意愿呈正向影响，验证了假设 11、假设 12 的成立，反映出在转移意愿上有一定的自主性的潜质，更多是想通过社会亲情网络或自主转移；在工种方面，他们更希望从事体面一些的工种，如科教文卫领域就业。"行业选择倾向（X5）"对新疆农村维吾尔族劳动力外出务工意愿没有显著影响，这与假设 9 不相符。可能原因是说明他们转移问题还处在初始阶段，还未实现真正的转移行动，因此还谈不上"行业倾向选择问题"。

4. 个人特征外出务工意愿的影响分析

从回归系数的显著性上可以看出"年龄（X9）、性别（X10）、婚否（X12）"三个变量对新疆农村维吾尔族劳动力外出务工意愿有显著性的影响，年龄越小的劳动力转移意愿越强烈，因为越年轻的身体素质越好，对新环境的适应性越强；这与何军（2007）、董雯（2009）等人的研究结论相一致。性别对外出务工意愿有显著正向影响，说明男性劳动力相比于女性有更强的外出意愿，这与男女在身体素质、劳动技能上的差异有关。一般男性的身体素质、务工经验和技能往往优于女性且男性比女性有更强的冒险精神，这也被多数研究证实。婚否对外出务工意愿有显著负向影响，已婚劳动力外出务工意愿弱，主要是因为已婚劳动者隐含较高的转移成本，外出顾虑较大，这与朱红根（2008）、朱农（2002）研究结论一致。"文化程度（X11）"对他们外出务工意愿没有显著的影响，与假设相反，表明他们对文化学习与外出务工存在内在关系认识不清，也和他们大多数从事劳动力密集性工种，不需要人高文化的传统理念相符。

（四）结论性评述

1. 结论

第一，就业是民生之本。"就业能力综合自我评价（X1）"对新疆农村维吾尔族劳动力转移意愿具有重要影响。在就业能力的细分影响因素中，不同于汉族农村劳动力，"知识文化自我评价（X1-2）"并不影响劳动力的转移意愿，而"语言沟通交流能力自我评价（X1-4）"对外出务工意愿影响最大，"务工技能自我评价（X1-3）"次之，"身体素质自我评价（X1-1）"也通过了显著性检验。表明目前大多数人存在汉语交流困难和务工技能差的障碍。

第二，身份认同的三个变量中"周围外出务工人员中是否有人受到歧视（X4）"显著负向，影响他们外出务工意愿，而"周围外出务工人员中是否有人受到执法机关无礼对待的情况（X3）"和"如果外出务工最希望得到谁的帮助（X2）"影响系数不显著。说明目前他们受到的歧视和身份不被认同多数来自于民族同乡的感受。

第三，职业倾向的四个变量中"地域选择倾向（X6）"、"工种选择倾向（X7）"和"择业途径选择倾向（X8）"三个变量通过了显著性检验，而"行业选择倾向（X5）"回归系数不显著。新疆农村维吾尔族劳动力出于对清真饮食、宗教信仰等的顾虑，更倾向于在新疆本地就业，工种的选择也是低技术含量的劳动密集型职业，多倾向于通过社会亲情网络转移或自发转移。

第四，个人特征中"年龄（X9）"、"性别（X10）"和"婚否（X12）"对新疆农村维吾尔族劳动力外出务工意愿均有显著性影响，回归系数较大，而"文化程度（X11）"对外出务工意愿影响不显著。可能是他们处于打几天零工就回家的短期循环之中，因此还没有意识到文化程度在长期稳定转移中的重要作用。另一方面也反映出他们容易满足的心理，即使有干苦、脏、累活的无奈，但是只要能挣到钱，依旧能够承受。

2. 简要评述

第一，新疆农村维吾尔族劳动力外出务工意愿不强的原因是"造血功能"不足，这使得他们在自由竞争的劳动力市场上就业能力落后。对新疆农村维吾尔族扶贫工程，应由单一的"输血"转移到"造血"能力的提升方面。不断完善技能培训基础设施建设，规范专业性技能水平训练；强化通识语言沟通，可实行通识沟通能力强的劳动力，在政府组织的外出务工就业活动中优先安排，形成差别化政策引导。

第二，劳动力输出地应注重培养和提高新疆农村维吾尔族劳动力的素质，使外出务工的维吾尔族能够从言谈举止上融入城镇，获得身份认可。劳动力接纳地也要体现对外来劳动力身份认同的包容性。一是加强民族团结的宣传和教育，正视农民工的身份，减少因偏见而进行的恶意语言中伤、故意排斥等行为。二是健全法律法规监督，对以不明缘由拒不招聘少数民族的企业给予约束和规范，让农民工维权有理可诉、有法可依。从"输出"和"接纳"两个方面减少他们外出不适应以及对身份认同担忧而产生的惧怕心理。

第三，生活上，对于维吾尔族集中的用工单位应配备相应的清真食堂，解决其对清真饮食的需求。扩大内地城镇就业更能脱贫致富的典型示范效应，引导更多新疆农村维吾尔族劳动力由农业转向非农就业、由新疆本土向内地城市有序转移。本地政府应加强对用工单位的考察，多为农民提供稳定可靠的用工需求信息。同时，加大对外出务工政策及就业环境状况的宣讲，避免农民盲目外出而产生的身心压力和经济损失。

第四，应高度重视文化知识的传承和教育，大力宣传知识改变命运的理念。通过对外出务工活动中成功典型的示范，传递文化知识的力量和价值。有条件的乡镇可以通过成人学校方式，对成年中的文化水平低的劳动力进行文化补习，用身边的成功事实激发学习文化知识的愿望。同时对家长进行就业理念教育，争取家长对女性外出务工就业的支持。

四、民族特质、风险意识影响

（一）理论分析与研究假设

新疆维吾尔族具有自己的语言和文字，有自身独特的民族文化。语言方面的差异性限制并减少了他们与其他民族的接触和交流。沟通上的不顺畅很容易使交流主体之间产生误会，从而影响进一步的交流沟通，久而久之交流双方容易产生距离和隔阂。大多数情况下，文化水平低并不意味着语言交流困难，二者之间不存在正比关系，以汉族农村劳动力来说，尽管许多外出务工者只有小学文化水平，但在语言交流上，一般不会存在问题。但对于南疆维吾尔族劳动力而言，却面临即使文化水平相对较高也存在语言交流困难的事实。很多初中、高中新疆维吾尔族青年不能用汉语会话，到毕业时，其汉语交流能力依然很差，部分新疆维吾尔族大学毕业生，汉语水平等级考试一般为6级或7级水平，达到八级水平的仅占10%。新疆农村维吾尔族人口中有70%不懂汉语，这种语言交际上的障碍成为他们外出谋生的最大阻力，直接影响了劳动力转移。

从哲学的角度来看，意识引生行为，行为激发行动。新疆维吾尔族信仰伊斯兰教，伊斯兰教对他们价值观念和行为方式产生了根本性影响。伊斯兰教的信徒需定期在家或清真寺做礼拜等，但是做礼拜的清真寺等除民族聚居区外一般只有大中型城市才有，因此在大部分二三线城市和城镇，信徒做礼拜的信仰需求无法得到满足。宗教活动对于增强民族凝聚力和认同感具有重要的作用，而一旦他们离开家乡，便会感到孤独和不适，家乡对他们形成了巨大拉力，吸引他们留在家乡。

各民族饮食起居的差异性来源于民俗和生活习惯的不同。受宗教的影响，新疆维吾尔族在饮食上需要清真食品，对一些食物是严格忌讳的。因此，教徒禁食主要包括猪、狗、驴和猛禽的肉，并禁止食用所有动物的血,即使是鸡肉、牛肉等也必须由阿訇宰牲后,方能食用。同时,伊斯兰教教义严禁饮酒,传统宗教观念较强的人是严禁饮酒的。在生活习惯上,大部分新疆维吾尔族人喜欢吃以拉条子和馕为主的面食,较少吃大米等。这些生活习俗与民族习惯与汉族相比,差异较大。在内地,特别是中、东部地区基本上是以吃猪肉为主。

在我国,受传统文化的影响,人们普遍接受和认可"男主外、女主内"的认识,认为男、女在家庭分工中各有侧重。对新疆维吾尔族而言这种意识因为宗教信仰的缘故显得更为强烈。伊斯兰教在肯定男女平等的前提下,对妇女在家庭生活中的地位和作用更为强调和注重,认为女性应当在家庭中承担更重要的责任。加之维吾尔族女性在受教育程度、工作经验和劳动技能上通常不如男性,种种原因就决定了大部分新疆维吾尔族妇女只能待在家中从事与家庭相关的活动而很少外出。基于上述分析,本研究提出如下4个假设。

假设1:汉语交流沟通能力困难的新疆维吾尔族劳动力,由于汉语交际阻碍,在人才市场竞争中处于劣势地位,这种语言困难带来的心理阻力,使他们不愿竞争和冒险,因此汉语言沟通交流能力与外出意愿呈负相关关系。

假设2:新疆维吾尔族有不同于汉族的民俗和饮食习惯,由于对伊斯兰教的虔诚信仰,在饮食上有清真饮食的需要,如果内心对进城务工在能否解决清真饮食问题上表现得越担心,就越不愿外出务工,即对清真饮食的在意程度与外出务工意愿的强弱程度呈负相关关系。

假设3:新疆维吾尔族的宗教信仰在日常生活中占有重要地位,宗教意识强烈,越担心宗教活动在城镇不能正常开展的新疆维吾尔族劳动力越不愿意外出务工,即对宗教活动按时参加的在意程度与外出务工意愿的强弱程度呈负相关关系。

假设4：受传统文化和宗教信仰的影响，新疆维吾尔族女性劳动力被允许外出务工的可能性比较小，一旦这方面的思想观念有所改善，将进一步扩大新疆农村维吾尔族劳动力外出务工的数量。因而，女性被支持外出务工，将对外出务工意愿产生正向影响。

从哲学意义的视角来理解，"意识"通常表现为人们对客观世界形成的思想、观念，是认识主体对客体的反映。具体而言，风险意识包括人们对周围环境存在的各种风险有着明确的认识和了解，在此基础上，对风险在大脑神经上产生的强烈刺激，形成意识反馈，进而产生紧迫感和危机感，而风险意识的强弱源于对风险的敏感性，即人们对认识、了解各种风险的敏感性，以及形成意识反馈的敏感性。关于农民的风险意识目前尚未达成一致，主要是因为农民作为理性的现实主义者，他们所处的环境和资源禀赋不同，导致他们所表现出来的风险意识存在差异性，由于所面临的主要风险不同，因而他们应对风险的能力也不同。这说明风险程度和风险感知都具有主观色彩，不同的环境背景下风险被赋予不同含义的解读，不同的人也会有不同程度的理解。

风险是客观存在的，风险社会也是客观存在的。风险意识也即人们对待风险的态度，将会影响人们的决策行为和行动后果。应当承认的是，个人在决策时由于受教育程度、阅历及周围"示范"效应等方面的差异，的确有可能存在认知偏差和判断出错的情况，但是风险预期的考虑仍然是农民经济决策行为的准则之一。农民是一个标准意义上的"经济人"，追求最大利润，同时会充分考虑风险的存在。在利益和风险的博弈之间，农民从自己的视角出发一定会选择自认为最优的决策方案。作为经济行为决策的主体，农村劳动力并不会感情用事和盲目跟从，而是精于得失的比较和计算，即他们是理性经济人。对潜在转移的劳动力而言，对风险大小的预期是决定他们是否外出的阻力。这种阻力包括成本阻力、心理阻力和政策阻力等。如果他们觉得外出务工的风险很大，大于外出可能会获得的经济利益，那么处于保险起见他们一定会选择规避风险，不外出务工。而即将面临的生存环境差异、可能会面临的族别歧视也会阻碍农村富余劳动力转移。

劳动力选择进城务工，他们所面临的风险，除在传统农业社会中所面临的年老、疾病和死亡等日常风险外，将由旱涝、风暴、虫害等传统社会风险中的天灾转向工伤、交通事故、可能被拖欠工资等现代社会风险。人们可以通过法律、保险等手段，在一定程度上弥补由现代社会风险带来的损失。如果劳动力有这种风险管理的意识，那么可能会减少对于未知风险的惧怕心理，这种减少风险带来损失的意识将会减弱外出务工的阻力。基于上述分析，进一步提出如下4个假设。

假设5：如果对外出务工风险的整体预期越大，为了保险起见和避免外出一无所获，新疆维吾尔族劳动力外出意愿就越弱，即对城镇就业风险的整体预期与其外出务工意愿呈负相关关系。

假设6：新疆维吾尔族劳动力对风险的主观态度在很大程度上决定他们的决策行为，如果他们认为风险的存在很可怕，对自己进城务工影响很大，则进行外出务工的意愿就比较弱；相反，如果他们认为风险的存在很正常，对自己进城务工影响不大，则进行外出务工的意愿就比较强。即对风险的态度（是否觉得外出务工可怕）与其外出务工意愿呈负相关关系。

假设7：新疆维吾尔族劳动力不担心被歧视，说明对城镇生存环境有较好的心理预期，那么他们认为自己将不会面临不愉快的精神感受，则来自主观上的心理阻力就会较小，就越容易外出务工；相反，如果担心外出务工时受歧视则外出务工意愿就较弱。因而外出务工是否担心被歧视与其外出务工意愿呈负相关关系。

假设8：如果新疆维吾尔族劳动力在合法权益受到侵犯时想到用法律手段维权，则说明应对风险的能力和承受力较强，也越有可能外出务工。则在合法权益受到侵犯时想到用法律手段维权与其外出务工意愿呈正相关关系。

经济欠发达地区的农民，自己存在诸如资金短缺、技术落后等生产经营条件上的不足，他们在搜集信息、选择致富方式时，会认为外出打工对他们来说是投资少、见效快、风险低的项目，同时也简便易行。经济的贫困，追求经济利益，改善收入水平，是其转移就业的前提，而对城镇就业环境的认识是他们做出转移决策与否的又一重要影响因素。

按照马斯洛的需求层次理论，经济需求应该是农民工进城务工的第一需求，二元经济结构致使我国城乡差距十分巨大，农民工向往城镇便利、繁华的生活条件，认为城镇具有较高工资水平和较多就业机会，这对农民工进城务工形成了强大的拉力。新疆农村维吾尔族劳动力对城镇政策制度环境的认知，如对户籍制度、子女入学、医疗保障、社会保障、安全秩序等非经济制度因素的认知，这些非经济因素上的不平等性（户籍、子女入学、医疗等）或优越性（安全秩序）也会对其外出务工意愿产生不同影响。马斯洛的需求层次理论认为，人的高级需求应该是对精神的需求和自我价值的实现，随着收入水平的不断提高，生活水平的不断改善，农民工会越来越关注精神需求，所以对城镇文化环境的认知也会影响其外出务工意愿。

（二）变量定义

基于上述理论分析、研究假设与模型设计，将新疆农村维吾尔族劳动力外出务工意愿设为被解释变量，解释变量包括检验变量（民族特质、风险意识）和控制变量（个人特征），具体的变量描述见表4-14。

表4-14 变量定义

	变量名称	方向	变量含义及说明
检验变量	民族特质	外出务工意愿（Y）	---	非常不愿意1-2-3-4-5非常意愿
		清真饮食在意程度（X1）	（－）	1=在意；0=不在意
		汉语言沟通交流是否困难（X2）	（－）	1=困难；0=不困难
		宗教活动按时参加在意程度（X3）	（－）	1=在意；0=不在意
		是否赞成本族妇女外出务工（X4）	（＋）	1=赞成；0=不赞成
检验变量	风险意识	外出务工风险的整体预期（X5）	（－）	非常小1-2-3-4-5非常大
		外出务工风险的态度（X6）	（－）	1=务工风险可怕；0=务工风险正常
		对于外出务工是否担心被歧视（X7）	（－）	1=担心；0=不担心；
		如果外出务工在自身合法权益受到侵害时是否想到用法律武器维护（X8）	（＋）	1=是；0=否
控制变量	个人特征	年龄（X9）	（－）	最小年龄=16；最大年龄=65
		性别（X10）	（＋）	1=男；0=女
		文化程度（X11）	（＋）	1=小学及以下；2=初中；3=高中及中专；4=大专及以上
		婚否（X12）	（－）	1=已婚；0=未婚

（三）实证分析

1.回归输出结果

因为新疆农村维吾尔族劳动力外出务工是由个体主导的决策行为，因而不仅要考虑影响其外出务工的特质因素，还要考虑个体特征对外出意愿强弱程度的影响，因此建立两个模型。模型1单独考察"对清真饮食的在意程度（X1）、汉语言沟通交流是否困难（X2）、宗教活动按时参加在意程度（X3）、是否赞成本族妇女外出务工（X4）、外出务工风险的整体预期（X5）、外出务工风险的态度（X6）、对于外出务工是否担心被歧视（X7）、如果外出务工在自身合法权益受到侵害时是否想到用法律武器维护（X8）对新疆农村维吾尔族劳动力外出务工意愿强弱程度的影响；模型2在此基础上结合表征个体特征的四个控制变量，即年龄（X9）、性别（X10）、文化程度（X11）、婚否（X12）来考察所有变量对新疆农村维吾尔族劳动力外出务工意愿强弱程度的影响。运用Eviews进行多元有序logistic回归，回归结果如表4-15所示。

2. 实证结果分析

由表2的输出结果可以看出，引入个体特征的回归结果与未加入个体特征的回归结果在影响新疆农村维吾尔族劳动力外出务工意愿的显著性上保持一致，说明控制变量没有影响回归结果，表明个体特征与其他特征之间的一致性良好，也说明问卷质量高，数据可靠。分析时我们以模型2为主。

（1）民族特质与外出务工意愿强弱的回归结果分析

在1%的显著性水平下，假设1被验证，即汉语言沟通交流能力（X2）对新疆农村维吾尔族劳动力外出务工意愿呈负向影响。该结论与蒋志辉、马爱艳的观点一致，无法进行日常生活正常的语言交流将带来找工作困难、孤独感和不适应等一系列问题，这种汉语言沟通上的困难增加了其外出务工的心理阻力，汉语言交流越困难，外出务工意愿越弱。

表 4-15 多元有序 Logistic 实证回归结果

变量		模型 1		模型 2	
		系数	P 值	系数	P 值
民族特质	清真饮食在意程度（X1）	−0.4276**	0.0117	−0.4266**	0.0123
	汉语言沟通交流是否困难（X2）	−0.3786**	0.0225	−0.4903***	0.0038
	宗教活动按时参加在意程度（X3）	−0.0233	0.8552	−0.0330	0.7947
	是否赞成本族妇女外出务工（X4）	0.2923**	0.0416	0.3060**	0.0320
风险意识	外出务工风险的整体预期（X5）	−0.2118***	0.0021	−0.2248***	0.0013
	对外出务工风险的态度（X6）	−0.2718	0.1245	−0.1956	0.2788
	对于外出务工是否担心被歧视（X7）	−0.6825***	0.0000	−0.6495***	0.0000
	如果外出是否想到用法律维权（X8）	−0.3694**	0.0384	−0.4113**	0.0218
个人特征	年龄（X9）	-----	-----	−0.2414***	0.0069
	性别（X10）	-----	-----	0.3444**	0.0218
	文化程度（X11）	-----	-----	0.1064	0.2193
	婚否（X12）	-----	-----	−0.3351**	0.0473
	Log likelihood	−982.8149		−982.8149	
	McFadden R-squared	0.1099		0.1188	
	Total obs	701			

注：*，** 和 *** 分别表示在 10%、5% 和 1% 的显著性水平。

假设 2 和假设 4 在 5% 的显著性水平下被验证。对清真饮食的在意程度（X1）对新疆农村维吾尔族劳动力外出务工意愿呈负向影响，这与李光明的研究结论相一致。对在城镇能否吃上清真饮食越在意的新疆农村维吾尔族劳动力,其外出务工意愿越弱,越倾向于留在本土;而那些对能否吃上清真饮食能克服的新疆农村维吾尔族劳动力,其外出务工意愿较强烈。女性被赞成外出务工(X4)对新疆农村维吾尔族劳动力外出务工意愿呈正向影响,说明改革开放以来他们的思想观念在发生转变,女性不再被束缚在家庭,从事家务劳动,脱贫致富的经济诉求让女性也加入到承担社会责任的行列里。

"宗教活动按时参加在意程度(X3)"没有通过假设检验,假设3未被验证,原因可能是新疆农村维吾尔族劳动力选择"离乡不离土"就近转移的方式,大多数还倾向于在新疆本土城镇务工,因而,他们并不觉得宗教活动会被影响。

(2)风险意识与外出务工意愿强弱的回归结果分析

在1%的显著性水平下,"对外出务工风险的整体预期(X5)"和"对于外出务工是否担心被歧视(X7)"通过检验,假设5和假设7被验证。对风险的整体预期对新疆农村维吾尔族劳动力外出务工意愿呈负向影响,即对风险的整体预期越大,说明可能面临的各方面损失比较大,作为理性的经济人,就越难做出外出务工的决策。对于外出务工是否担心被歧视对其外出务工意愿也呈显著负向影响,说明当对未来就业环境比较悲观,担心会被歧视,他们就倾向于呆在家里;当对未来就业环境有一个良好的心理预期时,认为不会面临被歧视的精神压力和不快,他们就倾向于外出务工。

在5%的显著性水平下,"如果外出务工在自身合法权益受到侵害时是否想到用法律武器维护(X8)"对新疆农村维吾尔族劳动力外出务工意愿呈显著负向影响,这与原假设相反,说明现阶段他们的法律保护意识淡薄,不知道怎样用法律保护自己的权益,担心外出务工会受到伤害,因而外出务工意愿弱。

"外出务工风险的态度(X6)"没有通过显著性检验,假设6

未被验证，可能是大多数新疆农村维吾尔族劳动力即使愿意外出务工，就业地的选择也是新疆本省内居多，疆内用工单位都有一定的民族引导、优惠政策，这样一来就业风险对他们的影响是相对有限的。而就业地即使是内地城镇，他们也并不十分担心。因为政府组织外出务工的就业渠道相对稳定可靠，政府基本会与用工单位达成协议，能提供较为完善的生活工作条件，因而他们也不会觉得外出存在风险是一件十分可怕的事。

（3）个人特征与外出务工意愿强弱的回归结果分析

在1%的显著性水平下，年龄（X9）通过显著性检验，并且与新疆农村维吾尔族劳动力外出务工意愿呈负相关关系。通过描述统计分析得到调查对象主要是新疆维吾尔族壮年劳动力，年龄主要集中在20~40岁之间，因而年龄越小其外出务工意愿越强烈，因为正值青壮年时期，精力旺盛、适应性强，能较快跟上城镇快节奏生活，相比其他年龄段也更富有冒险精神、敢于拼闯。"文化程度（X11）"未通过显著性检验，一是文化程度高的新疆农村维吾尔族劳动力汉语言交流能力并不一定强；二是新疆农村维吾尔族劳动力外出务工时择业要求不高，因而文化程度对其从事一般性的务工影响较小。

在5%的显著性水平下，性别（X10）和婚否（X12）相关系数显著，表明男性的外出务工意愿强于女性，这与董雯和赵耀辉的研究结论相一致。新疆维吾尔族女性在受教育程度、工作经验和劳动技能方面通常逊于男性；加之传统文化和宗教观念认为，女性应当在家庭中承担更重要的责任等原因，女性劳动力外出务工意愿显然弱于男性。婚姻与外出务工意愿呈负相关关系，这主要是因为已婚者相对于未婚和离异者具有相对较高的转移成本，如现金成本和心理成本，而且已婚者顾虑较多，包括对家庭、妻儿和父母，因此结婚的新疆农村维吾尔族劳动力转移意愿相对较弱。

（四）结论性评述

1. 结论

按照新古典经济学假设，新疆农村维吾尔族劳动力是理性的"经济人"，影响其转移决策的因素是复杂的。与汉族相比，新疆农村维吾尔族劳动力转移决策的影响因素既表现出一定的同质性又表现出一定的特性。

第一，在影响新疆农村维吾尔族劳动力转移的民族特质因素中对清真饮食的在意程度和汉语言交流沟通是否存在困难与其外出务工意愿呈显著负相关关系，因此在组织他们外出务工时要消除其对清真饮食不能实现的顾虑并对其进行汉语培训，维吾尔族地区的基础教育应该提升双语教学的地位，重视双语教育的重要性。

第二，风险意识中的"对外出务工风险的整体预期（$X5$）"和"如果外出务工在自身合法权益受到侵害时是否想到用法律武器维护（$X8$）"两个因素与转移意愿强弱呈负相关关系，说明其缺乏风险管理能力并且法律意识淡薄，对相关政策法规对自己外出务工的保护作用还没有足够的认识，因此需要进一步提高其风险承受力和法律意识。

第三，就对就业环境认知来看，新疆农村维吾尔族劳动力对城镇就业形势存在主观乐观性，即城镇优越的就业环境以及宽松的就业条件对其产生了巨大的吸引力。

第四，从共性特征上看，新疆农村维吾尔族劳动力和汉族一样，男性劳动力的外出务工意愿比女性强烈，年龄较小的青壮年也倾向于到城镇务工，闯出一番天地，但是已婚者外出务工意愿不强烈。

2. 简要评述

鉴于上述分析和研究结论，可以得到以下几点启示：

第一，创新工作方法解决维吾尔族农民外出务工生活及语言沟通上的不便。一是大力发展维吾尔族农民经纪人队伍，逐步从政府主导外出务工转向农民经纪人主导外出务工工作，用市场的手段引导和培育农民外出务工，让同胞群体性外出务工行为化解生活上的不便。二是民族务工集中的用工单位，配备清真食堂，维吾尔族农民所在的乡镇设专人进行后勤管理，并加强通识语言学习与交流。

第二，维吾尔族集中乡镇要加大外出务工风险教育宣传，成立外出务工法律援助站，协助管理外出务工过程中存在摩擦与纠纷。

第三，加强对内地用工企业的考察，积极协调用工地区的企业，多为农民提供可靠、稳定的用工需求。同时，在技能培训过程中，宣讲外出务工政策及内地就业环境状况，避免盲目外出务工造成的维吾尔族农民的身心压力和经济损失。

第四，鼓励和保护妇女外出务工的积极性，经常性开展家长就业理念培训，引导家长转变就业观念，支持和帮助家里的孩子去外闯世界。集全家人的合力，一起创造改善家庭生活质量的机会。

五、社会关系、就业帮扶、务工信心影响

（一）变量选择

文章的被解释变量，选取维吾尔族农村劳动力外出务工意愿这一指标。外出务工成效可以从外出务工意愿程度上得以反映。在调查问卷设计中，新疆农村维吾尔族劳动力外出务工意愿划分为五个等级，依次是"非常不愿意外出务工""不愿意外出务工""一般""愿意外出务工""非常愿意外出务工"，并赋值为"1""2""3""4""5"，代表外出务工意愿逐渐增强。农村劳动

力可以根据自己的实际情况对"外出务工意愿"进行评价。自变量从社会关系、政府就业帮扶和劳动力务工信心三个维度进行构建。社会关系是嵌入在个人社会网络中的重要社会资本，具有信任和规范社会交往的功能，它能为圈内人的从众行动提供便利，对劳动者扩大就业面发挥积极作用。在本书的研究中，农村劳动力的社会关系选取配偶是否在城镇工作（X1），亲戚、朋友、老乡或邻居是否在城镇务工（X2），城市是否有较多的本民族同胞（X3），城市生活习惯是否接近（X4）四个指标。政府就业帮扶在降低就业风险，减少务工成本方面作用显著。政府通过完善农村劳动力市场，多渠道挖掘就业岗位，发挥政策导向作用，建立健全务工人员技能培训机制和权益保障救援机制，实现农民工在医疗、失业保障、住房、子女就学机会等方面与城镇居民享受平等待遇，可有效的提升农村劳动力向城镇转移的意愿。因而选择政府提供的求职信息指导（X5），技能培训（X6），住房（X7），子女就学（X8），城市医疗、失业保险等社会保障（X9）和人身安全保障（X10）来探究就业帮扶与外出务工意愿的关系；务工信心表明了一种心理预期，对外出务工有较强的影响。务工信心较强的农村劳动力对进入城镇就业的意愿更强烈。研究选择被调查对象对自己就业能力（X11）、就业风险态度（X12）和找工作的难易程度（X13）的信心三个指标，其中就业能力用身体素质、文化知识、务工技能、务工经验、语言沟通五个指标替代，就业环境用找工作难易程度进行替代。具体的变量名称、相关说明及变量的统计描述见表4-16。

表 4-16 变量解释及统计描述

	变量	变量含义及赋值	均值	方差
	外出务工意愿（Y）*	非常不愿意 1-2-3-4-5 非常愿意	3.60	0.766
社会关系	配偶是否在城镇务工（X1）	1=是，0=不是	0.44	0.247
	亲戚、朋友、老乡或邻居是否在城镇务工(X2)	1=是，0=不是	0.24	0.185
	城市是否有较多本民族同胞(X3)	1=是，0=不是	0.48	0.250
	城市生活习惯是否接近（X4）	1=是，0=不是	0.41	0.243
就业帮扶	求职信息指导（X5）	1=有影响，0=没影响	0.23	0.176
	技能培训（X6）	1=有影响，0=没影响	0.45	0.248
	住房（X7）	1=有影响，0=没影响	0.24	0.185
	子女就学（X8）	1=有影响，0=没影响	0.13	0.112
	城市医疗、失业保险社会保障（X9）	1=有影响，0=没影响	0.60	0.241
	人身安全保障（X10）	1=有影响，0=没影响	0.42	0.243
务工信心	身体素质（X11-1）*	非常差 1-2-3-4-5 非常好	3.79	0.906
	文化知识（X11-2）*	非常差 1-2-3-4-5 非常好	3.01	0.756
	务工技能（X11-3）*	非常差 1-2-3-4-5 非常好	3.15	0.560
	务工经验（X11-4）*	非常差 1-2-3-4-5 非常好	3.20	0.622
	语言沟通（X11-5）*	非常差 1-2-3-4-5 非常好	2.62	0.944
	就业风险态度（X12）	1=很可怕，0=正常	0.31	0.777
	找工作的难易程度（X13）*	非常难 1-2-3-4-5 非常容易	3.15	0.741

注：*表示维吾尔族农民工评价结果划分：1=非常差或非常不愿意外出务工，2=差或不愿意外出务工，3=一般，4=好或愿意外出务工，5=非常好或非常愿意外出务工。

（二）回归结果及分析

本研究运用 EVIEW5.0 软件对模型进行了估计，模型 1 分析了社会关系、就业帮扶、务工信心相关变量对新疆农村维吾尔族劳动力外出务工意愿的影响。结果表明，在模型 1 中，超过一半的解释变量不显著。因此，在模型 1 回归结果的基础上，剔除不显著的解释变量，进行二次回归估计，得到优化模型 2。具体回归结果见表 4-17。

表 4-17　回归输出结果

变量		模型 1		模型 2	
		回归系数	P 值	回归系数	P 值
社会关系	配偶是否在城镇务工（X1）	0.049035	0.5703		
	亲戚、朋友、老乡是否在城镇务工（X2）	0.059178*	0.0720	0.072931*	0.0591
	城市是否有较多本民族同胞（X3）	0.088131	0.3254		
	城市生活习惯是否接近（X4）	0.149459*	0.0975	0.155005*	0.0660
就业帮扶	求职信息指导（X5）	0.156196**	0.0428	0.115626**	0.0454
	技能培训（X6）	0.053230***	0.0088	0.054975***	0.0090
	住房（X7）	0.144692	0.1666		
	子女就学（X8）	0.103499	0.4270		
	城市医疗、失业保险社会保障（X9）	0.081813	0.3494		
	人身安全保障（X10）	0.087483	0.3348		

续表

变量		模型 1		模型 2	
		回归系数	P 值	回归系数	P 值
务工信心	身体素质（X11-1）	0.123622**	0.0119	0.158085	0.1579
	文化知识（X11-2）	0.118116	0.3847		
	务工技能（X11-3）	0.061611**	0.0466	0.101666***	0.0008
	务工经验（X11-4）	0.078223	0.1698		
	语言沟通（X11-5）	0.005361**	0.0106	0.015892**	0.0302
	就业风险态度（X12）	-0.006106	0.8988		
	找工作的难易程度（X13）	-0.024354	0.6482		
Log likelihood		-842.5587		-860.6120	
Pseudo R-squared		0.025433		0.015393	
Total obs		701			

注：*、** 和 *** 分别表示在 10%、5% 和 1% 的显著性水平。

表 4-17 的回归结果显示，模型 1 和模型 2 都比较好地通过了异方差、方程显著性等基本的计量经济学检验，进一步分析可以得到以下结论。

第一，各类求职信息指导（X5）和亲戚、朋友、老乡是否在城镇务工（X2）均通过显著性检验，但正规的求职信息指导的回归系数明显大于亲戚、朋友、老乡是否在城镇务工的回归系数。表明政府组织和亲戚网络是新疆维吾尔族外出务工的两条重要途径，相比而言，新疆维吾尔族农民工更倾向于通过政府组织的形式外出务工。此结论与沈关宝等的调查：亲戚、邻里和原村人交往是农民工最重要的交往关系。众多农村外出打工者主要依靠亲戚、邻里、朋友等强连带关系到城市寻找就业机会有较大反差。

表现出农民对政府的依赖偏重,由于长期封闭的农村村落,较少的外部信息沟通和长期输血式扶贫造成了农村新疆维吾尔族集中区农民的生活改善主要期待政府的帮助,已形成等、靠、要习惯,自身改变命运的独立性较差。城市是否有较多的本民族同胞(X3)对新疆维吾尔族农民外出务工意愿影响不显著。表明他们即使选择社会关系网络外出务工也会选择亲戚、朋友、老乡等强社会关系。而对本民族不熟的同胞等缺乏信任。这说明他们因进城工作的机会较少,在城镇建立的社会关系十分有限,因对城镇缺乏了解,而对城镇就业产生顾虑。

第二,城市生活习惯是否接近(X4)在模型1和模型2中均通过显著性检验。反映出维吾尔族农民更乐意在生活习惯变化不大的城镇务工,而不愿意与本民族生活差异明显的汉族集中区工作,这也是已外出务工的维吾尔族集中在疆内的重要因素。受伊斯兰教的影响,新疆维吾尔族在食物选择方面有严格禁忌,并且信徒也要定期在清真寺或家做礼拜。维吾尔族农民选择生活习惯比较接近的城镇,就不会因清真饮食和宗教信仰的问题而难以融入城镇生活。配偶是否在城镇务工(X1)对其外出务工意愿影响不显著,这与新疆维吾尔族信仰伊斯兰教有较大的关系,在新疆维吾尔族传统文化中,敬老爱幼已形成传统,如果家中已经有一位成员在城镇务工,其配偶一般会选择留在家中照顾老人和孩子。

第三,政府提供技能培训(X6)、农村劳动力的务工技能(X11-3)和语言沟通能力(X11-5)对新疆农村维吾尔族劳动力外出务工决策均有显著影响。表明新疆自2003年推动农村劳动力转移工作以来,维吾尔族集中连片区农民务工技能教育和通用语言培训取得了较好的建设成效。个人禀赋条件发生了巨大变化,新疆维吾尔族农民的非农务工技能和语言沟通能力得到明显提高。但离大规模高质量的转移要求还有较大差距,一些问题还亟待发现和解决。首先,语言沟通对外出务工意愿的影响尽管方向为正，但回归系数偏低，表明他们虽然清楚汉语言交流沟通的重要性，但对短期内提高交流能力明显信心不足。"干中学"理论表明，在实践中学习效果最佳，因此，更多的外出机会正是解决语言交流瓶颈的最佳方法。其次，文化知识（X11-2）、子女就学（X8）对外出务工意愿不显著。揭示出新疆维吾尔族农民尚没有意识到基础教育对提高人力资本水平的作用，更没有认识到长期贫困的根源是文化知识的欠缺，因而也无法判断困扰人的全面发展的本质是什么。

第四，城镇用工方是否提供住房（X7）、城市医疗、失业保险社会保障（X9）、人身安全保障（X10）对新疆农村维吾尔族劳动力外出务工意愿影响不显著。这可能与他们目前的外出务工方式有关。他们一般选择政府组织外出务工，政府在组织群体劳动力外出务工时，与用工企业达成了协议，提供了较完善的工作生活条件，基本不存在住房、城市医疗、失业保险社会保障和人身安全保障困难。从回归系数结果看，当前他们更看重增收的机会，改善生活质量的需要更为迫切。从马斯诺层次需求理论来看，只有满足低层次的需求之后，人们才会考虑更高层次的需求。目前，他们外出务工关注的首要因素依然是务工收入问题，对外出务工的居住条件、医疗、失业保险和人身安全保障并不在意。

第五，身体素质（X11-1）在模型1中通过显著性检验，在模型2中不显著。这与参与本次调查的对象有关，由于调查的对象主要为20~40岁之间的青壮年维吾尔族农民，他们的身体素质普遍较好，并不担心自己的身体健康会影响外出务工，且与其他外出务工相关的因素相比，身体素质对于从事非农工种显得并不重要。务工经验（X11-4）、就业风险态度（X12）、找工作的难易程度（X13）对外出务工意愿的影响也不显著。由于大多数人没有走出过家门，对城镇就业难易程度了解较少，进而轻视务工经验的作用，对外出务工存在的风险也估计不足。

（三）结论性评述

新疆农村维吾尔族劳动力有序转移是新疆少数民族集聚区推进城镇化的必然选择，也是解决新疆少数民族地区"三农"问题的重要途径。就一般国际经验来看，城镇化率的提高，必然伴随着大量人口的集聚。但中国的国情不可能在短时间内完成大量的农民向城镇转移，特别是像新疆这样的少数民族集中的省份，脆弱的城镇体系短期内承受不了巨大的转移压力。加之城镇非农就业的技能要求，也不是马上能达到的。因此，引导他们有序的向城镇外出务工将是一个长期的过程。

研究在 2012 年新疆 6 个地州市 802 位农民的大样本数据的基础上，建立有序 Probit 模型，探究社会关系、就业帮扶和务工信心等非经济因素对新疆农村维吾尔族劳动力外出务工意愿的影响。结果表明，经过十年的努力，新疆少数民族集中连片区农民外出务工工作取得了较好的建设成效，外出务工意愿和信心得到显著增强。但成效离预期目标还有差距，一些问题亟待发现和解决。

第一，新疆维吾尔族集中区农民的通识语言培训取得了较好的效果，非农就业能力有了明显进步，务工技能培训诉求较以前也有明显增强。但新疆维吾尔族农民的文化素质并未得到实质性提高，对基础教育的重视程度也不容乐观，势必导致针对新疆维吾尔族劳动力的技能培训是一种"填充式"和"挤压式"的被动局面，效果也往往事倍功半。因此，政府在开展维吾尔族农民工非农技能培训和通用语言教育的同时，应大力发展新疆农村维吾尔族聚集区的基础教育，全面推动覆盖高中阶段的义务教育在少数民族地区的落实，加大文化知识重要性的宣传与引导，让广大的新疆少数民族集聚区的老百姓重视教育，增强其学习先进文化的诉求和兴趣。

第二，依靠政府组织和依靠亲戚、朋友、老乡等强社会关系进城务工是新疆农村维吾尔族富余劳动力进城务工的两种重要形式。但对于新疆农村近247多万维吾尔族农村富余劳动力来说，只能是杯水车薪。近年来，虽然劳务派遣中介组织相继成立，并且有少量企业直接进入农村招工，但用工量均较小。加之社会流传的劳务欺骗，也让他们缺乏安全感，直接影响了他们外出务工的信心。因此，劳动部门的当务之急是建立健全城乡统一的劳动力市场，通畅城镇用工信息，支持发展本地经济人队伍，千方百计的拓宽就业渠道，多为维吾尔族农民提供稳定安全的工作机会。同时，县域政府应充分抓住全国19省市对口支援的政策，加大招商引资力度，促进企业在本地落户，推动县域内城镇化发展，增加本地非农就业岗位，就近吸纳农村维吾尔族农民进城、进厂就业。

第三，新疆维吾尔族富余劳动力外出务工意愿仍然受到伊斯兰教和本民族传统文化的影响。清真饮食和宗教信仰一定程度上制约了他们的外出务工意愿。这就要求政府在引导其外出务工时，一方面尊重维吾尔族的生活习俗，有条件的县政府可以向喀什地区疏附县、疏勒县那样，在本县务工人员达100人的集中区派管理干部一名，带本民族师傅开办特色清真餐饮，让他们在他乡也能感受到"家"的温暖。另一方面应有效解决他们的养老问题和子女入托问题，尽可能消除外出务工过程中父母养老和子女照顾的后顾之忧。

第四，新疆维吾尔族富余劳动力缺乏对城镇就业形势的了解，对外出务工存在的风险估计不足。当地政府要有效开展新疆维吾尔族农民工非农技能培训，提高城镇非农就业适应性，提高外联工作的稳定性。同时，积极与务工输入地政府接洽，宣传各民族一家亲思想，消除用工企业民族歧视，完善用工管理制度，同岗同酬，将外来务工人员五险保障工作列入劳动监察范围，最大程度降低其外出务工风险。

六、人力资本、社会资本影响

（一）变量选择

将"维吾尔族农民外出务工意愿"设置成被解释变量。按照李克特量表设计了非常愿意、愿意、一般、不愿意和非常不愿意五个选项，以此来测量农民对外出务工的态度。尽管这种测量方法相对简单，但类似的研究表明，这种方法具有心理测量学的充分性，有充分的效度和信度。人力资本变量的设定，主要依据已有文献和调查问卷。从文献的梳理上看，人力资本因素主要涉及教育、健康、经验、技能等方面。根据文献界定出的人力资本存量因素范畴从调查问卷中筛选出影响外出务工意愿的人力资本存量因素包括"受教育程度（X_1：1= 小学及以下；2= 初中；3= 高中及中专；4= 大专及以上）"、"身体素质（X_2：非常好 5-4-3-2-1 非常差）"、"非农技能（X_3：非常高 5-4-3-2-1 非常低）"、"非农经验（X_4：非常丰富 5-4-3-2-1 非常匮乏）"，而经验研究也通常将"普通话水平"作为人力资本的可操作变量，对拥有自己语言的维吾尔族农民而言，将"普通话水平"以问卷中的"汉语水平（X_5：非常强 5-4-3-2-1 非常弱）"作为替代变量，来度量维吾尔族农民工通用语言的水平。

模型1，单独考察上述5个人力资本因素的影响，在模型2中引入社会资本控制变量，以考察在控制变量的影响下，人力资本存量因素的显著性是否会发生变化。人力资本存量的形成需要投资，在政府财力有限的情况下，人力资本投资的主体是家庭，家庭收入影响着人力资本的形成。另一方面社会资本是农民向外流动的重要前提，人力资本存量的价值只能通过社会资本得以发挥，但是已有研究并未在人力资本、社会资本对农村劳动力流动的影响作用孰轻孰重上达成一致。因此文章控制变量综合考虑家庭经济因素、社会资本因素。经济因素用"家庭年收入［X6：9600元及以下=1，（9600—18000）元=2，（18000—36000）元=3，（36000—60000）元=4，60000元以上=5］"考察；社会资本因素主要考虑"若外出务工，希望通过什么渠道实现（X7：自己=1，政府公介组织=2，亲友网络=3）"，"若外出就业，遇到困难想求助谁（X8：家人亲戚=1，政府部门=2，乡友网络=3）"两个变量。

模型3中，为充分考察解释变量间的相互作用，以及解释变量相互作用后对被解释变量的影响，引入交叉变量。主要包括经济因素与显著的人力资本因素的交叉项X1*X6。同时为了避免可能出现的多重共线性问题，模型3中不再保留模型2中的3个控制变量。

（二）实证分析

运用Eviews5.0进行有序Probit模型的估计，回归结果见表4–18：

表4–18 外出意愿的有序Probit模型估计结果

解释变量	模型1		模型2		模型3	
	被解释变量（Y）：是否愿意外出务工（非常愿意5-4-3-2-1非常不愿意）					
	Coefficient	Z-Statistic	Coefficient	Z-Statistic	Coefficient	Z-Statistic
受教育程度（X1）	0.0320	0.8654	0.0409	1.0948		
身体素质（X2）	0.1592***	3.2715	0.1527***	3.1297	0.1325*	1.8632
非农技能（X3）	0.0939**	2.4153	0.0854**	2.1872	0.1149*	1.6606
非农经验（X4）	0.0335	0.7590	0.0446	0.9973		

续表

解释变量	模型1		模型2		模型3	
	被解释变量（Y）：是否愿意外出务工（非常愿意5-4-3-2-1非常不愿意）					
	Coefficient	Z-Statistic	Coefficient	Z-Statistic	Coefficient	Z-Statistic
汉语水平（X5）	0.1543***	4.2394	0.1538***	4.2145	0.1399*	1.8963
家庭年收入（X6）			0.1449***	3.2803		
若外出，通过什么渠道（X7）			−0.0847	−0.9521		
若外出，遇困难想求助（X8）			0.1988**	2.5495		
身体素质*家庭年收入（Z1）					0.0486	1.1990
非农技能*家庭年收入（Z2）					−0.0146	−0.4512
汉语水平*家庭年收入（Z3）					0.0083	0.2259
Log likelihood	−1031.724		−1022.314		−1027.751	
LR index（Pseudo-R2）	0.0205		0.0294		0.0243	
Total obs	802					

注：*，**和***分别表示在10%、5%和1%下显著性。

通过模型1和模型2回归结果的对比发现，人力资本存量中的各变量在影响"农村维吾尔族劳动力外出务工意愿"的显著性上一致，说明"家庭年收入（X6）""若外出，通过什么渠道（X7）""若外出，遇困难想求助（X8）"三个控制变量未影响实证结果，保持了与人力资本存量的内在一致性，同时，证实了问卷数据的质量和可靠性。

1. 人力资本存量因素对外出务工意愿的影响分析

人力资本存量因素中"身体素质（X2）、非农技能（X3）、汉语水平（X5）"三个变量在模型1、模型2和模型3中均通过了显著性检验，且呈正向影响。表明非经济因素是影响农村劳动力外出意愿的重要因素。从模型1可以看出，人力资本存量越高的农村维吾尔族劳动力外出意愿越强，尽管受教育程度（X1）和非农经验（X4）均未通过显著性检验，这与陆芳、赵耀辉等的研究结论不同，与李光明的研究结论一致，体现出农村维吾尔族富余劳动力转移意愿与汉族的差异性，即不重视知识文化的作用、对非农经验在获得转移优势方面上缺乏深入认知。根据回归系数可知身体素质（X2）和汉语水平（X5）相比非农技能（X3）更能影响其外出意愿。这是因为外出的劳动力多从事技术含量低的工作，如建筑业、餐饮业等，所以他们相比务工技能更加注重身体素质。汉语水平的高低决定了维吾尔族农民在人才市场中的竞争能力的高低，因此不懂汉语是外出谋生的最大障碍，直接影响了其转移意愿。

2. 控制变量对外出务工意愿的影响分析

控制变量中，表征经济因素的变量"家庭年收入（X6）"在1%的水平下显著，系数为0.1449，说明经济因素也是影响农村维吾尔族富余劳动力的重要因素。但是他们有别于汉族农村劳动力，他们不是家庭年收入越低的人外出意愿越强烈，反而是家庭年收入越高的人外出意愿越强烈。究其原因，他们大多居住于交通不发达，经济落后的地区，外出找工作所需要的住宿费、交通费会拖累家庭经济的困难，因此，为不增加家庭的负担宁愿留住家里，从而削弱了家庭年收入较低人的外出意愿。同时，年收入高的家庭，其收入大多来自于农业之外的经营收入，家庭对非农外出务工多给予支持，呈现比较开明的氛围，这与课题组实际访谈获得的认识是一致的。正如蒋丽蕴的总结：总体而言，维吾尔族贫困农民因经济因素外出的不多，相对富裕的农民更看重经济收益。即新疆特殊的社会人文、经济和民族结构，阻碍了维吾尔族农民的流动。语言的差异性所带来的文化氛围的异质性降低了维吾尔族农民外出的概率。

表征社会网络关系的变量"若外出，通过什么渠道（X7）"不显著，且回归系数为负值。这与已有学者的调查结果相符：维吾尔族农民工流动的主要途径是自己流动和政府组织介绍，占56%；而通过亲戚、同乡、朋友介绍的占44%。说明农村维吾尔族劳动力认同"以自己外出和政府联系单位、组织输送为主，以地缘、裙带关系为辅的外出渠道"，且给以充分的信任，因此外出渠道的选择并不会影响其外出意愿的强弱。变量"若外出，遇困难想求助（X8）"隐含农村维吾尔族劳动力的社会网络关系信息。可见他们相比可预见的风险，更担心不可预见的风险。在人生地不熟的新环境中，已有的社会网络关系能否帮助解决遇到的困难影响最初的外出意愿。

3. 交叉变量对外出务工意愿的影响分析

分析模型3中的交叉变量可知，"家庭年收入"和人力资本因素中的"身体素质（X2）、非农技能（X3）、汉语水平（X5）"三个显著变量的交叉项均不显著。说明"身体素质（X2）、非农技能（X3）、汉语水平（X5）"对农村维吾尔族劳动力外出意愿的作用并不依赖于"家庭年收入"，即无论富贵还是贫穷的农村维吾尔族劳动力，都十分重视自身人力资本因素，人力资本因素对其外出意愿的影响不具有显著差异性。该结果表明，虽然经济因素对农村劳动力外出意愿具有显著影响，但是对维吾尔族而言，经济因素并不是首要因素。如程名望所言：农民是有感受和精神的理性个体，他们既是经济人，也是感情人，对于是否进城务工，他们不仅仅考虑经济收益或成本，还会考虑到非经济因素。而模型3可以看出：农村维吾尔族富余劳动力更偏向于感情人，相比经济因素更加注重非经济因素的作用。这一点从各变量的回归系数中也可以看出。模型 2 中，通过显著性水平的变量中，变量"若外出，遇困难想求助谁（X8）"的回归系数显著大于变量"身体素质（X2）、非农技能（X3）、汉语水平（X5）和家庭年收入（X6）"的回归系数，其中"家庭年收入（X6）"的回归系数最小。这与郭辉、季文的研究结论有相同之处，对于被调查的农村维吾尔族富余劳动力而言，社会资本因素高于人力资本因素对其外出意愿的影响。

（三）结论性评述

新疆"三农"问题的解决离不开主体民族——维吾尔族的参与，强化农村维吾尔族富余劳动力转移意愿，促进农村维吾尔族富余劳动力落实转移行动是减少农村维吾尔族富余劳动力的重要途径。经典的劳动力转移模型忽视了非经济因素对农村富余劳动力转移的影响，文章从人力资本因素视角，建立了 3 个有序 Probit 模型，研究了非经济因素——人力资本因素对其转移意愿的影响，研究发现：人力资本因素是影响其外出意愿的重要因素，并且高于经济因素带来的影响，但是弱于社会资本因素对其外出意愿的影响。具体来看他们重视身体素质、非农技能和汉语水平，而没有意识受教育程度和非农经验对非农就业的影响。家庭年收入高的农村维吾尔族富余劳动力对机会成本顾虑较弱，外出意愿强烈；社会网络在其转移过程中的作用主要凸显在能否帮助他们解决实际困难，如果能够帮助解决实际困难的关系网络越宽泛，则外出意愿越强烈。可以从以下三个方面加以完善：

第一，使用激励的手段引导外出务工。广泛的社会交往是形成社会关系的基础。维吾尔族农民与外界的低流动性表征了非血缘社会交往渠道的狭窄，因此，有组织的引导他们走出家门，加入到外出务工的行列中是非常必要的。"干中学，学中干"，是最有效的提升素质和建立社会关系的方式。农村维吾尔族富余劳动力所在的县域政府可在引导上作文章，通过转移支付方式，对初次外出非农领域就业的人员加大激励力度。

第二，尽快在新疆十五个地州建立农民工服务中心，强化外出务工服务指导。维吾尔族农民作为有感情的社会人，外出务工意愿既受经济因素的驱动，更受自身人力资本水平的制约。对于这样的社会弱势困难群体，强化政府的服务指导有助于突破自身能力素质的瓶颈。服务中心可以在提供就业信息、培训开发人力资本、监督规范劳务市场、维权和法律援助方面发挥积极作用。

第三，强化维吾尔族集中区覆盖高中阶段的义务教育，开办家长学校，让教育成为提升素质工程，改变家庭命运的高地。从农村维吾尔族富余劳动力的人力资本现状可知，文化水平偏低已形成了连锁反应，没有知识、技能，学习效率不高，外出务工只能从事简单的体力劳动力，进而影响到收入的提高。更为严重的是没有文化，认识不到教育与就业、增收的存在的内在关系，当他们组建家庭后，这种不重视教育的观念又传承给了子女，形成恶性循环。因此，当前部分地区执行的覆盖高中阶段的义务教育应继续推广，开展的双语教学工作只能加强。同时对影响子女的家长和成年劳动力可通过家长学校方式，传输与时俱进的教育观、就业观。

第三节 就业诉求与外出务工意愿综合分析

从表 4-11、表 4-13、表 4-15、表 4-17、表 4-18 的分析结果中，可看出尽管通过检验的各因素对农村维吾尔族富余劳动力外出务工意愿有显著性影响，但作用强度还是有差别的，故需根据标准化回归系数计算公式得到各个自变量的标准化回归系数，按照系数绝对值大小进行排序，主要考虑前六位因素，如表4-19所示。

从影响新疆农村维吾尔族富余劳动力外出务工意愿的五个层次的各因素贡献值大小来看，可以清晰的比较出外出务工意愿的决定因素。

个人禀赋、家庭特征、就业环境中，显著影响农村维吾尔族富余劳动力外出务工意愿的因素，按照影响强度大小（即模型标准化回归系数的绝对值，下同）排列依次为：家庭的年收入状况、父母健康状况、家庭对外出务工的态度、对企业老板信誉的预期、对清真饮食的在意程度、性别。

就业能力、身份认同、择业预期中，显著影响农村维吾尔族富余劳动力长期务工意愿的因素，按照影响强度大小，排列依次为：地域选择倾向、就业能力自我评价、语言沟通能力、周围外出务工人员中是否有人受到歧视、择业途径选择倾向、务工技能自我评价。

民族特质、风险意识中，显著影响农村维吾尔族富余劳动力长期务工意愿的因素，按照影响强度大小，排列依次为：外出务工是否担心被歧视、汉语言沟通交流是否困难、清真饮食在意程度、是否想到用法律维权、是否赞成本族妇女外出务工、外出务工风险的整体预期。

社会关系、就业帮扶、务工信心中，显著影响农村维吾尔族富余劳动力长期务工意愿的因素，按照影响强度大小，排列依次为：城市生活习惯是否接近、求职信息指导、务工技能培训、亲戚、朋友、老乡是否在城镇务工、务工技能水平、语言沟通能力。

人力资本、社会资本中，显著影响农村维吾尔族富余劳动力长期务工意愿的因素，按照影响强度大小，排列依次为：若外出，遇困难想求助、汉语水平、身体素质、家庭年收入、非农技能。

表 4-19 外出务工意愿因素综合分析

项目	变量	β 值	排序
个人禀赋、家庭特征、就业环境	家庭的年收入状况	3.0305	1
	父母健康状况	0.5167	2
	家庭对外出务工的态度	0.4049	3
	对企业老板信誉的预期	0.3801	4
	对清真饮食的在意程度	−0.3682	5
	性别	−0.2687	6
就业能力、身份认同、择业预期	地域选择倾向	−0.4083	1
	就业能力自我评价	0.3597	2
	语言沟通能力	0.2802	3
	周围外出务工人员中是否有人受到歧视	−0.2628	4
	择业途径选择倾向	0.2280	5
	务工技能自我评价	0.1979	6
民族特质、风险意识	外出务工是否担心被歧视	−0.6495	1
	汉语言沟通交流是否困难	−0.4903	2
	清真饮食在意程度	−0.4266	3
	是否想到用法律维权	−0.4113	4
	是否赞成本族妇女外出务工	0.3060	5
	外出务工风险的整体预期	−0.2248	6

续表

项目	变量	β 值	排序
社会关系、就业帮扶、务工信心	城市生活习惯是否接近	0.1550	1
	求职信息指导	0.1156	2
	务工技能培训	0.1017	3
	亲戚、朋友、老乡是否在城镇务工	0.0729	4
	务工技能水平	0.0549	5
	语言沟通能力	0.0159	6
人力资本、社会资本	若外出，遇困难想求助	0.1988	1
	汉语水平	0.1538	2
	身体素质	0.1527	3
	家庭年收入	0.1449	4
	非农技能	0.0854	5

数据来源：本章节表 4-11、表 4-13、表 4-15、表 4-17、表 4-18 实证输出结果。

五个层次实证分析了影响新疆农村维吾尔族富余劳动力外出务工意愿的因素，尽管部分解释指标有一定重复，但不会改变分析结果，因为所有的被解释变量都是在揭示外出务工意愿这一因变量。影响新疆农村维吾尔族富余劳动力外出务工意愿最显著的前八个负面因素分别是：外出务工是否担心被歧视（-0.6495）、汉语言沟通交流是否困难（-0.4903）、清真饮食在意程度（-0.4266）、是否想到用法律维权（-0.4113）、地域选择倾向（-0.4083）、性别（-0.2687）、周围外出务工人员中是否有人受到歧视（-0.2628）、外出务工风险的整体预期（-0.2248）。

第五章　新疆农村维吾尔族富余劳动力外出务工动因与障碍分析

新疆农村维吾尔族富余劳动力中87%的被调查者有外出务工诉求，但普遍外出务工信心不足。为进一步认清已外出务工人员的动因来源及主要的障碍因素，本章节以新疆农村维吾尔族富余劳动力在城镇外出务工调查对象为样本，结合和田地区的个案，深入探究影响外出务工决策的主要因素。以期掌握提高外出务工信心的因素及破解城市融入难问题的关键。

第一节　外出务工特征及效果

一、外出务工调查及数据来源

（一）外出务工调查方案与实施

为了使调查样本具有普遍代表性，能够反映农村维吾尔族富余劳动力外出务工的不同特征，同时综合考虑新疆各地区经济发展状况及调查的可行性，本次调查主要采取多阶段抽样方法进行，主要选择的抽样县为喀什地区的4个县，分别为叶城县、疏附县、巴楚县、疏勒县。和田地区2个县，分别是墨玉县、和田县。阿克苏地区2个县，分别是库车县、沙雅县。乌昌区米泉县。伊犁州察布查尔县和克州阿克陶县及吐鲁番市托克逊县。共计 12 个县，以每个县抽取 2 个乡每乡抽取 2 个村进行调查。每个村随机抽取 15 户有外出务工者的农户（根据实际情况，个别地区选择样本较多），每户调查 1 个外出务工者，在调研过程中跟踪访谈了部分农户及当地劳动力转移办公室管理人员，获得第一手材料并进行整理分析。

为了最大程度的收集到本研究所需要的数据资料，调查选择伊斯兰传统节日——古尔邦节期间开展，此时也是维吾尔族外出务工人员返乡回家与亲人团聚的时间，实施时间为 2012 年 1 月 17 日—2012 年 3 月 1 日，历时 44 天。具体调查分两步实施，即预调查与正式调查，通过预调查对原先设计的问卷进行必要的修正与调整，使调查问卷的设计更具科学性和良好的可读性。本研究共发放了调查问卷 860 份，回收 630 份，回收率 73.26%，剔除无效问卷 25 份，回收问卷的有效率达 96.03%，具有数理统计意义。调查问卷的回收率、有效率都比较好，能较好反映农村维吾尔族富余劳动力外出务工现实情况。具体样本分布情况见表 5-1。

表 5-1　调查样本的地区分布情况

地州	县市	样本乡	样本村	发放问卷	有效问卷
和田	和田县　墨玉县	4	8	120	75
喀什	疏附县　疏勒县　巴楚县　拜城县	8	16	240	172
柯尔克孜州	阿图什	2	4	60	42
阿克苏	库车县　沙雅县	4	8	120	48
吐鲁番	托克逊县	2	4	60	35
伊犁州	察布查尔县	2	4	60	39
乌昌区	乌鲁木齐　米泉县	--	--	200	194
合计	12	22	44	860	605

资料来源：2012 年 1 月实地调研数据汇总。

（二）调查对象个体特征情况

在 605 个调查样本中，男性外出务工人员 382 人，占外出务工人数的 63.1%，女性外出务工人员 223 人，占总人数的 36.9%，在性别结构上，男性外出务工人员多于女性外出务工人员。在所调查的农村维吾尔族外出务工人员中，年龄在 20 岁以下、20-30、30-40、40-50、50 岁以上所占比重分别为 20.3%、54.2%、17.7%、6.3%、1.5%；文化程度为小学以下、小学、初中文化、高中和中专、大专、本科及以上所占比重分别为 8%、16%、46%、16%、12%、2%；未婚者和已婚者所占比例分别为 36.7% 和 63.3%；身体素质良好以上达 32.9%，一般占比为 58.1%，较差以下占比为 9%；具体信息见表 5-2。

表 5-2　被调查对象的个体特征分布情况

项目	类别	样本频数	比例	项目	类别	样本频数	比例
性别	男	382	63.1	文化程度	文盲	48	8%
	女	223	36.9		小学	97	16%
年龄	20 岁以下	123	20.3%		初中	278	46%
	20-30	328	54.2%		高中或中专	97	16%
	30-40	107	17.7%		大专及以上	85	14%
	40-50	38	6.3%	身体素质	非常好	12	2%
	50 岁以上	9	1.5%		良好	187	30.9%
婚否	已婚	388	63.3%		一般	351	58.1%
	未婚	217	36.7%		较差	51	8.4%
					非常差	4	0.6%

资料来源：2012 年 1 月实地调研数据汇总。

(三) 外出务工信心

本研究选取维吾尔族农民外出务工信心作为被解释变量，在调查问卷中，当问到农民外出务工信心为"悲观"时，取值为1；若被调查者回答"中等"，取值为2；若被调查者回答为"乐观"，取值为3。调查结果显示，31.57%的被调查者对外出务工的信心为悲观；有26.12%的被调查者对外出务工的信心为一般；还有42.31%的被调查者对外出务工持乐观态度。具体信息见表5-3。

表5-3 维吾尔族农民工外出务工信心分布

维吾尔族农民工务工的信心	持这种心态的人数（人）	比例（%）
悲观	191	31.57%
中等	158	26.12%
乐观	256	42.31%
合计	605	100%

资料来源：2012年1月实地调研数据汇总。

二、外出务工特征

(一) 人口统计学特征

1. 年龄及性别特征

外出务工人员主要以年轻人为主体，他们一般从事体力劳动，年轻、身体健康、有体力，是他们的一种资本。从务工的农村维吾尔族富余劳动力的年龄结构来看，青壮年劳动力占外出务工人数的绝对比重，最明显的特征是外出务工的农村维吾尔族富余劳动力中20~29岁年龄组的务工人员占调查样本的比重为52.73%；其次是30~39岁年龄组，占调查样本的比重为22.15%；第三是20岁以下组，占调查样本的比重为17.69%；第四是40~49岁年龄组，占调查样本的比重为 7.12%；最后是 50 岁以上年龄组，他们占调查样本的比重为 0.33%。具体见表 5-4。年龄特点显示：外出务工以青壮年为主，他们承接着改变家庭命运和寻求自我突破的希望。

表 5-4　新疆农村维吾尔族外出务工人员年龄结构状况

年龄组	频数（人）	百分比（%）
20 岁以下	107	17.69
20~29 岁	319	52.73
30~39 岁	134	22.15
40~49 岁	43	7.12
50 岁以上	2	0.33
总计	605	100.00

数据来源：2012 年 1 月实地调研数据汇总。

调查样本中，性别结构明显呈现出男多女少的特点，男性务工人员为 382 人，占务工人数的 63.1%，占务工人员的绝对比重；女性务工人员 223 人，占总人数的 36.9%。这说明在农村维吾尔族外出人员中，男性外出人员输出速度远远高于女性维吾尔族外出人员。这与近几年房地产等建筑业兴起，男性外出人员在建筑行业居多，纺织等服务业对女性需求较多有关。

不同年龄段男女务工人员比例也有明显差异，男性和女性外出务工人员中所占比例最大的都是 20~29 岁的年龄组，但女性务工人员比例高于男性务工人员 16.67 个百分点；而男性人数居第二位的是 30~39 岁年龄组的务工人员，比例为 32.24%，女性务工人员人数在该组比例仅为 4.7%，低于男性 27.54 个百分点；20 岁以下的务工人员女性比例为 26.64%，高出男性 14.07 个百分点。男性务工人员 39 岁以下人数比例为 91.5%，40 岁以上人数比例为8.5%，女性务工人员39岁以下人数比例为94.7%，40岁以上人数比例为5.3%，39岁以下女性务工人员比例高出39岁以下男性务工人员3.2个百分点，女性务工人员的年龄结构年轻于男性务工人员。

表5-5　新疆农村维吾尔族富余劳动力外出务工人员不同年龄组性别差异

性别 年龄组	男		女		总计	
	人数（人）	比例（%）	人数（人）	比例（%）	人数（人）	比例（%）
20岁以下	48	12.57	59	26.46	107	17.69
20~29岁	178	46.69	141	63.23	319	52.73
30~39岁	123	32.24	11	4.93	134	22.15
40~49岁	31	8.10	12	5.30	43	7.12
50岁以上	2	0.40	0	0.00	2	0.33
总计	382	100	223	100	605	100

数据来源：2012年1月实地调研数据汇总。

2. 受教育程度

外出务工的农村维吾尔族文化程度要略高于留守在农村的维吾尔族人员，主要以初中文化程度为主。在调查的农村维吾尔族富余劳动力外出务工人员中，剔除3个缺失值，余下的602个调查样本中，有277人是初中文化水平，本科及以上13人，所占比重分别为46.00%，2.20%。具有本科及以上学历的人，由于学习能力强，对新事物更容易接受，留在农村从事非农技术工作更能体现自己的价值。在数据中表现为小学、初中、高中、中专文化程度的人外出比重较高的现象。这与一些学者的研究相符：那些具有较高人力资本禀赋的农村劳动力，优先选择的转移领域是农村的非农产业,而非异地转移①。

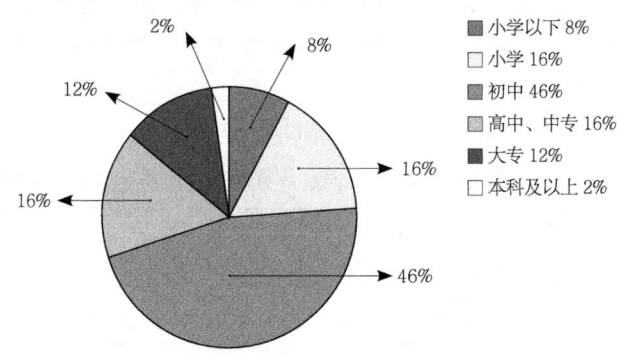

图 5-1 外出务工人员受教育程度分布情况

不同性别的务工人员在文化程度上存在较大差异,女性务工人员各阶段受教育程度人数比重明显低于男性,男女性别的务工人员在各阶段所占比重为小学:72.93%、27.07%,初中:68.0%、32.0%,高中、中专:66.0%、34.0%,大专:60.0%、40.0%。

(二)家庭及务工特征

1. 婚姻

调查样本中剔除未作答的 3 份问卷,在 602 份有效问卷中,未婚者和已婚者所占比例分别为 36.70% 和 63.30%。另外,在关于"您配偶的工作是?"这一问题的有效问卷中,选择在家务农的有 199 人,选择一起在城镇务工的有 110 人,选择其他的有 79 人,所占比例分别为 51.20%、28.30%、20.50%。可见,农村维吾尔族富余劳动力外出务工人员中,其配偶大部分都在家务农(见

---

① 赵耀辉:《中国农村劳动力流动及教育在其中的作用——以四川省为基础的研究》,载《经济研究》,1997(2),37~42 页。

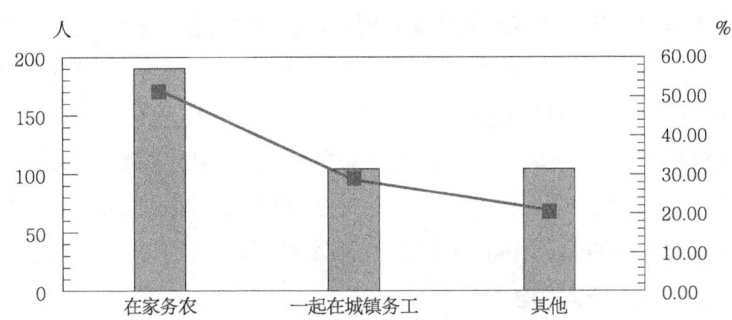

图 5-2 外出务工人员配偶工作分布

图 5-1）。

2. 家庭人口结构

问卷设计中关于农村维吾尔族富余劳动力家庭人口结构特征的反映项目内容主要有：子女人数，子女所在地，父母亲是否健在三方面内容。在调查的 388 份已经结婚的农村维吾尔族富余劳动力务工人员中，家庭子女数为 2 个的人数居多，所占比重将近 30%，3 个及 3 个以上子女数的务工人员所占比重为 20.3%，家里只有一个孩子的务工人员占已婚调查样本的比例为 26.6%，这是因为外出务工人员中，大部分为年轻人，所以家庭子女数较少；务工已婚人员中，有 60.90% 的人将子女放在农村老家，38% 的人选择将子女带在身边；在调查的 605 份问卷中，剔除 10 份未作答问卷，有 75.8% 的父母亲健在，有 24.2% 的人父母亲已不在人世，父母健在的家庭为给老人提供良好的生活条件，让老人安享晚年，外出务工的积极性较高，这与维吾尔族尊敬老人的传统密切相关。

3. 承包耕地及农忙返乡率状况

（1）承包耕地情况

调查样本中，有 43.5% 的人家里有承包地，56.5% 的人家里无承包地，这与南疆地区人多地少的现实情况相符，北疆地区的农村维吾尔族富余劳动力比重较小，大多数家庭一般没有承包地。在有承包耕地的家庭中，5亩以下的家庭占52.0%，5~7亩的家庭占17.9%，7~9亩的家庭占6.1%，9亩以上的家庭占24%。农村维吾尔族主要以从事农业生产为主，对土地的依赖性很强，但是家庭承包地并不是很多，这与农村维吾尔族家庭经济情况及农村近年来可耕种土地面积的减少有密切关系。

（2）农忙季节返乡情况

在目前土地流转不畅，农业经济效益较低的情况下，承包的耕地对外出打工人员来说已成为一个负担，一方面无人耕种，另一方面土地抛荒又会受到制裁。在这种情况下，农忙务农，农闲务工或经商，获取一定的收入，这种兼业性行为已成为农村劳务经济发展过程中的一个较为明显特征。[①]到城市就业的农村维吾尔族富余劳动力，大部分没有完全脱离农业生产，一般都保留对土地的承包权，农忙时节大都要回家从事农业生产。

在问卷设计中"您农忙季节是否返家？"来反映农村维吾尔族富余劳动力的兼业性特点，在调查的605份样本中，选择农忙季节回家帮助农业生产的人数占总人数比重为68.4%，由于距离原因，选择农忙时不回家的人所占比重为31.6%，选择农忙时回家的人数比重是不选择回家的人数比重的将近2倍，即有2/3的外出人员选择农忙时回家帮农，其外出务工具有季节性特点及较强的兼业性特点。

4. 外出务工地区分布

农村维吾尔族富余劳动力外出务工的地点选择与该地区的经

[①] 李月：《陕西农村剩余劳动力转移研究》，16页，西安，西安工业大学，硕士论文，2008。

济发展水平密切相关。北疆地区经济发展较快，居民收入水平远高于南疆地区，再加上劳动力市场的发育相对完善，劳动力外出务工的障碍性因素相对较少，是农村维吾尔族富余劳动力的主要吸纳地。605份调查资料显示，在分性别农村维吾尔族富余劳动力外出务工的地域分布中，男性在省内就业人数占调查样本比重为68.8%，在省外就业比重为31.2%；农村女性维吾尔族务工人员在省内就业人数比重为41.4%，在疆外就业比重为58.6%。这充分说明，农村维吾尔族富余劳动力外出务工的地区选择中，选择省内就业的人数偏多，出现省外就业现象主要是近几年政府组织的效果。

5. 外出务工行业特征

在调查样本中，农村维吾尔族富余劳动力在城市的就业主要集中在加工制造业、住宿餐饮业、建筑业、居民服务和其他服务业、其中生产加工制造业占40.0%，住宿餐饮业占20.5%，建筑业占15.4%，居民服务和其他服务业占16.9%，交通运输、仓储邮政业占7.2%。在外谋生的农村维吾尔族从事农业生产的人数较少，从居民服务和其他服务业看，农村维吾尔族外出务工人员主要从事保安、清洁工等家政服务，这些工作技术含量较低。在纺织业和加工制造业就业的农村维吾尔族也不少，前者女性从业人员较多，主要是缝纫，后者男性人员较多，主要是机械维修。从建筑业看，从事建筑业的大部分农村维吾尔族，都有一定的技术特长，如泥瓦工、开推土机等，但纯粹的临时工也不少。这说明农村维吾尔族富余劳动力的转移层次还比较低，技术、技能水平低已成为外出务工的一大障碍。

6. 外出务工组织形式特征

农村富余劳动力外出务工，自发转移、结伴同行是主要形式，据调查资料显示，农村维吾尔族富余劳动力外出务工的就业渠道选择中，选择自己进城的人数比重为40.5%。目前，农民工外出渠道主要依靠的是传统血缘、人际关系网络这类社会资本，通过"资深"农民工介绍这样一轮带一轮的滚动式进城方式。① 依靠社会亲情网络（熟人或亲戚朋友介绍进城）的人数所占比重为15.80%，依靠工头组织或政府机构组织实现外出就业的人数所占比重为20.00%，依靠中介机构实现外出就业的人数所占比重仅为15.0%。新疆农村维吾尔族富余劳动力外出务工就业方式以自发性和政府组织为主，劳动力输出中介机构的贡献率相对比较低。从性别来看，自发输出主要以男性自主择业、自愿外出务工为主，政府省外有组织输出劳动力，以综合素质相对较高的女性青年为主。

7. 民族宗教特征

伊斯兰教在肯定男女平等的前提下，更强调和注重妇女在家庭生活中的地位和作用。教义肯定妇女接受教育的必要，但强调妇女教育的首要目标是自身素质的提高，既能与丈夫同步交流沟通，又有利于子女各阶段的学习与教育，其次才是服务于社会。这就决定了大部分妇女只能待在家中从事相关活动。②

问卷设计中针对该问题设计项目"您是否赞成本民族妇女外出打工？"，"若不赞成，以下选项在您认为的原因中，所占重要程度是（非常重要 5-4-3-2-1 完全不重要）"来反映农村维吾尔族女性富余劳动力外出务工的阻碍因素。据调查，有66.7%的人赞成本民族妇女外出打工，33.3%的人持反对观点。通过交叉表分析（Mantel—Haenszel法）卡方的P值小于0.05，在不赞成本民族妇女外出打工的原因中，差异性最大的是"没有必要外出打工"，持不重要和重要态度占比都超过了35%；表明当前尚存在认识分歧。52.9%的人认为"老人孩子需要照顾"是不赞成本民

---

① 杨传林：《市场经济进程中中国人口流动问题研究》，98页，青岛，青岛大学硕博论文，2008。

② 蒋志辉、何平平：《边疆少数民族农村富余劳动力跨省转移的制约性因素与对策研究——以新疆维吾尔族为例》，载《特区经济》，2011（5），219~221页。

族妇女外出打工的最重要原因,这与农村维吾尔族富余劳动力的"家庭子女所在地"及"父母亲健在"比重较大情况相符;26.3%的人认为"教规不容许",在不赞成妇女外出打工的原因中所占重要程度为一般,可见宗教对农村维吾尔族女性是否外出务工的影响不大;31.5%的人认为"女人外出打工不方便"是不赞成本民族妇女外出打工的主要原因,这与农村维吾尔族长期以来形成的传统观念有关,见表5-6。

表5-6 农村维吾尔族富余劳动力不赞成妇女外出务工的原因分布

项目	完全不重要比重(%)	不重要比重(%)	一般比重(%)	重要比重(%)	非常重要比重(%)
没必要外出打工	19.6	21.9	21.9	12.4	24.2
老人孩子需要照顾	3.9	3.6	13.7	25.8	52.9
教规不容许外出打工	16.2	21.8	26.3	18.8	16.9
女人外出打工不方便	8.4	16.6	18.8	24.7	31.5

数据来源:2012年1月实地调研数据汇总。

三、外出务工效果评价

外出务工对经济增长、社会发展的影响是多方面的。外出务工不仅可缓解维吾尔族聚居地区就业压力,增加农民收入,通过收入分配及收入回流作用于地区经济发展,促进地区经济增长,还可实现劳动力资源优化配置,推进新疆少数民族地区城镇化进程。外出务工对发展少数民族地区农业,繁荣农村具有积极的经济效益及社会效益。

(一)外出务工经济效益分析

1.整体经济效益分析

新疆维吾尔族聚居区自然环境恶劣,交通不便,产业结构单一，人们赖以生存和发展的经济基础只有种植业和畜牧业。土地对于维吾尔族来说至关重要，然而人口增长快，人均可耕地面积减少，土地质量越来越差，农村人均耕地面积不足 3 亩，其中和田地区墨玉县人均耕地面积不足 1.5 亩。[①] 本部分着重对和田县（自然生态环境极为恶劣）、墨玉县（人地矛盾尤为突出）及疏附县（中心城镇近郊县）这几个富余劳动力外出务工工作取得较大进展的县进行分析。

和田县 2005—2011 年外出务工的农村维吾尔族富余劳动力共计 26.73 万人，实现劳务创收 5.97 亿元，全县农民人均纯收入从 2005 年的 113.8 元增加到 2011 年的 562.05 元，农民人均纯收入平均增长了 448.25 元；墨玉县 2005—2011 年外出务工有 62.14 万人，实现劳务创收 12.42 亿元，农民人均劳务输出收入从 2005 年的 152.7 元增加到 2011 年的 749.4 元，全县农民平均收入增加了 596.7 元；疏附县 2005—2010 年六年间外出务工的农村维吾尔族富余劳动力共计 41.64 万人，实现劳务创收 12.90 亿元，全县农民人均纯收入从 2005 年的 224.89 元增加到 2010 年的 993.2 元，增加了 768.31 元。这几个地区在 2009 年中劳务输出人数均有所减少，劳务收入也明显降低很多，经与当地县劳务输出办公室的负责人访谈得知，这与 2009 年 "6.26" 及 "7·5" 事件有密切关系，这两次事件之后，男性农民工全部被遣返新疆，自此之后，外出务工工作出现一定难度，在疆内工作的维吾尔族外出务工人员的收入等也受到了一定影响。但总体来看，外出务工可以促进维吾尔族农民增收，对改善他们的生活质量，生活条件有积极促进作用，整体经济效益是显而易见的。

---

① 原新：《维吾尔族人口问题综合研究》，载《新疆大学学报》（哲学社会科学版），1994（4），15~16 页。

2. 基于成本收益视角的分析

（1）外出务工转移成本测算及分析

本书研究的外出务工成本主要是可以用货币衡量的经济成本，重点研究经济成本对农村维吾尔族富余劳动力外出务工的影响。

据调查资料中往返路费项目的分析得知：外出务工的往返城乡费用在 200 元以上的区间范围内所占比重最大，为 34.5%；其次是在 50~100 元这个区间的人数，所占比重为 34%；往返路费在 100~200 元之间的人数所占比重为 31.5%。综合来看，外出务工人数中，既有疆外务工人员，也有疆内到北疆地区的务工人员，还有就地务工人员，所以往返费用在三个区间的人数相差不是很多，路费相对而言在他们的经济能力可以接受的范围内，但是费用在 200 元以上的人数还是居多。

在城镇的生活费用是他们花费的主要开支，调查资料显示：有 53.8% 的人在城镇生活费用在 500~800 元之间，41.5% 的人城镇生活费用在 800~1000 元之间，有 4.7% 的人城镇生活费用在 1000 元以上。这说明农村维吾尔族富余劳动力城镇生活费用在 500~800 元之间的人居多，这主要是大部分单位或企业为外出务工人员提供住宿等条件，他们在城镇只需支付日常生活费用，还有一些单位给他们提供职工食堂，相对而言就餐费用要便宜很多；生活费用在 800~1000 元之间的人员大部分都是未婚的年轻人，他们在城镇生活的花费要多一些；生活费用在 1000 元以上的人数是最少的，这主要是因为他们中的大部分人在城镇从事个体经营，需要租房、租摊位，花费自然就会多一些。

（2）外出务工转移收益测算及分析

外出务工的收益同成本一样，是影响农村维吾尔族富余劳动力外出务工的重要经济因素之一，而促使他们做出外出务工决策的主要因素是两者之差，即净收益。根据经济学的观点，农村劳动力是"理性人"，作为经济主体，他们总是要在追求自身利益最大化的动力下做出决策。①但是外出务工的非经济成本和非经济收益是很难衡量的，故本研究只考虑外出务工的经济成本和经济收益。

从调查资料中得知，外出务工人员家庭月收入在1000元以下的人占38.1%，家庭月收入在3000~5000元之间的人所占比重为43.4%，其余为家庭月收入在5000元以上的人员，这部分人所占比重最小。农村维吾尔族富余劳动力家庭月收入较低。

务工人员在外地务工的时间一般集中在3个月时间区间内，这部分人所占比重为20.9%，在外务工4个月的人所占比重为18.7%，在外务工5个月和6个月的人所占比重分别为12.9%和13.4%，说明务工人员在外地务工时间相对较短，这与外出务工的季节性特点相吻合。外出务工总收入在3000~5000元这个区间的人数所占比重为37.0%，在5000元以上收入区间的人所占比重为35.7%，在1000~3000元收入区间的人所占比重为27.2%，这与他们外出务工的时间长短及所从事的工作性质有密切关系。

外出务工人员中有89.2%的人给家里寄钱，只有10.8%的人选择没有给家里寄钱，这部分人大都是刚刚出去工作没多久的人，他们身上没有太多积蓄。外出务工人员在城镇务工获得劳动报酬后，给家里寄钱，可以改善留守在家乡的亲人的生活条件及生活质量，从而促进个人家庭经济水平的提高，带动家乡地区经济发展，并吸引更多的人外出务工，提高家庭收入水平。

综上所述，从成本收益角度来看，外出务工人员的收入减去其在城镇的生活成本和往返城乡的路费后，他们的收入依然还是比较可观的。他们外出务工受到多方面因素的影响，在城镇务工收入越高，他们外出务工的净收益就越大，那么务工意愿就会越

---

① 杜书云：《农村劳动力转移就业成本——收益问题研究》，131页，北京，经济科学出版社，2007。

强烈。从家庭平均月收入水平的分析中不难发现，在农村务农的收益较低，这也是外出务工人员会选择进城务工的一个重要原因。

（二）新疆农村维吾尔族富余劳动力外出务工社会效益分析

1. 提高劳动者素质，为发展农村经济培育人才

外出务工过程，实际上是城乡生产要素相融合的过程，外出务工人员能力各异、人力资本水平各不相同，为了使自身在竞争的劳动力市场中找到适应的岗位和就业后工作的稳定性，这些务工人员必定提高自己的职业能力，在劳动力的优化配置过程中，推动自身文化素质、技能素质和生活方式素质的提升。

务工人员基本都在工业水平较发达的地区工作，自身素质和技能水平会直接影响他们的就业，促使他们积极主动学习和掌握一定的专业知识和技能，培养新的意识和观念，提高个人综合素质。调查结果表明，务工人员在城镇工作初期，由于自身整体素质水平的局限性，使他们只能从事强度大，待遇低的简单劳动，如建筑工、保安、家政清洁工等工种。但为了更好地适应城镇生活，他们会在新环境中不断积累工作经验，提升劳动技能，为寻找更好的工作做储备。还有人在学到技术后，选择回到家乡自己创业，带动该地区的经济发展。

2. 实现农村土地资源整合

农村维吾尔族聚居地区，有限的耕地资源与大量增长的劳动力构成了经济发展最主要的矛盾，也是这些农村地区实现现代化的关键制约因素。外出务工有利于缓解农村地区人多地少的矛盾，尤其是南疆地区。南疆地区的本地乡镇企业相对较少，在技术、资金、人才方面较缺乏，对农村富余劳动力的吸纳能力有限，大量的外出务工者使闲置资源转变为财富，有效减轻了农村地区的耕地承载力，同时为土地规模经济提供了契机。长期在外务工的

部分人员将家乡土地转让给亲戚或朋友耕种，获得土地转让的农民，由于规模经济提高了农产品产量，提高农业利润，刺激生产积极性，最终促进农业良性循环。可见，外出务工是降低人地比例的最主要途径，务工人员增多后，土地资源重新配置，农业劳动力人均资源占有量增加，有效推动农业劳动边际生产率上升。

3. 拓展视野，转变观念

政府组织的省外务工地点集中于东部沿海发达地区，这些地区经济发展水平高，他们在这些地区不仅可以学习先进技术，提高自身就业能力，同时还可以拓展视野，转变传统观念。农村维吾尔族地区长期贫困的原因除了自然条件恶劣以外，观念陈旧、信息闭塞也是一个重要原因。去这些地区务工，可以亲身经历城市经济和现代文明的洗礼，行为、思维、生活方式及价值取向等受到较大影响。全新的理念会对他们产生一定影响，思想解放了，观念更新了，不仅学到了技术，还拓宽了视野，使他们从根本上认识到外出务工给他们带来的巨大收益，增强他们的就业信心。

4. 促进民族团结和社会稳定

新疆农村维吾尔族地区，人多地少，生产、生活条件又极为恶劣，贫困问题十分严重。贫困与就业状况有着密切的关系，充分就业和合理就业是创造和积累财富的主要途径，是消除贫困的基本途径和方式，而农村维吾尔族地区就业不充分是普遍存在的现象，农村单一的就业结构以及较低的文化素质对促进这些地区的经济发展及脱贫致富有着极大的阻碍作用。外出务工不仅可以实现劳动力的转移，改变他们的生活条件，同时可以使他们与汉族及其他民族相融合，学习新的知识和文化，加强各民族之间的沟通和理解。促进农村维吾尔族富余劳动力充分就业，缩小与新疆其他民族的贫富差距，才能实现新疆各民族团结和整个社会的和谐发展。

四、小结

通过对外出务工人员的特征分析,发现外出务工人员主要以男性、青壮年、初中文化水平的人员为主要群体;外出务工人员中已婚者偏多,且其配偶大都留在农村地区,大部分家庭都有承包耕地,农忙季节返乡人员也较多;省内务工占比较大,省外务工多由政府单位组织,占比相对偏低;务工人员大多分布在加工制造业、住宿餐饮业及建筑业等行业;务工方式多以自发性为主,其次是政府单位组织和社会亲情网络;务工人员大多数都支持本民族妇女外出务工,传统观念已有所转变,只有少部分人因为家中有老人孩子需要照顾,不赞成妇女外出务工,但总体来看,外出务工人员的观念意识已发生蜕变。

对外出务工经济效益的分析显示:外出务工不但推动了地区经济的发展,还提高了维吾尔族农民个人家庭收入;从成本收益角度看,外出务工所获收益远远大于付出的成本,外出务工的经济效果十分显著。

农村维吾尔族富余劳动力外出务工社会效益主要有:提高劳动者素质,培育农村实干人才,外出务工人员在城市可以学习到先进的技术知识,一部分人获得这些知识后会返乡创业,带动农村经济发展,就地解决农村富余劳动力就业问题;实现农村土地资源重组;拓展视野,转变观念;促进民族团结和社会稳定。

第二节 和田地区富余劳动力外出务工行为

2012年8月(肉孜节)课题组成员重点对和田地区两个县4个乡9个村320名新疆农村维吾尔族劳动力进行抽样调查,有可能不能完全解释和田地区甚至新疆农村维吾尔族劳动力异地转移就业的一般情况，可是从这些样本村数据中，我们发现其具有的一定意义上的普遍性问题。本书根据调查数据，反映和田地区农村维吾尔族劳动力外出务工行为动机，为全面深入研究外出务工动因及障碍做一个铺垫。

一、外出务工态度

根据抽样的320份（2012年抽样数据）有效数据，被调查的人员中有96.8%认可外出打工的做法，见表5-7。大部分访谈内容也说明，和田地区农村维吾尔族劳动力愿意外出打工（访谈实录1、2、3、4、5）。另外，在外出务工就业形式调查中，超过半数的被调查人员是通过自发形式和亲朋介绍形式外出务工就业的，这些数据指标表明和田地区农村维吾尔族劳动力大多数都是自愿离开原有的生活区，到外地转移就业。

表5-7 和田地区农村维吾尔族劳动力愿意异地就业情况

（单位：人）

	被调查人数	愿意	不愿意	不确定
和田县	160	158	2	0
墨玉县	160	152	8	0
合计	320	310	10	0

资料来源：2012年8月320份抽样调查数据。

访谈实录1：我是2012年3月份到阿克苏市一个新疆少数民族餐厅打工，主要是烤肉，老板一个月给3000元，每天工作十几个小时，这次过肉孜节回家的。我觉得待在农村没事做，还不如出去打工赚点钱，老板说他的餐厅还需要工作人员，让我回来时带几个会做饭的人过来，我跟家人商量好了，准备带我妻子和孩子一起去。这样我也没有后顾之忧了，孩子也可以在城市上学。

（新疆维吾尔族，男，37岁，小学文化，和田地区和田县巴格其镇）

二、外出务工就业领域

主要以异地就业地区的分布和异地就业行业的选择，结合实地访谈资料来分析和田地区农村维吾尔族劳动力异地就业领域的倾向。

表5-8 和田地区农村维吾尔族劳动力异地就业地区构成

（单位：%）

	南疆城市	北疆城市	乌鲁木齐市	内地
被调查人员	46.6	21.7	24.4	7.3

资料来源：2012年8月320份实地调查数据汇总。

根据调查数据，从就业地区的分布看，多数外出务工人员选择南疆的城市，占46.6%；也有不少人选择乌鲁木齐市，占24.4%；选择到内地就业的人员最少，占7.3%；还有选择北疆地区其他城市的，占21.7%，见表5-8。

而就业行业的选择方面，多数被调查人员选择为农业，占36.6%；第二是餐饮业，占19.5%；商业和零售业比例分别是17.1%和9.8%；最少的建筑业和制造业，均占4.9%，大量的访谈实录中多数结果与以上数据相符，这说明，和田地区农村维吾尔族劳动力主要以农业、餐饮业、商业和零售业为主，见表5-9。

表5-9 和田地区农村维吾尔族劳动力异地就业行业分布

（单位：%）

	农业	商业	制造业	建筑业	零售业	服务业	餐饮业	其他
被调查人员	36.6	17.1	4.9	4.9	9.8	7.3	19.4	0.0

资料来源：2012年8月320份抽样调查数据。

访谈实录 2：我是 2010 年开始去乌鲁木齐及内地等地，2011 到库尔勒市开了一家干果店，现在每个月收入 8000 元左右，个别时候生意不太好（淡季）。开店的钱是以前在乌鲁木齐和内地务工时赚的。内地赚钱容易，但是老婆孩子都在老家，有些担心，每次回家一趟不容易，路远，路费也不少，现在好了，老婆孩子都已经接到库尔勒了，这次过节回家看家人来了。我觉得出去打工，最开始多去一些地方，根据自己的情况最后把握一个地方。2010 年前我的生活过得的确很艰苦，在老家就有几亩地，也不够全家人吃。这次回来很多老乡都说跟着我到外地做生意，我觉得我们村现在很多年轻人都出去干活了，还有一些年纪大的呢。（新疆维吾尔族，男，40 岁，小学文化，和田地区墨玉县恰瓦格村）

访谈实录 3：我是 2011 年 3 月去兰州市的，在一家洗车行里打工，收入还可以，一个月工资 1200 元，但是有提成，洗一个车给 2 元，生意好的时候一天可以洗几十辆，差不多一个月将近 3000 元，吃住免费。兰州吃饭方便，清真饭馆很多。今年年初回来了，家里妈妈生病了，现在妈妈的病好多了，准备下半年再出去打工，暂时没想过去什么地方做什么。我虽然汉语说得可以，但是在大城市里找稳定的工作需要技能，所以我想先去乌鲁木齐这样大城市边打工边学修车，我很喜欢车。（新疆维吾尔族，男，29 岁，初中文化，和田地区和田县布扎克乡）

三、外出务工需要

访谈实录 4：我现在在乌鲁木齐二道桥一家维吾尔医院里当护士，2010 年毕业于和田卫校，对维吾尔医学有所了解，我打工的医院（私人医院）老板是新疆少数民族，也是我们和田人，一个月 1800 元工资，提供五金，而且提供住宿，我觉得生活过的还行。（新疆维吾尔族，女，20 岁，中专文化，和田地区和墨玉县东吾依拉村）

访谈实录 5：2011 年去库尔勒打馕，那边打馕的人太多了，生意不太好做，今年年初回家了，现在在给家里帮忙，家里人种核桃。我今年 21 岁了，在外打工有几年了，钱挣得不多，自己一直想学点什么，学会本领后到乌鲁木齐那样大城市干活挣钱，现在害怕到大城市，自己懂得不多，只会打馕。（新疆维吾尔族，男，21 岁，初中文化，和田地区墨玉县普恰克其乡英古勒村）

人的行为源于动机，而动机产生于需要。我们把被调查人员分了三个年龄段分别是 30 岁以下，30~45 岁之间和 45 岁以上，目的在于了解上述三个年龄段的人在外出就业时，最需要什么。根据抽样调查，多数被调查人员注重的是工资收入，然后是技能培训、子女上学便利需要能否满足等意愿，见表 5-10。

表 5-10 和田地区农村维吾尔族劳动力异地就业需要调查

（%）

	30 岁以下	30~45 岁	45 岁以上	合计
工资收入要高	13.1	19.8	8.3	41.2
就业求职信息	6	2.8	0	8.8
需要技能培训	16	4.2	0	20.2
需要职业指导	4.8	0	0	4.8
需要创业指导	1.3	1.6	0	2.9
子女上学便利	3.4	7.5	4.4	15.3
法律、政策帮扶	1.9	2.6	2.3	6.8

资料来源：2012 年 8 月 320 份抽样调查数据。

根据实地访谈（访谈实录4、5）个案的被访谈者均提到了工资水平和自己的满意感，所以结合以上调查指标的分析，我们可以认定和田地区农村维吾尔族劳动力异地就业，整体最需要的是工资收入高。依据年龄分组分析，30岁以下年轻人首选是技能培训，占16%，30岁以上的和45岁以上的被调查人员首选是工资收入高，分别占19.8%，8.3%。

四、小结

去城镇打工的吸引力很大，但排斥力也非常强劲，作为迁出地的农村，随着国家对农业的倾斜性政策的落实，我们不可能期待着以农村推力的扩大来推动维吾尔族富余劳动力外出务工，相反农村的拉力还会进一步增强，由此农村维吾尔族富余劳动力转移的工作重点只能靠提升城镇的拉力，降低城镇的推力来实现。从和田地区的情况来看，农村维吾尔族富余劳动力对外出就业的倾向都比较突出，但选择离乡不离土的人数还比较大，城镇非农就业主要集中在劳动密集性高的制造业、建筑业、餐饮服务业，表明大多数劳动力外出务工的质量一般，一定程度上影响了外出务工的积极性。

第三节 外出务工动因及障碍因素分析

一、数据可靠性检验及模型选择

（一）调查数据信效度检验

效度检验指测量结果的有效性或正确性，即量表能够测量出研究者想要测量的概念或者特性的程度。效度越高表示该问卷测试结果所要代表的测验行为的真实度越高，越能达到问卷测验目的，该问卷可靠性越强。效度一般包括内容效度和结构效度，内容效度的评价主要通过经验判断进行，问卷在文献研究、小组讨论的基础上，多次咨询相关专家建议，不断修订最终确定现有问卷，有效性较高。结构效度指问卷对某一理论概念或特质测量的程度，常用因子分析法进行评价，一般采用 KMO（Kaiser-Meyer-Olkin）检验问卷的结构效度，KMO 值越大，问卷的结构效度越好，KMO 值检验结果达到 0.835，达到分析要求，见表 5-11。

表 5-11 KMO 和巴特莱特检验

	KMO 值	0.835
巴特莱特球形检验	卡方值	2144.724
	自由度	190
	显著性水平	0.000

资料来源：2012 年 1 月实地调研数据汇总。

信度是对量表的有效性进行研究，有效性指量表测量结果的稳定性、一致性及可靠性，一般主要对量表内在性度进行分析，信度系数越高，测量结果越一致、稳定、可靠，信度系数主要包括克拉巴哈（Cronbach）α 系数，折半（Split-half）信度系数等。

本节采用 Cronbach's α 系数对 605 份调查问卷的信度进行检验，总体的 Cronbach's α 系数为 0.915，各维度 Cronbach's α 系数均大于理论值 0.7，各维度 Cronbach's α 系数值如下所示，见表 5-12。

表 5-12　信度检验

		Cronbach's α	指标个数
决策环境影响	个人禀赋	0.732	4
	家庭特征	0.782	3
	就业半径	0.743	3
经济政策影响	绝对收入	---	1
	务工成本	0.729	4
	政策支持	0.809	5
	就业途径	0.856	5
务工适应性影响	职业认同	0.858	3
	城镇生活适应性	0.731	3
就业风险影响	户籍	0.716	2
	就业风险	0.811	5
	就业环境	0.804	5
城市融入影响	经济立足	0.827	3
	社会接纳	0.724	3
	文化交汇	0.761	3

资料来源：2012 年 1 月实地调研数据汇总。

（二）模型选择

1. 新疆农村维吾尔族富余劳动力外出务工动因及障碍因素理论分析

（1）经济因素分析

①经济收入因素

经济收入因素包括宏观的城乡收入差距和微观的农村劳动力家庭收入因素，虽然最近几年农村维吾尔族受益于国家支农政策，收入不断提高，但和城市的绝对差距却在不断扩大，许多学者基本上认同这种不断扩大的城乡收入差距是促进农民进城的根本动力（盛来运，2007）。有学者在 2000 年和 2002 年两次对农民工的问卷调查中都发现在问及影响他们外出的因素时，50% 以上都把城市收入高或农村收入太低排第一（李强，2003）。中国农村劳动力流动决策与家庭利益最大化是联系在一起的，同时以获取经济收入为最直接目的（杜鹰，1997）。收入因素是农村劳动力外出务工的原动力，外出务工人员家庭中月收入的三分之二基本来自外出务工收入，看到了这种经济效益，外出务工的可能性就越大。外出务工对提高农业生产率、转化农业结构及直接、间接提高外出务工农户家庭收入水平、缓解城乡居民收入差距的扩大化具有积极作用（李实，1999）。

②务工经济成本

农村劳动力是复杂理性经济人，其在进行迁移对策时不仅考虑迁移的成本，还要考虑生活费用，而农村低的边际劳动生产力是村富余劳动力进行转移的一个原因（赖小琼等，2004）。务工经济成本主要是农民进入城市后"获取就业机会""提高生活质量""把握投资机遇"等城市化所带来的共同利益而付出的成本。有学者通过 1999 年和 2000 年分别对四川省和北京市两地的问卷调查，发现中国的农民工汇款者占所有迁移者的比例大大高于国外的汇款者所占比例，汇款金额占迁移者总收入比例的平均值也远远高于国外汇款金额占总收入的比例（李强，2001）。部分文献研究结果显示，劳动力外出务工对缓解家庭贫困有积极影响，劳动力外出务工已成为贫困地区人口摆脱贫困的最重要方式（都阳等，2003）。外出务工农户通过寄钱回家，对改善家庭整体生活状况作用显著（杜鹏等，2007）。进城费用越高，外出务工动机越低，城镇生活支出越高，返乡意愿越强烈（程名望，2007）。

③外出务工者示范效应

疏附县调查资料显示，有四家农户拥有大型货车，其中有三户是由于男主人在建筑工地经过多年打拼而致富的。在他们的带动下，乡邻也外出打工，从而改善了外出农民工家庭的生活水平。那些经常在外打工的人，受城市文化影响，在个人卫生、饮食口味及家庭布置等方面更加讲究，这些人的言谈举止、穿着打扮对从未外出过的年轻人有一定示范作用，促使他们外出见见世面。在农村维吾尔族富余劳动力的外出务工群体中，部分头脑灵活的经济精英不但发家致富了，而且由于见多识广受到邻居和乡亲们的尊重，他们的成长事实无疑会影响、刺激更多农村维吾尔族富余劳动力走上外出务工之路。

④职业搜寻与认同

职业认同，主要指农民工对职业目标、工资满意度、人际关系等的认知和识别。城镇收入水平高低会影响农民工省内就业或省际流动的选择（陈东有，2008）。还有学者研究表明，收入越高，流动人口留居意愿越强烈（申秋红，2012）。拖欠农民工工资严重、企业或老板的信誉状况比较差，农民工就越不愿意进城长期务工（程名望，2007）。

⑤社会保障权益

作为城市边缘人，农村维吾尔族富余劳动力进城之后，除没有完善的养老、工伤、医疗保险制度外，子女教育、就业保障、用工制度、住房政策不到位等问题也十分严重，无法得到充分社会保障。进城务工人员缺乏最低生活保障和失业保险，在失业之后，将会面临无依无靠的尴尬境地，与无法得到城镇公共服务的流动人口相比，可以得到公共服务的流动人口选择居留概率增加11.13%。公共服务，尤其是大城市的教育资源、公共设施和公共服务对流动人口有着强大的吸引力，因此对流动人口居留意愿有较大影响（申秋红，2012）。住房是农民工在城镇长期务工的前提条件，因而住房情况是考察农民工长期务工意愿不容忽视的因素，有低价房住宿的农民工在城镇长期务工意愿较强（黄乾，

2008)。

(2) 非经济因素分析

①思想观念

"农村太穷,生活太苦"的观念在新疆大部分农村地区根深蒂固,农村外出务工者潜意识里普遍认为"城镇生活方式、生活条件好",他们都希望在城镇能够有一定成就或较高收入,这从农村劳动力外出动机上可以明显体现出来。维吾尔族重视享受舒适的生活,这是建立在一定经济基础上的,所以这种思想观念是促进他们外出务工的一个重要动因。

②就业半径

新疆维吾尔族地区农村社会形成了以血缘为基础的家庭圈子和以地缘、邻缘、宗教为基础的亲戚、邻里、朋友圈子。这两个圈子被农民看成"圈内人",此外则被视为"圈外人"。由于乡土文化和宗教文化的双重影响,新疆农村维吾尔族劳动力在农村形成的习俗习惯、伦理道德、文化传统、意识形态及群居生活对劳动力流动有一定影响,农村富余劳动力在选择是否转移时,转移目的地与家庭所在地之间距离成为不得不考虑的一个关键因素。交通方便,使城乡信息易于流通;老家距中心城镇或市场距离越远,越不利于农村富余劳动力转移;老家距打工地距离越近,农村富余劳动力外出务工的动因就越强(程名望,2007)。

③个人禀赋

个人禀赋因素即性别、年龄、学历水平等方面。农村妇女与男性非农就业的性别差异是一个非常值得经济学家和社会学家关注的课题(刘晓昀,2003)。有部分学者研究发现,农村女性富余劳动力的外出务工概率比男性低7%(赵耀辉,1997)。根据维吾尔族的民族文化传统,维吾尔族男性比女性更倾向于外出就业。按照劳动力比较优势和家庭收入最大化原则,同等素质的女性外出打工收入远远低于男性,因而家庭中女性外出频率大大低于男性。

一般情况下，在劳动年龄内，年龄的影响存在生命周期的特点，即达到一定年龄后会发生变化，农村劳动力年龄越小，进城长期务工意愿就越强，相反达到一定年龄后，进城长期务工意愿就会越来越弱。因为年龄越大，观念相对保守，越不愿意冒险，长期外出可能性就越小。有学者认为，造成中年男性劳动力外出务工比例减少的原因，主要可归纳为：一是年龄较大外出打工者的文化程度相对年轻人较低，在竞争中处于劣势；二是随年龄增大体力出现不支；三是大年龄段的农民工子女已开始分担一定的家庭负担，使得年龄偏大组的农民工外出务工比例减少（刘旗，2005）。年轻一代的农村维吾尔族富余劳动力具有更强烈的进城意愿，向往城市生活，务农意愿极低，务农只是受自身素质制约的无奈之举。

周其仁、都阳、苏群和周春芳研究发现，教育、培训、技能等在劳动力务工决策及农民工收入提高方面起决定性作用。教育程度较高的劳动力在选择就业时，首先选择本地非农产业就业，其次是外出务工就业，最后是本地务农（赵耀辉，1997）。个人受教育程度不仅对外出务工意愿有显著影响，且受教育程度越高的年轻人非农就业倾向就越大（史清华等，2005）。

④家庭特征

维吾尔族传统文化对家庭观念的强调，对维吾尔族农民的影响尤其深刻。农户是最基本的生产、生活和消费单位，因而家庭成员对家庭有很强的从属性，这种以血缘关系为纽带形成的家庭利益共同体也是维吾尔族农民工权衡流动利弊得失时必须考虑的因素。结婚与否以及家庭其他特征，对农村富余劳动力外出务工会产生一定影响，尤其对于女性农村富余劳动力的影响。因为女性较男性来说，对血缘关系的依赖更强，更在意家人的认同及态度，是否结婚对女性劳动力外出务工的心理成本影响较大（刘华等，2005）。国内外实证研究一致认为，年轻单身男性劳动力具有较高流动迁移倾向。女性劳动力一旦结婚以后基本选择回家务农、生子和持家，婚姻状况对就业转移意愿有显著影响（张连业等，2007）。从总体上来看，已婚劳动力非农就业的可能性较未婚劳动力非农就业的可能性低近9个百分点（刘晓昀等，2003）。维吾尔族传统家庭伦理观念中亲子关系是家庭关系中最重要的，父子是尊卑之本，"父子定，则分而长幼，国而君臣，由是而皆定矣"。基于此，他们将"父慈子孝"作为调整亲子关系时应遵循的基本准则（赵霞，2011）。

从理论上讲，耕地经营规模大的家庭，生产过程中对劳动力需求相对较多，外出打工特别是省外就业意愿可能会比较低，因此，家庭劳均耕地面积越大，省外就业意愿越低（朱红根，2008）。家庭耕地面积越多，需要投入农业的劳动力和劳动时间就越多。如果产业转移带给中部各省更多的近距离就业机会，那么，家庭耕地面积多的农民工会更倾向于省内流动，以享有在农闲时从事非农工作、农忙时回乡兼顾农业生产的便利（郭力等，2011）。

⑤农村亲邻关系

在我国历史上，维吾尔族一直过着群居生活，由于居住区地理环境恶劣，交通不便，严重影响与外界的广泛交流联系，同时离乌鲁木齐等大中城市距离较远，很难获得这些城市的经济扩散和辐射影响，而且本地区中小城镇基本没有能力带动区域经济发展。维吾尔族聚居的农村地区，民族结构单一，不能与其他民族交流学习，这些不利因素使他们长期处于封闭状态，自成封闭的社会经济文化体系。他们平时的活动圈仅限于身边乡邻和亲戚朋友，这种孤僻狭隘的活动圈，让他们异常留恋农村乡邻及朋友关系。

⑥就业途径

相比女性，男性对亲邻朋友等社会网络的依靠更弱，他们敢于冒险，更愿意依靠自己的能力到城镇去打拼；而女性出于自身安全和进城风险等考虑，更愿意依靠社会网络进城，或者选择省心省力的"政府组织进城"（程名望等，2006）。对于男性而言，大部分选择自己进城，但是对首次外出打工的女性农村劳动力而言，同乡的带引和亲朋的介绍是减少风险的有效途径（刘养洁，2007）。农村维吾尔族劳动力进城就业的途径主要有：自己进城，亲友介绍，政府组织，随工头进城等方式。

⑦城镇生活适应性

长期受生活环境及宗教信仰、民族风俗习惯的影响，维吾尔族农民工与城市市民的思想观念和行为习惯呈现很大差异，维吾尔族农民工保守、封闭的思维习惯和意识形态往往与开放、包容、个性的市民意识不相融合，加上他们自身语言沟通存在障碍，"文化适应能力弱"，从而导致他们社会交往的封闭和自我隔离，社会活动圈往往局限于城市内本民族老乡和熟人范围内，使他们成为游离于城市的"异乡人"。南疆农村绝大多数维吾尔族初中和高中毕业生来到当地城镇（如疏附县城、喀什市）就业都会面临语言障碍；很多政府组织的用工企业为新疆务工人员提供清真食堂，并在合同中明确要求配备维吾尔族厨师，厨师的工资和食宿由企业提供（马戎，2007）。

⑧制度因素

制度因素包括城市中对农村外出劳动力定居城市不利的正式制度，也包括其他非正式制度因素。在正式制度中，户籍歧视是最大的城市推力，它通过配额、征税、附加条件、关闭市场等方式造成了对农村外出劳动力的歧视（张兴华，2000）。户籍制度的分离，使得农民工难以真正融入城市社会生活，出现了大部分农民工这种始终处于循环流动状态，按照季节、经济周期甚至政策周期而在农村与城市之间呈"候鸟式"流动就业,而不是永久定居在城市。但是随着经济发展,我国劳动力转移制度越来越完善,我国城乡劳动力市场发育过程实际就是制度变迁的过程。制度因素对中国农村劳动力转移有较大的影响,对户籍制度等的改进,将促使农民工顺畅地进城务工(李培林,2001)。

⑨就业风险

哈里斯—托达罗模型强调"预期收入"在城乡人口迁移中的推拉作用,并用获得工作概率的大小来衡量农村富余劳动力的就业风险。大卫·李嘉图和李斯特用简化模型说明了就业风险对农村劳动力重新配置的不利影响。由于正规就业和较稳定就业往往具有劳动合同的特征,是否签订劳动合同在很大程度上反映了农民工的就业状态,因此,就业稳定的农民工,其收入和生活也较稳定(黄乾,2008)。还有学者建立基于风险分散思想的农村劳动力迁移决策理论模型,并据此讨论经风险因素调整后的区域收入差距及两地劳动力市场的相关风险等对农民迁移决策的影响机制(陈芳妹,2009)。

⑩就业环境

就业环境包括与社会经济、文化、科技、教育、就业政策和企业组织状况影响有关的社会就业环境和受家庭经济条件、家庭成员职业观和职业类型及其社会关系有关的个人成长环境。从农民工主体角度考虑,农民工能够获得越多的比较收入,越愿意选择长期务工;农民工对新环境的适应性越强,能够获得的资源越多,越愿意选择长期务工,甚至永久性迁移(熊波,2009)。

2. 外出务工实证模型

(1) X^2 检验

卡方检验方法是以卡方分布为基础的一种常用假设检验方法,主要用于分类变量,根据样本数据,推断总体分布与期望分布之间是否存在显著差异,是一种吻合性检验。

一是提出原假设。样本来自的总体分布与期望分布无显著差异。

二是确定卡方检验统计量。典型的卡方统计量是 pearson 卡方：

$$X^2=\sum_{i=1}^{k}\frac{(f_i^o-f_i^e)^2}{f_i^e} \qquad (5-1)$$

式中，k 为子集个数，f^o 为观察频数，f^e 为期望频数，服从 k-1 个自由度的卡方分布。

三是统计决策。如果 X^2 的概率 p 值小于显著性水平 α，则应拒绝原假设，认为样本来自的总体分布与期望分布存在显著差异；反之，卡方的概率 p 值大于显著性水平 α，则不能拒绝原假设，认为样本来自的总体分布与期望分布无显著差异[①]。

（2）Todaro 模型

发展中国家城乡之间劳动力转移问题的理论基础源于国外人口迁移理论和 Lewis 提出的城乡二元经济论。Lewis 指出，城市现代工业部门由于富集了大量资本，具有较高的劳动生产率，而大量富余劳动力（劳动边际生产率为零）存在于农业部门，此时只要工业部门需要，农业部门的富余劳动力就能被无限供给。Todaro 对 Lewis 理论进行了扩展，他认为吸引农村劳动力向城市转移的主要影响因素是城乡实际收入差距和移民在城市找到工作的概率。尽管城市存在较高的失业率，但是只要城市的预期收入大于农村劳动力转移的机会成本（农业部门收入和转移费用），他就会作出转移决策。其基本模型结构是：

---

① 徐秋艳、毛军、朱辉：《SPSS 统计分析方法及应用实验教程》，97~98 页，北京，中国水利水电出版社，2011。

M=F（Ar，Yr，Tc，U）

其中：M 表示转移决策，F 表示转移函数，Ar 表示在城市的预期收入（Ar= 城后的就业概率×进城实现就业后的工资收入），Yr 表示农民纯收入，Tc 表示转移费用（交通费用，找工作的费用和等待工作时的生活费用），U 表示影响转移的其他因素，在 Todaro 模型中没有被具体解释。

农民是最理性的经济人，看似毫无依据的决策行为往往来源于其谨慎的复杂经济人的理性选择。文章借鉴 Todaro 转移决策模型建立农村维吾尔族劳动力外出意愿模型，主要探讨出收入、成本以外的影响农村维吾尔族劳动力转移意愿的其他因素（U）。因此基本模型公式定为：M =F（U）

其中：M 表示外出意愿，F 表示意愿函数，U 表示除收入以外的影响外出意愿的其他所有因素。本章节 U 表示非经济因素，也是研究的一个侧重。

（3）Logistic 回归

Logistic 回归是对分类变量进行回归分析时最常用的方法之一。该方法也译作"评定"或"分类评定"等。该方法在社会学、统计学、经济学、管理学等有广泛的应用，根据 IIA 特性导出，而且与最大效用理论一致，依据因变量取值不同，又可分为二分类 Logistic 回归（binary logistic）和多分类 Logistic 回归（multinomial logistic），该方法也为因变量为虚拟变量的问题提供了有效分析工具。Todaro 模型中自变量可是全部定性变量、定量变量，也可是定性与定量变量混合，在二分类回归分析中因变量只能取两个值，常用虚拟因变量 0 和 1 来表示，这个编码没有硬性规定，但习惯上一般将"事件发生"定义为 1，而将"事件未发生"定义为 0，实际上 1 和 0 并没有意义。鉴于农村维吾尔族富余劳动力外出务工是否有长期务工意愿为二分类变量,因此本文采用二分类 Logistic 回归对样本数据进行分析。

Logistic 回归分析采用的是逻辑概率 P 的分布函数(cumulative logistic probability function),其具体形式为:

$$P=\frac{\exp(z)}{1+\exp(z)}=\frac{1}{1+\exp(z)} \quad (5-2)$$

这是 Logistic 回归模型常用形式之一[①]。

在实际分析中,通常对 P 进行 Logit 变换,即:

$$\text{Logit}p=\ln\left(\frac{p}{1-p}\right) \quad (5-3)$$

经 Logit 变换后变为:

$$\text{Logit}p=\ln\left(\frac{p}{1-p}\right)=b_0+b_1x_1+\cdots+b_nx_n \quad (5-4)$$

从而得到 Logistic 回归模型的实际操作形式,其中,P 代表某一事件发生的概率;$x_i[i=1(2)\cdots,n]$ 为解释变量;b_0 为常数项,$b_i(i=1,2,\cdots n)$ 为待估计系数。

如果我们要比较不同自变量对因变量作用的强度的话,还必须对回归系数进行标准化。其具体计算公式是:

$$\beta_i=\left(\frac{b_i\times s_i}{\pi/\sqrt{3}}\right)\approx\left(\frac{b_i\times s_i}{1.8138}\right) \quad (5-5)$$

其中,β_i 为第 i 个自变量的标准化回归系数;b_i 为第 i 个自变

---

① 黄善林:《土地因素对农户劳动力乡城转移的影响研究——基于皖鄂四县市的农户调查》,121 页,武汉,华中科技大学硕博论文,2010。

量的非标准化回归系数；s_i 为第 i 个自变量的标准差；$\pi/\sqrt{3}$ 实际上是标准 Logistic 分布的标准差，近似等于 1.8138[①]。

本研究选取长期务工意愿作为被解释变量，在调查问卷中，当问到"是否有长期务工打算"时，如果被调查者回答"无"，即不愿意在城镇长期打工，取值为 0；若被调查者回答"有"，即愿意在城镇长期打工，取值为 1。

3. 外出务工研究假设

外出务工动因及障碍因素，除了经济收入、思想观念、土地流转、外出务工者示范效应外，还受到个人禀赋、家庭特征、就业半径、民族风俗习惯、户籍制度、文化碰撞等的影响，下面具体分析各因素对农村维吾尔族富余劳动力外出务工的影响，并依此做出研究假设。

假设一般可分为验证性假设和开拓性假设。验证性假设指某假设的提出有相关理论支持，并已得到证实。开拓性假设指某一假设的提出虽能得到相关理论的支持，但是还没有得到证实。本节对农村维吾尔族富余劳动力动因及障碍因素与其务工意愿关系的假设属于开拓性假设。

根据"推—拉"理论及托达罗模型易知，农村维吾尔族富余劳动力外出务工是一种决策行为，推力、拉力等动因及障碍因素对其决策行为产生重要影响，国内外已有研究已对其进行了论证，然而在研究结论及其解释上存在一定争议甚至分歧。课题研究在借鉴国内外已有相关研究文献和农村维吾尔族富余劳动力外出务工实际情况调查资料的基础上，把农村维吾尔族富余劳动力外出务工动因及障碍因素归纳为个人禀赋、家庭特征、就业半径，绝

[①] 刘唐宇：《中部欠发达地区农民工回乡创业影响因素研究——以江西赣州地区为例》，福建，福建农林大学，2010。

对收入、务工成本、政策支持，就业途径、职业认同及城镇生活适应性，户籍、就业风险、就业环境，经济立足、社会接纳、文化交汇与城市融入，并提出相应研究假设。

假设 1：个人禀赋特征对农村维吾尔族富余劳动力外出务工具有显著影响。其中，性别对他们外出务工意愿具有显著正向影响；年龄与外出务工意愿之间呈倒 U 型关系；受教育年限与外出务工意愿呈正向影响。

假设 2：家庭状况特征对农村维吾尔族富余劳动力外出务工信心有显著影响。其中，婚姻与外出务工信心呈负相关关系；父母亲是否健在与外出务工信心呈负向影响；有无承包耕地对他们外出务工具有负影响。

假设 3：就业半径对农村维吾尔族富余劳动力长期务工信心有显著正影响。

假设 4：绝对收入对农村维吾尔族富余劳动力外出务工有显著负影响。

假设 5：务工经济成本对农村维吾尔族富余劳动力外出务工信心呈负影响。其中，是否给家里汇款与长期务工信心正相关。

假设 6：政策支持对农村维吾尔族富余劳动力外出务工信心有显著正影响。

假设 7：务工途径对农村维吾尔族富余劳动力外出务工有正影响。

假设 8：职业认同对农村维吾尔族富余劳动力外出务工信心有显著影响。有无跳槽经历、有无工资拖欠现象与长期务工信心呈负相关；工资满意度与外出务工信心呈正相关。

假设 9：城镇生活适应性对农村维吾尔族富余劳动力外出务工有正影响。

假设 10：户籍制度对农村维吾尔族富余劳动力外出务工信心有负影响。

假设 11：就业风险对农村维吾尔族富余劳动力外出务工信心有负影响。

假设 12：就业环境对农村维吾尔族富余劳动力外出务工有显著正影响。自身就业能力、城镇就业环境与外出务工信心呈正相关；城镇就业条件与务工信心呈负相关。

假设 13：经济立足对农村维吾尔族富余劳动力融入城市有正影响。

假设 14：社会接纳对农村维吾尔族富余劳动力融入城市有负影响。

假设 15：文化交汇对农村维吾尔族富余劳动力融入城市有负影响。

二、个人禀赋、家庭特征、就业半径影响

（一）基于影响范围的控制变量选择

个人禀赋、家庭特征及就业半径对农村维吾尔族富余劳动力外出务工的影响大小，包括 10 个变量，其中为了探索年龄与外出务工之间的倒 U 型关系，并对已有研究成果进行检验，特增加了年龄的平方这一项，即年龄越大，外出务工意愿越不强烈，固守家园现象越明显。具体指标、相关说明、预期影响方向及变量描述，见表 5-13。

表 5-13 控制变量选择及统计描述

解释变量	符号	定义说明	预期影响方向	均值	标准差
1. 个人禀赋					
性别	X1	男=1，女=0	（+）	1.37	0.48
年龄	X2	实际年龄	（+）	29.90	6.61
年龄平方	X3		（-）	944.12	417.28
学历水平	X4	受教育年限*	（+）	9.21	3.63
2. 家庭特征					
婚姻	X5	已婚=1，未婚=0	（-）	1.37	0.48
父母亲是否健在	X6	是=1，否=0	（-）	1.24	0.43
是否有承包地	X7	是=1，否=0		1.57	0.49
3. 就业半径					
交通是否方便	X8	是=1，否=0	（+）	0.84	0.38
老家距中心城镇距离	X9	实际距离	（+）	55.40	213.69
老家距打工地距离	X10	实际距离	（+）	809.18	1119.07

注：*表示平均受教育年限，小学以下=1年；小学=6年；初中=9年；高中、中专=12年；大专=15年；本科及以上=16年；（+）表示正向影响，（-）表示负向影响。

（二）各控制变量与务工决策之间单因素分析

从表 5-14 可知，被调查者的年龄、学历、父母是否健在、有无承包耕地、就业半径与长期务工意愿关系的卡方检验结果概率值均远小于 0.1，说明被调查者的个人禀赋、父母是否健在、有无承包耕地、就业半径与务工决策显著相关，是否结婚有待进一步考察。

表 5-14 控制变量与务工意愿关系的卡方检验

项目	内容	卡方检验值	概率度
个人禀赋	性别	4.568*	0.092
	年龄	53.360***	0.003
	年龄平方	65.920***	0.000
	学历	14.521**	0.013
家庭特征	是否结婚	1.968	0.161
	父母是否健在	3.015*	0.082
	有无承包耕地	13.617***	0.000
就业半径	交通是否方便	6.558***	0.010
	老家距中心城镇距离	82.718**	0.034
	老家距打工地距离	131.856***	0.001

数据来源：有效调查问卷；*、** 和 *** 分别表示在 10%、5% 和 1% 的显著性水平。

(三) 模型检验与结果

利用软件 SPSS17.0 运行以上建立的 Logit 模型（薛薇，2007，p292~300），用极大似然估计法进行估计，为消除自变量间多重共线性问题，采用 Backward Stepwise 筛选策略，即先将所有自变量强制进入回归方程，然后逐步剔除未通过显著性检验的变量（下同），模型估计结果见表 5-15。Logit 模型的 Chi-square 值为 67.519，显著性达到 1%，-2Log likelihood 值为 379.844，Nagelkerke R^2 值为 0.206，模型预测准确率达 87.0%，模型拟合效果较理想。

表 5-15　模型估计结果

变量	模型 1		模型 2	
	b	P 值	b	P 值
性别（X1）	-0.520*	0.077	-0.533*	0.069
年龄（X2）	0.210***	0.002	0.217***	0.001
年龄平方（X3）	-0.003**	0.015	-0.003**	0.017
学历（X4）	-0.089**	0.019	-0.091**	0.016
是否结婚（X5）	0.251	0.404	------	---
父母是否健在（X6）	0.834***	0.005	0.298***	0.005
有无承包耕地（X7）	-0.700***	0.010	0.273**	0.012
交通是否方便（X8）	1.087**	0.031	0.500**	0.038
老家距中心城镇距离（X9）	0.024**	0.015	0.010**	0.016
老家距打工地距离（X10）	0.003*	0.088	0.001*	0.074
Chi-square			67.519***	
模型预测准确率			87.0%	

注：*、** 和 *** 分别表示在 10%、5% 和 1% 的显著性水平。

（四）实证结果分析

1. 个人禀赋对长期务工意愿的影响分析

由表 5-15 的估计结果可知，性别（X1），年龄（X2），年龄的平方（X3），学历水平（X4）均通过显著性检验。性别变量在 10% 水平下显著，但回归系数为 -0.533，说明维吾尔族男性农民工在城镇长期务工的意愿低于女性长期务工意愿，这点与假设一不符，究其原因主要有：第一，从影响程度上看，回归系数绝对值居第一位，说明性别对长期务工意愿影响很大。以前他们外出务工主要以男性为主，但是 2009 年 "7·5" 事件后，政府加大了女性农民工外出务工组织力度，男性比例有所下降。第二，在调查中发现，男性与女性进城务工的目的存在明显差异，男性主要目的是挣钱，女性则是向往城市繁荣生活及关注子女教育等，在一定程度上可解释为什么维吾尔族女性农民工长期务工意愿高于男性。

根据以往相关研究经验，年龄特征对维吾尔族农民工长期务工意愿的影响存在生命周期效果，并不是完全线性的，分析中将年龄和年龄的平方引入方程，以符合其曲线轨迹。估计结果显示：年龄的 b 系数为 0.217，在 1% 水平下通过显著性检验，与理论分析一致。但是，对年龄的平方项进行考察后发现，年龄的平方项 b 系数为 −0.003，在 5% 的水平下通过显著性检验，这说明，年龄对于长期务工意愿的影响呈现先递增后递减的趋势。随着年龄增加，维吾尔族农民工工作经验在增加，因此，长期就业出现上升趋势；但是随着年龄进一步增长，劳动能力出现衰退现象，它对于生产率的消极作用远远超过了经验的积累程度，于是，就呈现出下降趋势，这主要是因为维吾尔族农民工在城镇就业从事的基本是低技术含量的体力劳动。

学历水平（X4）在 5% 水平下通过显著性检验，但回归系数为 −0.089，与预期方向相反。由于维吾尔族农民工大部分为初中文化水平，初中及以下农民工比例为 62.3%，以从事知识含量低的劳动密集型产业为主，学历较低的农民工往往放低自身期望值，更具就业进取心，反而更易实现就业，学历较高的人对工作要求相对较高，反而不太容易实现就业。

2. 家庭特征对长期务工意愿的影响分析

家庭特征中，父母亲是否健在（X6）和家中有无承包耕地（X7）这两个指标通过显著性检验，而婚姻（X5）未通过显著性检验。具体分析如下：

从婚姻状况看，婚姻（X5）未通过显著性检验且模型 1 中回归系数为正值，与研究假设相反，婚姻对维吾尔族农民工长期务工意愿影响不显著，汉族农民工未婚者长期外出较多，已婚者则较少，维吾尔族却恰恰相反，已婚者长期外出意愿则较为强烈，这与汉族农民工有显著差别，这是因为维吾尔族青年成家之后，较大的经济压力迫使其长期外出务工，改善家庭生活质量。

父母亲是否健在（X6）在1%水平下通过显著性检验，b系数为0.298，说明该指标对维吾尔族农民工长期务工意愿有显著正影响，与研究假设相反，与汉族农民工外出务工影响因素的影响亦不同，这是因为维吾尔族传统文化中，尊老爱幼是一种古老美德，新疆维吾尔族聚居区生活条件较差，对于父母亲健在的人来说，让父母安享晚年，过上一种物质充裕的生活，是做子女的一种义务和责任，所以该项指标对于维吾尔族农民工在城镇长期务工意愿具有正向影响。

模型2结果表明，有无承包耕地（X7）在5%水平下显著为负，说明该指标对维吾尔族农民工在长期务工意愿有负效应。由于维吾尔族农民工在城镇就业会面临巨大的风险和压力，而其抵御风险的能力很低，土地是抵御城市风险的重要保障，有无承包耕地是维吾尔族农民工在城镇长期务工的重要农村拉力因素；同时调查资料显示，没有承包耕地的维吾尔族农民工在城镇长期务工意愿要高于家中有承包耕地的农民工，有承包耕地的农民工，由于家中有耕地，就会多一份牵挂，譬如，家中耕地是否及时耕种，有无劳力耕作土地等种种担心，这些因素会影响其在城镇长期务工意愿。

3. 就业半径对长期务工意愿的影响分析

就业半径指标中，"交通是否方便（X8）""老家距中心城镇距离（X9）""老家距打工地距离（X10）"均通过显著性检验，说明这三项指标对维吾尔族农民工在城镇长期务工意愿有显著影响。

"交通是否方便（X8）"在5%水平下通过显著性检验，这表明，方便的交通便于他们外出务工，且外出务工意愿也较强烈。方便的交通，一方面使得他们可以以较低的成本进入城镇务工，另一方面更易于城乡间的信息流通,农村不在保守和封闭,农民更愿意进城务工。

"老家距中心城镇距离（X9）"的系数显著为正,在5%水平下通过显著性检验。一方面,距中心城镇距离越近的农村,农民思想较活跃,非农化程度较高,挣脱土地束缚的意愿就要越强烈;另一方面,老家距中心城镇距离越近,进城越方便,信息流通更迅速,进城成本较低,务工意愿就越强烈,这与维吾尔族农民工大部分选择在疆内务工这一社会现象相符。

"老家距打工地距离（X10）"在10%水平下通过显著性检验,系数显著为正,农民工是理性经济人,老家距打工地距离越近,进城费用就越低,且返乡也比较容易,所以进城长期务工的意愿就比较强。调查资料显示,农村维吾尔族富余劳动力大部分在疆内就业,即离家较近;在省外就业的群体,基本上为政府组织的集体就业,如在天津、广州等地的加工制造业等行业从事生产工作。这些地区虽然距离较远,但是政府组织的务工工作有一定保障,而且工资收入较理想,符合大部分人的心理预期,很多维吾尔族农民工选择省外务工,而且这部分群体长期务工意愿较强烈。

三、绝对收入、务工成本、政策支持与外出务工

（一）基于问卷的控制变量选择

在托达罗模型中,收入差距一直占据核心地位,以斯坦克为代表的相对贫困假说也强调了收入等经济因素在劳动力转移研究中的重要地位。本部分主要从经济因素及政府的相关政策支持角度研究绝对收入、务工成本、政策支持这三大部分,对农村维吾尔族富余劳动力长期务工意愿的影响大小,共包括10个变量。

与蔡昉、都阳的观点不同,由于受问卷调查数据的特点和限

制，对于绝对收入的设定，本部分采用家庭收入而非个人收入，这和新迁移学说认为迁移是家庭决策的结果而非个人的理论相一致，绝对收入我们用"家庭平均月收入"这一变量来衡量；为了考察生活消费水平对他们在城镇长期务工意愿的影响，选用了"城镇生活支出"这一指标进行衡量；政策支持是指维吾尔族农民工在城镇务工希望政府给与的帮助措施，这里用调查问卷中相关指标做替代变量，有子女入学机会、社会保障、人身安全保障、土地流转交易等指标。具体指标、相关说明、预期影响方向及变量的统计描述，表5-16。

表5-16 控制变量选择及统计描述

变量名	符号	变量解释	预期影响方向	均值	标准差
1.绝对收入					
家庭平均月收入	X11	1000元以下=1，3000~5000元=2，5000元以上=3	(-)	1.50	0.55
2.务工成本					
进城费用	X12	50~100元=1，100~200元=2，200元以上=3	(-)	1.86	0.83
返乡费用	X13	50~100元=1，100~200元=2，200元以上=3	(-)	1.89	0.82
城镇生活支出	X14	500~800元=1，800~1000元=2，1000元以上=3	(-)	1.65	0.66
是否给家寄钱	X15	是=1，否=0	(+)	1.11	0.31
3.政策支持					
子女入学机会*	X16	非常重要5-4-3-2-1完全不重要	(+)	3.28	1.27
社会保障*	X17	非常重要5-4-3-2-1完全不重要	(+)	3.62	1.11
人身安全保障*	X18	非常重要5-4-3-2-1完全不重要	(+)	3.80	1.11

续表

变量名	符号	变量解释	预期影响方向	均值	标准差
土地流转交易*	X19	非常重要5-4-3-2-1完全不重要	(+)	3.16	1.29
提供低价房*	X20	非常重要5-4-3-2-1完全不重要	(+)	3.75	1.00

注：*表示政策支持重要程度的划分为：非常重要=5，重要=4，一般=3，不重要=2，完全不重要=1。

（二）控制变量与务工意愿之间的单因素分析

从表5-17可知，被调查者的绝对收入、务工成本、政策支持与长期务工意愿关系的卡方检验结果概率值均小于0.1，表明被调查者的绝对收入、务工成本、政策支持与长期务工意愿具有显著相关性，见表5-17。

表5-17 控制变量与务工意愿关系的卡方检验

项目	内容	卡方检验值	概率度
绝对收入	家庭平均月收入	21.243***	0.000
务工成本	进城费用	9.439***	0.009
	返乡费用	10.401***	0.006
	城镇生活支出	6.722**	0.035
	是否给家里寄钱	9.703***	0.002
政策支持	子女入学等平等机会	17.255***	0.002
	社会保障	9.032*	0.060
	人身安全保障	18.830***	0.001
	土地流转交易	8.017*	0.091
	提供低价房	14.237**	0.007

数据来源：有效调查问卷；*、**和***分别表示在10%、5%和1%的显著性水平。

(三) 模型检验与结果

模型估计结果见表 5-18，Logit 分析的 Chi-square 值为 76.587，显著性达 1%，-2Log likelihood 值为 324.188，Nagelkerke R^2 值为 0.253，模型预测准确率达 87.9%，模型拟合效果较理想。

表 5-18　模型估计结果

变量	模型 1		模型 2		模型 3	
	b	P 值	b	P 值	b	P 值
家庭平均月收入（X11）	1.273***	0.000	1.237***	0.000	1.218***	0.000
进城费用（X12）	-1.641**	0.021	-1.627**	0.021	-1.638**	0.026
返乡费用（X13）	2.284***	0.002	2.300***	0.002	2.339***	0.002
城镇生活支出（X14）	0.538**	0.033	0.538**	0.034	0.593**	0.018
是否给家里寄钱（X15）	0.931**	0.019	0.865**	0.024	0.856**	0.025
子女入学等平等机会（X16）	-0.078	0.516	----	----	----	----
社会保障（X17）	-0.611***	0.001	-0.628***	0.001	-0.575***	0.002
人身安全保障（X18）	-0.565***	0.000	-0.572***	0.000	-0.560***	0.000
提供土地流转交易市场（X19）	-0.380***	0.004	-0.378***	0.004	-0.332***	0.010
提供低价房（X20）	0.258*	0.082	0.240*	0.100	----	----
Chi-square					76.587***	
预测准确率					87.9%	

注：*、** 和 *** 分别表示在 10%、5% 和 1% 的显著性水平。

(四) 实证结果分析

1. 绝对收入对长期务工意愿的影响分析

"家庭平均月收入（X11）" 在 1% 水平下通过显著性检验，回归系数 b=1.218，说明 "家庭平均月收入（X11）" 对维吾尔族农民工在城镇长期务工意愿呈现显著正向影响,这与预期结果相反,绝对收入是选择长期务工的必要条件,家庭平均月收入越低,务工意愿越强烈。但调查样本均是外出务工群体,外出务工群体中,家庭平均月收入大部分来自于外出打工收入,收入的提高,有效地改善了家庭生活条件,即收入越高的家庭,外出务工意愿越强烈。

2. 务工成本对长期务工意愿的影响分析

务工成本方面:"进城费用(X12)""返乡费用(X13)""城镇生活支出(X14)""是否给家里寄钱(X15)"这四项指标均通过显著性检验,说明这四项指标对维吾尔族农民工在城镇长期务工意愿均有显著性影响。其中"进城费用(X12)""城镇生活支出(X14)""是否给家里寄钱(X15)"这三项指标在5%水平下通过显著性检验,"返乡费用(X13)"在1%水平下通过显著性检验。除了"进城费用(X12)"的回归系数为负值,其余几项系数均为正值,这与预期结果不太一致,可能原因有:第一,进城费用越高,农村维吾尔族富余劳动力外出务工意愿越不强烈,即对于经济贫困的维吾尔族农民来说,进城成本越高,花费越大,外出务工可能性就越小,长期务工意愿就更为微弱;第二,当维吾尔族农民工在城镇挣钱以后,返乡费用的支出,相对来说,已不会对他们造成太大的经济压力,挣钱以后,很容易支付返乡费用,因此该指标对其长期务工意愿呈正向影响;第三,大部分维吾尔族农民工在城镇务工,企业一般都会帮助解决食宿问题,在城镇花费中的主要开支企业已为其解决,所以他们在城镇生活支出费用较小,对其外出务工意愿呈正向影响,挣钱以后,大部分人会选择给家里寄钱,以减轻家庭经济负担,而这部分开支对于其收入来说,亦不算太大,也呈正向影响。

3. 政策支持对长期务工意愿的影响分析

从模型估计结果看,政策支持方面的相关指标,"子女入学等平等机会（X16）"和"提供低价房（X20）"这两项指标未通过显著性检验，其余全部通过显著性检验，具体分析如下：

"社会保障（X17）"在1%水平下通过显著性检验，且回归系数b=−0.575，显著为负，这说明维吾尔族农民工对社会保障重视程度较高，政府提供的相关社会保障措施越不完善，他们在城镇长期务工意愿就越不强烈。

"人身安全保障（X18）"在1%水平下通过显著性检验，回归系数显著为负，绝对值在社会保障权益中位居第二位，这说明与该组其他指标相比，"人身安全保障"的影响较为突出和显著。对维吾尔族农民工而言，离开自己熟悉的群体，在陌生民族、地区中务工，不熟悉、恐惧感油然而生，人身安全就显得尤为重要。

"提供土地流转交易市场（X19）"在1%水平下呈显著负影响，与预期方向相反，这说明土地流转交易市场还不完善，维吾尔族农民工不能顺利转出耕地，这是他们进城务工考虑的一个非常重要环节。如若有土地流转交易市场，将其承包耕地通过土地流转方式转给他人耕种，从而在城镇务工时没有对"农村耕地无人耕种"的担忧，可在城镇选择长期务工。

"子女入学等平等机会（X16）"未通过显著性检验，主要是因为维吾尔族农民工学历水平普遍偏低，他们的职业层次也比较低，受教育程度对他们的职业选择及长期务工意愿影响较微弱，他们对教育的认识不足，导致对于子女上学等问题重视程度不够，同时，一些伊斯兰教清真寺免费教授宗教课程，他们更愿意将孩子送到这些地方学习。

"提供低价房（X20）"在模型3中未通过显著性检验，但在模型1和模型2中通过检验，系数为正，与预期方向一致，这说明住房对维吾尔族农民工在城镇长期务工意愿影响不明显。大部分省外务工的维吾尔族农民工人员居住在集体宿舍里，不用考虑租房问题所需花费的成本，省内务工的人，大都是有亲戚朋友提供给住宿，或者在务工当地清真寺居住，住宿问题对他们长期务工意愿影响较小。

四、就业途径、职业认同、城镇生活适应性与外出务工

（一）基于问卷的控制变量选择

本部分主要研究就业途径、职业认同、城镇生活适应性对维吾尔族农民工长期务工意愿的影响程度，共包括11个变量，其中外出务工途径包含6个指标，在问卷中是多选题型，模型分析中，作如下处理：选择该项，赋值为1，未选赋值为0。城镇生活适应性，根据问卷数据特点，采取替代变量进行分析。具体分析指标、相关说明、预期影响方向及变量的统计描述，见表5-19。

表5-19 控制变量选择及统计描述

变量名	符号	变量解释	预期影响方向	均值	标准差
1. 就业途径					
外出务工途径 *	X21		（+）	2.80	1.79
2. 职业认同					
有无跳槽经历	X22	有=1，无=0	（−）	1.70	0.46
有无拖欠工资	X23	有=1，无=0	（−）	1.73	0.45
工资满意度 **	X24	非常满意 5-4-3-2-1 完全不满意	（+）	3.65	0.74
3. 城镇生活适应性					
饮食习惯 ***	X25	非常重要 5-4-3-2-1 完全不重要	（−）	3.78	1.22
宗教活动 ***	X26	非常重要 5-4-3-2-1 完全不重要	（−）	3.12	1.32

续表

变量名	符号	变量解释	预期影响方向	均值	标准差
汉语交流沟通***	X27	非常重要 5-4-3-2-1 完全不重要	（-）	3.94	1.98

注：* 表示务工途径方式有：自己进城=1，报名参加企业来农村的招工=2，社会亲情网络=3，劳务中介组织进城=4，政府组织进城=5；** 表示满意程度的划分：非常满意=5，满意=4，一般=3，不满意=2，完全不满意=1；*** 表示重要程度的划分为：非常重要=5，重要=4，一般=3，不重要=2，完全不重要=1。

（二）控制变量与务工意愿之间的单因素分析

被调查者的就业途径、职业认同、城镇生活适应性中饮食习惯、宗教活动与长期务工意愿的关系的卡方检验结果概率值均远小于0.05，说明被调查者的就业途径、职业认同与被调查者的长期务工意愿具有显著相关性。汉语交流沟通未通过显著性检验，有待进一步考察，见表5-20。

表5-20 控制变量与务工意愿关系的卡方检验结果

项目	内容	卡方检验值	概率度
就业途径	务工途径	14.395**	0.013
职业认同	有无跳槽经历	8.540***	0.003
	有无拖欠工资现象	7.307***	0.007
	工资满意度	24.289***	0.000
城镇生活适应性	饮食习惯	22.658***	0.000
	宗教活动	14.153***	0.007
	汉语交流沟通	6.193	0.288

数据来源：有效调查问卷；*、** 和 *** 分别表示在10%、5%和1%的显著性水平。

(三) 模型检验与结果

模型估计结果，Logit 分析的 Chi-square 值为 55.330，显著性达 1%，−2Log likelihood 值为 406.090，Nagelkerke R^2 值为 0.165，模型预测准确率达 86.6%，模型拟合效果较理想，见表 5-21。

表 5-21　模型估计结果

变量	模型 1		模型 2		模型 3	
	b	P 值	b	P 值	b	P 值
自己进城（X21-1）	0.964**	0.019	0.983**	0.016	0.879**	0.024
报名参加企业来农村的招工（X21-2）	0.656	0.221	0.673	0.208	0.614	0.131
社会亲情网络（X21-3）	1.391***	0.010	1.402**	0.010	1.268**	0.014
劳务中介组织介绍（X21-4）	0.619	0.188	0.600	0.198	0.566	0.362
政府组织进城务工（X21-5）	1.566***	0.004	1.554***	0.004	1.416***	0.009
有无跳槽经历（X22）	−0.616**	0.029	−0.636***	0.021	−0.738***	0.005
有无工资拖欠现象（X23）	−0.460	0.121	−0.465	0.117	----	----
工资满意度（X24）	0.370**	0.041	0.372**	0.040	0.464*	0.092
饮食习惯（X25）	−0.483***	0.002	−0.515	0.000	−0.537*	0.077
宗教活动（X26）	−0.047	0.722	----	----	----	----
汉语沟通交流（X27）	−0.255*	0.059	−0.257	0.057	−0.250***	0.000
Chi-square			55.330***			
预测准确率					86.6%	

注：*、** 和 *** 分别表示在 10%、5% 和 1% 的显著性水平。

(四) 实证结果分析

从表 5-21 的估计结果，可得出以下结论：

1. 就业途径对长期务工意愿的影响分析

"自己进城（X21-1）"在5%水平下通过显著性检验，回归系数为0.879，说明该指标对农村维吾尔族富余劳动力进城务工具有显著正向影响。据调查资料显示，这些人中选择自己进城的占大多数，选择自己进城的农民工，大都在本地中心城镇找工作或在北疆地区就业，南疆地区的维吾尔族农民工自己进城大都在库尔勒、喀什、和田市等中心城市。

"报名参加企业来农村的招工（X21-2）"未通过显著性检验，但回归系数显著为正。可能的解释为，来农村招工的企业相对较少，而且农村维吾尔族富余劳动力对这些来农村招工的企业的信任度不高，缺乏安全感，所以选择这种途径进城务工的人数所占比重较少。

"社会亲情网络（X21-3）"在5%水平下通过显著性检验，且系数显著为正，这充分说明了社会亲情网络对农村维吾尔族富余劳动力外出务工的重要作用。结伴外出、具有一定社会关系网络的农民工的就业机会比率是单独外出者的2倍多，这既是中国农村文化的必然反映，也是中国特色的外出务工的主要方式。长期落后和匮乏的自然经济，使封闭的农村村落形成紧密合作的经济体，村落里亲戚、朋友、邻居等千丝万缕联系的亲情网络是这些务工人员最为信任和感到安全的社交网络，他们往往会选择这个最有安全感的途径进城务工，结伴外出相互扶持，且一方实现就业后可互相推荐，在提供就业机会方面起到积极作用。

"劳务中介组织介绍（X21-4）"未通过显著性检验，但系数为正，说明了通过这种方式进城务工的人数还是有的。但是近几年，劳务中介组织的可靠性越来越差，这也影响到了维吾尔族农民工对这些组织的信任，所以选择通过这种途径进城务工的人在大量减少。

"政府组织进城务工（X21-5）"在1%水平下通过显著性检验，回归系数1.416，说明近年来，政府组织的维吾尔族农民工省外就业取得显著成效，通过这种途径进城务工人数在不断增多。据悉，自治区政府制定了一系列有助于劳务输出的优惠措施，如对初次进城务工的维吾尔族农民工开展免费培训和农村劳动力城镇就业职业介绍等补助政策，向国家争取培训资金，同时规定在基本建设工程中使用当地农民工的数量不得低于50%，这些都在一定程度上鼓励了农村维吾尔族富余劳动力外出务工。

2. 职业认同对长期务工意愿的影响分析

从模型估计结果看，除了"有无拖欠工资现象"未通过显著性检验外，其余均通过显著性检验，并与预期方向保持一致。

"有无跳槽经历（X22）"在1%水平下通过显著性检验。充分说明有跳槽经历的人对单位满意度低，对职业认同感不强，在城镇长期务工意愿薄弱。

"有无工资拖欠现象（X23）"虽未通过显著性检验，但回归系数为负，说明该指标在一定程度上对长期务工意愿产生负影响。工资拖欠现象越严重，维吾尔族农民工在城镇长期务工意愿就越薄弱。

"工资满意度（X24）"在10%水平下通过显著性检验，说明该指标对长期务工意愿影响依然较显著。在其他条件不变的情况下，随着收入增加，维吾尔族农民工长期务工意愿逐渐增强，高收入组农民工定居城市意愿相对强烈。

3. 城镇生活适应性对长期务工意愿的影响分析

维吾尔族传统的生活习惯与汉族有显著差异，外出务工的维吾尔族农民工是否能够适应城镇生活，对其外出务工意愿产生重要影响，具体分析如下：

"饮食习惯（X25）"在10%水平下呈显著负影响，说明"饮食习惯"对长期务工意愿的影响最大。由于受伊斯兰教影响，维吾尔族在食物选择方面有严格禁忌,《古兰经》中禁食主要包括猪、狗、驴和猛禽的肉,并禁止食用所有动物的血,即使是鸡肉、牛肉等也必须经阿訇念经宰杀后才可食用。汉族很少有这些饮食禁忌,所以清真生活越困难,维吾尔族农民工越不愿意在城镇长期务工。

"宗教活动（X26）"虽未通过显著性检验,但系数为负,说明"宗教活动能否顺利开展"对维吾尔族农民工长期务工意愿呈负向影响。维吾尔族信仰伊斯兰教,信徒要定期在清真寺或家做礼拜,只有大城市或许有清真寺等做礼拜的地方,大部分二三线城市无法满足信徒做礼拜的需要,虽然随着务工群体年龄的年轻化,大部分人对做礼拜等宗教活动观念相对淡化,但宗教活动能否顺利开展对长期务工的影响依然不容忽视。

"汉语沟通交流（X27）"在1%水平下与维吾尔族农民工长期务工意愿呈显著负影响,充分体现了维吾尔族农民工语言交流不畅,城镇长期务工可能性就低。维吾尔族有自己的语言文字,他们在日常生活中很少使用汉语,大部分人文化水平低且汉语水平不高,汉语交流能力依然较差,将近70%的农村维吾尔族人口不懂汉语,大部分人仅限于疆内务工。

五、户籍、就业风险、就业环境与外出务工

（一）基于问卷的控制变量选择

由于户籍制度、就业风险、就业环境等因素导致的精神损失或成本,也是影响维吾尔族农民工长期务工的重要因素。本部分主要研究户籍、就业风险、就业环境对维吾尔族农民工长期务工意愿的影响程度,分析指标、相关说明、预期方向及变量描述,见表5-22。

表 5-22 控制变量选择及统计描述

变量名	符号	变量解释	预期影响方向	均值	标准差
1. 户籍制度					
户籍制度是否制约您进城务工	X28	是=1，否=0	(-)	1.35	0.49
城镇永久定居信心*	X29	非常有 5-4-3-2-1 完全没有	(+)	2.84	1.24
2. 就业风险					
是否签合同	X30	是=1，否=0	(+)	1.42	0.49
雇主信誉评价***	X31	非常满意 5-4-3-2-1 完全不满意	(+)	3.61	0.94
对就业风险整体感觉	X32	有=1，无=0	(-)	6.21	2.37
有无听说过保险	X33	有=1，无=0	(+)	0.90	0.39
对法律法规了解程度**	X34	非常了解 5-4-3-2-1 完全不了解	(+)	4.26	2.93
3. 就业环境					
有无受歧视感觉	X35	有=1，无=0	(-)	0.46	0.55
法律法规保护您权益所起作用***	X36	非常满意 5-4-3-2-1 完全不满意	(+)	3.11	1.15
自身就业能力***	X37	非常满意 5-4-3-2-1 完全不满意	(+)	6.40	2.41
城镇就业环境***	X38	非常满意 5-4-3-2-1 完全不满意	(+)	5.80	2.11
城镇就业条件***	X39	非常满意 5-4-3-2-1 完全不满意	(+)	2.77	1.82

注：*表示定居信心程度：非常有=5，有=4，一般=3，没有=2，完全没有=1；**表示对法规了解程度：非常了解=5，了解=4，一般=3，不了解=2，完全不了解=1；***表示满意程度：非常满意=5，满意=4，一般=3，不满意=2，完全不满意=1。

(二) 特征变量与务工意愿之间的单因素分析

被调查者永久定居城镇信心、是否签合同、对雇主信誉评价、有无听说过保险、有无受歧视感觉、自身就业能力、城镇就业条件与长期意愿关系的卡方检验结果概率值均小于 0.1，说明这些指标与被调查者长期务工意愿有显著相关性，其余指标有待进一步考察，见表 5-23。

表 5-23 控制变量与务工意愿关系的卡方检验结果

项目	内容	卡方检验值	概率度
户籍制度	户籍是否制约您进城务工	0.360	0.549
	城镇信心永久定居	17.426***	0.002
就业风险	是否签合同	4.134**	0.042
	对雇主信誉评价	48.393***	0.000
	对就业风险整体感觉	4.394	0.494
	有没有听说过保险	9.854**	0.020
	对法律法规了解程度	12.893***	0.045
就业环境	有没有受歧视感觉	8.139**	0.017
	法规保护权益作用	2.890	0.576
	自身就业能力	11.152*	0.084
	城镇就业环境	4.702	0.319
	城镇就业条件	27.874***	0.000

数据来源：有效调查问卷；*、** 和 *** 分别表示在 10%、5% 和 1% 的显著性水平。

(三) 模型检验与结果

模型估计结果，Logit 分析的 Chi-square 值为 47.073，显著性达 1%，模型预测准确率达 82.0%，-2Log likelihood 值为 339.355，Nagelkerke R^2 值为 0.180，模型拟合效果较理想，见表 5-24。

表 5-24　模型估计结果

变量	模型 1 b	模型 1 P 值	模型 2 b	模型 2 P 值	模型 3 b	模型 3 P 值
户籍制度是否制约您进城务工（X28）	-0.540*	0.092	-0.520	0.102	————	———
城镇永久定居信心（X29）	0.281**	0.017	0.288**	0.015	0.226**	0.045
是否签合同（X30）	-1.308***	0.000	-1.278***	0.000	-1.230***	0.000
对雇主信誉评价（X31）	0.342**	0.039	0.361**	0.028	0.322**	0.043
对就业风险整体感觉（X32）	-0.181**	0.011	-0.176**	0.011	-0.162**	0.016
有无听说过保险（X33）	-0.405	0.350	————	———	————	———
对法律法规了解程度（X34）	0.017	0.763	————	———	————	———
有没有受歧视感觉（X35）	-0.280	0.331	-0.297	0.300	————	———
对法律法规保护您合法权益作用的评价（X36）	-0.246*	0.065	-0.239*	0.068	-0.222*	0.087
对自身就业能力的评价（X37）	0.174**	0.013	0.180***	0.008	0.198***	0.002
对城镇就业环境的评价（X38）	0.101	0.197	0.108	0.165	————	———
对城镇就业条件的评价（X39）	-0.273***	0.000	-0.265***	0.000	-0.249***	0.000
Chi-square					47.073***	
预测准确率					82.0%	

注：*、** 和 *** 分别表示在 10%、5% 和 1% 的显著性水平。

（四）实证结果分析

该部分模型估计结果具体分析如下。

1. 户籍制度对长期务工意愿的影响分析

模型3中"户籍制度是否制约您进城务工（X28）"这一变量被剔除，这表明，户籍制度在城镇长期务工决策的影响越来越弱，这与程名望的研究结果："农业户口对农村富余劳动力转移起显著的正向作用，即非农业户口利于劳动力转移"不一致，这也说明了农村维吾尔族富余劳动力外出务工与汉族存在显著差异，观念意识与汉族有明显差别。户籍制度对于他们选择外出务工的制约性已不是很大。

"城镇永久定居信心（X29）"的回归系数在5%水平下显著为正，充分印证了户籍制度对长期务工意愿的影响已不再是最主要的，调查资料显示，大部分维吾尔族农民工都有在城镇永久定居的信心，即定居意愿十分强烈，主要是由于城镇生活条件好，收入高，农村生活太苦的原因。

2. 就业风险对长期务工意愿的影响分析

"是否签合同（X30）"在1%水平下通过显著性检验，回归系数b=−1.230，绝对值在该模型自变量指标中居第一位，充分表明"是否签合同"对长期务工意愿具有显著影响。对于汉族农民工而言，在其他条件不变的情况下，签订了劳动合同的农民工更倾向于定居城市，在城镇长期务工，但是维吾尔族农民工大部分人不愿意和企业签订劳动合同，不愿受合同条款的束缚，故而该指标对维吾尔族农民工在城镇长期务工意愿呈显著负向影响。

"对雇主信誉评价（X31）"的回归系数在5%水平下对长期务工意愿呈显著正向影响，正是因为他们大部分人不签订劳动用工合同，所以对于雇主的信誉评价十分满意，据调查显示，很多维吾尔族农民工在务工时，属于典型的享受生活型，即没钱花时去企业打工挣钱,有钱了以后就会选择擅自离开去走亲访友、消费或在家休息,缺乏储蓄意识及经济投资意识。

"对就业风险整体感觉（X32）"在5%水平下通过显著性检验,回归系数为负,说明就业风险是影响长期务工意愿的一个因素,在城镇务工的风险越大,维吾尔族农民工长期务工的意愿就越弱,由此可见,降低维吾尔族农民工在城镇务工风险,提高城镇企业用工信誉,可有效推动维吾尔族农民工长期务工。

"有无听说过保险（X33）"和"对法律法规了解程度（X34）"均未通过显著性检验,维吾尔族农民工对保险的认识仍比较模糊,法律意识仍比较淡薄,对《劳动法》等相关法规缺乏认识。

3. 就业环境对长期务工意愿的影响分析

"有没有受歧视感觉（X35）"未通过显著性检验,这表明城镇歧视目前对长期务工意愿不构成显著影响。就现阶段看,维吾尔族农民工进城务工的第一目标仍是收入,是生活压力和对高收入的向往使得他们涌进城镇,物质需求的满足是放在第一位的,他们愿意忍受城镇歧视对自己的精神伤害,这和马斯洛需求层次理论一致。"对城镇就业环境的评价（X38）"回归系数为正,虽未通过显著性检验,但也说明城镇就业环境越好,维吾尔族农民工城镇长期务工意愿就越强烈。

"对法律法规保护您合法权益作用的评价（X36）"的系数在10%水平下显著为负,表明维吾尔族农民工相信法律法规能够保护他们的合法权益,而实际使用法律法规保护自身权益的较少,法律法规的发挥作用有限。

"对自身就业能力的评价（X37）"在5%水平下通过显著性检验,回归系数显著为负,维吾尔族农民工对自身就业能力评价较高,即劳动力自身就业能力越强,长期务工可能性就越大。

"对城镇就业条件的评价（X39）"在1%水平下通过显著性检验,但回归系数为负值,即城镇就业条件越苛刻,维吾尔族农民工长期务工意愿就越弱。目前城镇就业条件的要求越来越高,很多维吾尔族农民工从事的大都为体力劳动,对技能要求不高,但随着社会发展,用人单位对员工的文化素质、职业技能的要求会越来越高,这在一定程度上对他们长期务工意愿产生影响。

六、经济立足、社会接纳、文化交汇与城市融入

基于"经济适应是立足城市的基础,社会融合是城市生活的进一步要求,心理融合反映参与城市生活的深度,只有心理和文化的适应才标志着流动人口完全融入城市社会"的融合递进理论,研究从"经济立足—社会接纳—文化交汇"视角来研究影响维吾尔族农民工城市融入的因素。让已进城务工的维吾尔族农民工融入城市主流社会,这既是新疆大量减少农民、推进"三农"问题解决的需要,又是全面实现"人的城市化"的必然选择。

(一)基于问卷的变量选择

基于已有的理论分析、研究假设与模型设计,将维吾尔族农民工城市永久居住信心设为被解释变量,解释变量包括经济立足、社会接纳、文化交汇三个方面共计 9 个变量,具体的变量描述,表 5-25。

表 5-25　变量定义及赋值

变量类型	变量名称	方向	变量含义及说明
因变量	长期务工的打算（Y）	---	有 =1，无 =0
经济立足	城镇找工作难易（X1）	（+）	非常困难 1-2-3-4-5 非常容易
经济立足	城镇务工每月收入结余（X2）	（+）	（1000,2000]=3,（2000,5000]=4, 5000 元以上 =5 0 元及以下 =1,（0,1000]=2,
经济立足	在城镇务工是否有稳定住所（X3）	（+）	1= 是，0= 否
社会接纳	是否在务工时受到歧视或人身伤害（X4）	（-）	1= 是，0= 否
社会接纳	是否有工资低或被拖欠现象（X5）	（-）	1= 是，0= 否
社会接纳	是否与雇主签订劳动合同（X6）	（+）	1= 是，0= 否
文化交汇	汉语言交流是否困难（X7）	（-）	1= 是，0= 否
文化交汇	是否存在清真饮食不便（X8）	（-）	1= 是，0= 否
文化交汇	是否能如愿开展宗教活动（X9）	（+）	1= 是，0= 否

（二）模型输出结果分析

运用 EVIEWS 5.0 软件进行估计，模型 1 分析了经济立足、社会接纳、文化交汇相关变量对维吾尔族劳动力城镇永久定居信心的影响。结果表明，在模型 1 中，X6（是否与雇主签订劳动合同）、X9（是否能如愿开展宗教活动）两个解释变量不显著。剔除不显著的解释变量，再次回归，得到优化模型 2，见表 5-26。

表 5-26 模型估计结果

变量		模型 1		模型 2	
		回归系数	P 值	回归系数	P 值
经济立足	城镇找工作难易（X1）	0.0907**	0.0351	0.0849**	0.0479
	城镇务工每月收入结余（X2）	0.3544***	0.0000	0.3483***	0.0000
	在城镇务工是否有稳定住所（X3）	0.2497**	0.0140	0.2679***	0.0080
社会接纳	是否在务工时受到歧视或人身伤害（X4）	−0.3603***	0.0007	−0.3469***	0.0011
	是否有工资低或被拖欠现象（X5）	−0.2368**	0.0198	−0.2334**	0.0206
	是否与雇主签订劳动合同（X6）	0.1576	0.1805	————	————
文化交汇	汉语言交流是否困难（X7）	−0.3421***	0.0009	−0.3490***	0.0007
	是否存在清真饮食不便（X8）	−0.2297**	0.0354	−0.2114*	0.0509
	是否能如愿开展宗教活动（X9）	0.1691	0.1767	————	————
Chi-square		49.134***			
预测准确率		84.6%			
Total obs		605			

注：*，** 和 *** 分别表示在 10%、5% 和 1% 的显著性水平。

1. 经济立足因素对城市融入的影响分析

从经济立足视角看，维吾尔族农民工与汉族农民工及其他少数民族流动人口具有同质性。在 1% 的显著性水平下，城镇找工作难易（X1）、城镇务工每月收入结余（X2）、在城镇务工是否有稳定住所（X3）均通过显著检验，假设 1~假设 3 均成立。具体来看，城镇找工作难易（X1）对维吾尔族农民工城市融入有影响进一步证实了张晓颖、马旭等人的观点，即少数民族进入城市从迷茫到生存，到稳定，再到最终融入城市适应新的社会环境是一个漫长的过程，一份为日常生活提供保障的工作，决定了他们能否在城市生存。因此进入城市越容易找到工作，维吾尔族农民工越愿意留在城市，寻求发展。城镇务工每月收入结余（X2）在经济因素中回归系数最大，达到 0.3544。说明他们进城务工的目的很明确，一份稳定的工作可能还不足够，因为他们背负养家糊口的家庭责任，且在城市衣食住行、交往娱乐等方面都需要花钱，如果入不敷出不能改善家庭及自身生活现状又怎么能够融入城市。这正是本部分选取"每月收入结余"作为变量的原因，虽与班永飞、杨春江、李伟等学者在变量选择上有所区别，但笔者认为收入盈余比收入水平更能影响城市融入。与叶俊焘、石智雷的实证结论一致，在城镇务工是否有稳定住所（X3）对维吾尔族农民工城市融入的影响也较大，这里的稳定住所指居住在市民社区。居住环境反映了维吾尔族农民工日常交往范围。边缘化的居住环境意味着"聚族而居"，容易导致他们日常交往的封闭性与"内卷化"。而居住于城市社区有利于接触城市文化、拓展社会网络，进行自我调适，因而与市民在同一社区居住更有利于实现社会融合。

2. 社会接纳因素对城市融入的影响分析

是否在务工时受到歧视或人身伤害（X4）在 1% 的显著性水平下显著通过检验，假设 4 被验证，且在所选变量中绝对值最大，说明维吾尔族农民工并不是绝对意义上"经济人"，相比汉族流动人口，维吾尔族农民工可能更偏向于"社会人"，更加重视内心感受。有的研究者指出市民对农民工形象的贬低性记忆与"刻板印象"，导致市民在心理与言行上对农民工排斥、拒纳与刻意回避，给农民工造成了身心伤害，引发农民工的抗拒与惧怕心理，这在客观上阻碍了农民工对城市及市民的适应与认同，不利于农民工融入城市。但叶俊焘却得出社会排斥对汉族农民工城市融入影响不显著的结论，他解释这是因为几乎所有的农民工在城市都会经历歧视，但差异不明显，因此影响有限。导致这种结论上的差异可能是因为研究对象和接纳城市的包容性不一样。对维吾尔族农民工而言不仅要遭受"城乡歧视"，更面临"民族歧视"，这种排斥将他们隔离在城市社会之外，难以进入。是否有工资低或被拖欠现象（X5）负向显著影响维吾尔族农民工城镇永久居住信心，假设5成立。彭希义揭示农民工被拖欠工资不了了之的事例不胜枚举，与市民相比，维吾尔族农民工的权利意识淡薄表现在不知道自己有什么权利，即使知道也不懂如何行使权利。招聘企业常通过压低工资水平、拖欠和克扣工资、延长工时等方式侵害农民工的经济利益，对综合素质不高的维吾尔族农民工更是常态。经济利益受损在一定程度上制约了他们在城市久居的信心。这与石智雷"签订无固定期限劳动合同对农民工的城市融入有积极影响"的结论不同，变量是否与雇主签订劳动合同（X6）对维吾尔族农民工的城市永久居住信心没有影响，假设6没有被验证。一方面是维吾尔族农民工知识水平不高，认为合同是一种约束而不是一种权益保障，这揭示了维吾尔族农民工还没有将角色转换过来，仍扮演着喜欢相对自由的生产、生活方式的农民，而不是履行合同条款的城市工人；另一方面用工单位为了避免对农民工承担更多责任和担当也不愿意签订合同。双方出于不同目的，却达成了共识和默契，反映出维吾尔族农民工法律意识的淡薄和输入地政府对用工企业的社会监管不到位。

3. 文化交汇对城市融入的影响分析

维吾尔族人口流动的一大特点是：他们的流动不仅是单个人的迁移，而且是携带着自身丰富的民族文化一起，因此对维吾尔族而言，民族文化的适应才最能直接反应其对城市的认可程度。在1%的显著性水平下汉语交流是否困难（X7）通过检验，说明汉语交际能力对城镇永久定居信心有显著正向影响，假设1被证实。这一结论与多数学者达成共识，正如秦广强所言，使用共同语言将带来具有共同或相似心理认知的体验，从而在群体身份认同和群体建构过程中发挥作用。高向东（2012）证实了这种作用，他指出"在流入地以普通话为主要交流语言的比以家乡话为主要交流语言的农民工城市适应度要高"，而语言影响维吾尔族流动人口城市适应的最典型的例子就是维吾尔族农民工因普通话水平较低，直接影响到其自身在城市中的就业、交往等多方面的发展。因此语言不适容易引发维吾尔族农民工融入城市的系列障碍，可见提升维吾尔族农民工汉语水平是不容忽视的问题。是否存在清真饮食不便（X8）在5%的显著性水平下通过检验，假设8成立。与汉族农民工不同，维吾尔族农民工因信仰伊斯兰教而对饮食有"清真"的要求，饮食上的诸多忌讳给他们的城市生活带来了诸多不便，影响其在城市永久定居的信心。是否能如愿开展宗教活动（X9）未通过显著性检验，假设9未得到验证。这与高向东等、王振卯的研究结论一致，但与班永飞的研究结论有所区别。从描述统计分析可知维吾尔族农民工大多数在疆内城市务工，因此所务工的城市应该有相应的清真寺等，可以满足维吾尔族农民工宗教信仰活动的正常开展；另外有学者也指出少数民族流动人口的宗教适应有一个坚持与变通的过程，他们会相应对宗教信仰中某些不重要的内容做出改变，但不会完全摒弃。这表明宗教信仰是一种内心活动，即使没有清真寺也能进行，因此宗教活动能否如愿开展对维吾尔族农民工城镇永久居住信心并无显著影响。

（三）结论性评述

综上分析可知，城市融入并非是维吾尔族农民工一厢情愿的事，而应是供需双方的有机结合。尽管维吾尔族农民工为城市的建设创造了价值，但他们大多集中在技术要求低的行业，从事着劳动密集性工作，很难平等地分享到城市化发展的成果。可谋求生存发展的内在需要和改善生活质量的使命使他们毅然迈向了城市,获得了远高于农村的收入,但城市融入对于维吾尔族农民工而言并不乐观。主要表现在经济立足上虽然找到一份工作看似不难,但收入盈余并不高,住所也成问题;社会接纳上又因为民族身份而格外受到排斥和歧视,工资低或被拖欠的现象在维吾尔族农民工中较为严重;语言不通、饮食不便对维吾尔族农民工城市融入极其不利。为了消除"城乡差异"和"民族差异"的碰撞,促进维吾尔族农民工有效融入城市,应从以下三个方面改进工作。

首先,维吾尔族农民工应以开放的心态,接纳、学习城市文化,解放思想,与时俱进。一是注重日常交往中自身汉语交流能力的学习,努力塑造文明素养和提升非农技能水平,逐步实现由技术含量低的工种逐步向技术含量高的中高级工种过渡。二是维吾尔族农民工应树立法律意识,提高自身维权能力,做到"有法必依",积极主动维护自身合法劳动权益,可以通过报纸、电视等媒介实现知法、懂法、用法。也可通过行为规范的学习,强化遵法、守法观念。

其次,输入地政府应倡议市民给予维吾尔族农民工更多的理解和包容。一是纠正部分市民及社会管理部门对维吾尔族农民工的先入为主的偏见,在心理上认同、接纳维吾尔族农民工,充分尊重他们的劳动价值,尊重他们独特的风俗习惯和民族文化,搭建社区活动平台让农民工共同参与其中,加强他们与市民的互动联系,让他们充分感受到无差异的市民待遇。二是输入地政府要广泛落实人文关怀,加大对维吾尔族农民工的政策引导力度,落实政府职能,切实关心他们的生活状况,使维吾尔族农民工在城市创造价值的同时也能分享公共服务资源。三是加强对用工企业的管理和监督,充分发挥社会管理职能,实现"同工同酬""按时发放工资",保护农民工的合法权益不受侵犯。

最后,新疆政府在劳动力输出前要加大通识语言培训,采用干中学,学中干方式,提升农民工的文化素养;加快掌握实用技能能力的培训，有针对性开展岗位练兵活动，减少其融入城市生活的阻力。一是通过开展语言竞技比赛，开设相应的多类别、多层次的农村职业教育、技能培训来实现。二是鉴于农村与大城市经济落差较大，产业升级程度深，并且维吾尔族农民工多数倾向在新疆省内务工的实际，大力发展新疆县域经济，抓住内地 19 省市对口支援的机会，以产业援疆为支撑，集中转移一批劳动密集性产业，就地就近消化维吾尔族农民工县域内城镇就业。

第四节 外出务工动因及障碍因素综合分析

从表 5-15、表 5-18、表 5-21、表 5-24、表 5-26 的分析结果中，可看出尽管通过检验的各因素对农村维吾尔族富余劳动力外出务工意愿有显著性影响，但作用强度还是有差别的，故需根据标准化回归系数计算公式 5-5 得到各个自变量的标准化回归系数，按照系数绝对值大小进行排序，主要考虑前六位因素，见表 5-27。

表 5-27 动因及障碍因素综合分析

项目	变量	β 值	排序
个人禀赋、家庭特征、就业半径	老家距中心城镇距离	1.1781	1
	年龄	0.7908	2
	老家距打工地距离	0.6170	3
	学历水平	−0.1821	4
	性别	−0.1411	5
	交通是否方便	0.1048	6

续表

项目	变量	β 值	排序
绝对收入、务工成本、社会保障	返乡费用	1.0574	1
	进城费用	−0.7496	2
	家庭平均月收入	0.3693	3
	社会保障	−0.3519	4
	人身安全保障	−0.3427	5
	土地流转交易	−0.2361	6
务工途径、职业认同、城镇生活适应性	政府组织进城	1.3974	1
	社会亲情网络	1.2514	2
	自己进城	0.8675	3
	清真饮食不便	−0.3612	4
	汉语言交流	−0.2729	5
	工资满意度	0.1893	6
户籍制度、就业风险、就业环境	是否签合同	−0.3323	1
	自身就业能力	0.2631	2
	城镇就业条件	−0.2499	3
	对就业风险整体感觉	−0.2117	4
	对雇主信誉评价	0.1669	5
	在城镇永久定居信心	0.1545	6
经济立足、社会接纳、文化交汇	汉语言交流	−0.3490	1
	每月务工收入节余	0.3483	2
	务工民族歧视	−0.3469	3
	城镇是否有稳定住所	0.2679	4
	工资低或被拖欠	−0.2334	5
	清真饮食不便	−0.2114	6

数据来源：2012 年 1 月实地调研数据实证结果汇总。

个人禀赋、家庭特征、就业半径中，显著影响长期务工意愿的因素，按照影响强度大小（即模型标准化回归系数的绝对值，下同）排列依次为：老家距中心城镇距离、年龄、老家距务工地距离、学历水平、性别、交通是否方便。

绝对收入、务工成本、社会保障权益中，显著影响长期务工意愿的因素，按照影响强度大小，排列依次为：返乡费用、进城费用、家庭平均月收入、社会保障、人身安全保障、土地流转交易。

务工途径、职业认同、城镇生活适应性中，显著影响长期务工意愿的因素，按照影响强度大小，排列依次为：政府组织务工、社会亲情网络、自己进城、饮食习惯、汉语言交流、工资满意度。

户籍制度、就业风险、就业环境中显著影响长期务工意愿的因素，按照影响强度大小，排列依次为：是否签合同、自身就业能力、城镇就业条件、对就业风险整体感觉、对雇主信誉评价、永久定居信心。

经济立足、社会接纳、文化交汇中显著影响融入城镇信心的因素，按照影响强度大小，排列依次为：汉语言交流、每月务工收入节余、务工民族歧视、城镇是否有稳定住所、工资低或被拖欠、清真饮食不便。

本部分五个层次分析结果表明：个人禀赋中学历、性别对农村务工意愿有负向影响，年龄与务工意愿呈倒 U 型关系，就业半径对务工意愿有促进作用。绝对收入、务工成本、社会保障权益中对务工意愿有正向促进作用的因素有：返乡费用和家庭平均月收入；有负向作用的因素有：进城费用、社会保障、人身安全保障、土地流转交易。务工途径、职业认同、城镇生活适应性中对长期务工意愿有促进作用的是：政府组织务工、社会亲情网络、自己进城、工资满意度；饮食习惯、汉语交流对外出务工有负向影响。户籍制度已不再是影响务工意愿的关键因素，就业风险、就业环境中对自身就业能力和对雇主信誉评价对外出务工呈正向影响，是否签合同、城镇就业条件、对就业风险整体感觉对务工意愿呈负向影响。经济立足、社会接纳、文化交汇方面，对务工人员的城市融入有促进作用的是：每月务工收入节余和城镇是否有稳定的住所；抑制城市融入，产生负面影响的因素从强到弱的分别是：汉语交流、务工民族歧视、工资低或被拖欠、清真饮食不便。

综合来看，个体特征、收益保障、城镇适应、务工风险、就业稳定性五个层次的实证分析结果，充分呈现了外出务工决策的动因及障碍因素。由于所有的被解释变量都是在揭示外出务工决策这一因变量，因此，解释变量的影响强度可进行比较。按影响新疆农村维吾尔族富余劳动力外出务工决策最显著的前八个变量分别是：政府组织进城（1.3974）、社会亲情网络（1.2514）、老家距中心城镇距离（1.1781）、返乡费用（1.0574）、自己进城（0.8675）、年龄（0.7908）、进城费用（−0.7496）、老家距打工地距离（0.6170）。

第六章 新疆农村维吾尔族富余劳动力转移模式及路径

第一节 转移模式选择

20世纪90年代以来，新疆经济社会发展取得了巨大的成就，农业发展、农村进步和农民致富都表现出明显的发展趋势。尤其是西部大开发政策实施过程中，新疆农民、农村和农业发展都获得了良好的发展机遇。特别是2010年5月19日中央新疆工作座谈会的召开，决定19省市对口援疆，将中国最有活力的经济强省与新疆各地州结对子，使新疆少数民族集中连片区正在发生历史上最为深刻的变化。伴随着政策援疆、智力援疆、产业援疆的深入，在城乡协调发展和农村人力资源开发方面，也出现了一批具有一定代表性的典型地域和典型经验。总结和推广这些发展典型，对于促进新疆少数民族地区跟上总体社会发展水平和城镇发展水平，实现农村维吾尔族富余劳动力的大规模城镇就业，具有十分重要的示范作用。

一、转移模式选择的基本思路

(一) 尊重转移意愿

1. 外出务工的农村富余劳动力大部分选择在新疆城镇就业

从课题组605份有效调查问卷结果来看,男性在疆内就业的比重为68.8%,女性为41.4%,总体上疆内就业占比为58.7%。从和田地区调查数据结果表明,有92.7%的农村维吾尔族富余劳动力选择了在新疆本土就业,这充分反映新疆农村维吾尔族富余劳动力的异地就业地域倾向为新疆城镇。一是新疆城镇本民族的朋友多,比较有归宿感。二是语言交流起来也比较便利,容易建立和扩大社会关系;三是清真饮食很容易得到保障,生活上感觉更舒适;四是宗教文化相通,城镇的适应性高。总之,从生活习惯上看,维吾尔族在新疆城镇就业比较自在。

(二) 大部分人从事擅长的传统职业

新疆农村维吾尔族富余劳动力异地就业主要从事的是建筑、商贸服务业及餐饮业,这既是他们擅长的,也是他们喜欢的,比较而言,维吾尔族之间的同业竞争比较激烈,就业领域还比较窄。结合内地来新疆务工的135万人劳务大军的规模来看,新疆城镇就业的空间还比较大,但从工种分布上看,外省来疆的135万人大多从事建筑行业的技术工种,尽管维吾尔族也有较大比例从事建筑业,但多以普工为主,绝大多数不能胜任建筑行业的劳动力强度及技术工种要求。调查中发现,新疆农村维吾尔族劳动力拥有一技之长的人数非常有限,大多只掌握了从家族那里继承的手艺,相比操控现代化的机器效率而言低得太多,缺乏应有的竞争力。

(三) 大部分人不喜欢强纪律约束及机械性生活

由于长期从事农业，维吾尔族富余劳动力已经适应了农村的生活方式，节奏感比较缓慢，没有早九晚五的概念，有农活了集中一段时间突击完成，没有农活了，就约朋友在一起休闲玩耍。进城后无论是建筑业还是制造业都有很强的组织纪律性要求，面对冰冷的机器和不会说话的砖墙，他们感到很不自在，因此，对于异地就业工作比较容易找的建筑和制造业通常作为过渡，工作周期都不是太长，少则一个月，多则半年就会选择辞职，特别是已结婚的富余劳动力，在企业很难创造夫妻生活条件，因此他们频繁的变动工作就成为一种必然。

二、引导其走向城镇

(一) 认清非农就业能力不足

课题研究的结果表明：87% 的农村维吾尔族富余劳动力有外出务工就业的倾向，有 54.2% 的表现比较强烈的意愿，其中以未婚青年人为主，反映出他们进城就业意愿已经被唤醒，只是他们中的大部分人认为难以适应城市紧张快速的生活节奏。再加上语言、文化、宗教信仰、父母年老体弱需要照顾的困扰，表现出对异地就业的忧虑。留守还是外出务工搏弈的结果看似是生活习惯方面的原因造成的，而从 2013 年新疆季节性劳务输出达 272 万人次之规模，足以证明劳务创收提高家庭生活质量的愿望，但"离乡不离土"的劳务创收特征恰好证明了进城就业所需要的非农就业能力的不足，外出务工非农就业能力的缺乏已不容置疑。

(二) 强化异地就业能力

传统的家族传承的技艺就业面太窄，而多以手工业为主，已不能适应农村维吾尔族富余劳动力的规模性转移的需要，他们不仅要活跃在城镇的个体经营户领域，还应活跃在工厂、建筑工地等就业面广的领域，因此对其进行加工制造业及建筑技术培训，已然成为重中之重的工作重点。拓宽就业面，重点突破，保持传统优势领域的技术训练应成为农村培训下一阶段的方向。

（三）消除异地就业障碍

农村维吾尔族富余劳动力异地就业的主要障碍体现在四个方面。一是克服民族特质方面形成的不利局面，诸如语言沟通困难，清真饮食不便。二是就业地对维吾尔族务工者的排斥，表现在用工歧视，人身安全及城镇就业社会保障方面。三是制度设计方面的缺陷，如户籍制度，土地流转制度等。四是城乡统一的就业市场建设方面，如异地就业稳定的用工信息传递，政府组织外出务工及各种社会关系提供的就业机会等。

三、推广成功转移经验

（一）承认存在素质差异，形成梯队转移格局

农村维吾尔族富余劳动力整体素质不高，表现为文化程度普遍为初中以下，汉语言交流不畅，组织纪律性不强，务工技能缺乏。从样本数据中有30%左右的高中及以上的青壮年劳动力，可塑性是比较强的，这一部分较高素质的农村劳动力留在农村，从事低端的农业岗位不一定比低文化素质的当地农民强，将他们引导进城就业效果就不一样了。对于农村的40~50岁的人员，他们上有老，下有小，牵挂比较多，自身身体素质和精力有限，离家远距离外出务工就业已不现实，就近安置比较恰当。已外出务工就业的样本劳动力构成清晰地反映出他们外出务工的比例较低，

且长期外出务工信心不足。而维吾尔族青壮年农村富余劳动力表现出了较强的异地就业倾向。可以从年龄差异、文化差异、身体差异及汉语言沟通差异等方面区别对待，将有条件有能力的农村富余劳动力转向新疆的北疆或内地就业，将以上方面素质偏低的农村富余劳动力转向本地区中小城市就近就业，将偏好农业的劳动力引导到疆内劳务创收，依据层次及倾向形成梯队转移新格局。

（二）鼓励建立各类农业合作社，推动土地适度流转、产业集中的新机制

南疆三地州人均不足 2.5 亩的土地资源既不能带动农村致富，一定程度上还困扰着有意愿异地就业的农村富余劳动力。各级乡政府应积极建立农村土地流转市场，支持农村中的能人建立各种农业合作社，如瓜果合作社，棉花合作社，养殖合作社等，将农民分散的农业产业适度规模化，应用现代机械作业提高农业劳动生产率，解放出大量的富余劳动力，再经过技能培训走上外出务工就业之路，同时为产业的规模化奠定基础，为后续的城镇化、工业化及农业现代化创造条件，也为本地工业化发展提前储备好产业工人。

（三）学习借鉴农村劳动力转移示范县经验，推广应用成功转移路径模式

近十年来，在新疆维吾尔自治区政府的大力推动下，少数民族集中区的乡镇创造出了不少好的劳动力转移模式，如疏勒县政府组织的内地用工订制模式；库车县大石化产业发展带动模式，华孚色纺企业农村招聘少数民族农村富余劳动力模式；喀什地区政府组织的兵团棉区劳务输出模式；疏附县外出务工能人回乡创业模式等行之有效的案例，都为农村维吾尔族富余劳动力规模化

转移提供了有价值的参考。特别是南疆喀什地区的疏勒县政府将农村人力资源看做是县域内最大的财富资源，积极与内地企业联系，签定用工合同，打造劳动力转移品牌的主动出击的工作方式，值得推广。

四、抓住对口援疆机会，发展少数民族集中区的中小城镇建设

（一）产业援疆促进了县域经济发展，创造了就业机会

2010年5月，中央新疆工作座谈会召开，决定全国19省市开展对新疆各地区的对口援建，特别是安排广东、山东、浙江几个经济强省对口支援南疆维吾尔族集中区，在完善道路、医疗、学校等基础设施的前提下，积极引导本省企业在对口支援的地区进行产业投资，房地产业迅速崛起，围绕本地农业特色资源兴建的纺织厂、果品饮料加工厂、玩具厂、制鞋企业蓬勃发展。如伽师县广东嘉纳仕投资兴建的摩托车总装企业，年产规模5万辆，一期生产线能解决当地200人就业，项目全部竣工后，可提供800个就业岗位。如果广东的各项招商产业全部投产，至少可以解决当地4500多人的工作安置。同时，产业发展带来了县城第三产业的繁荣，间接解决就业人数不亚于二产带来的效应。

（二）智力援疆转变工作思路，农村人力资源转移开发成为重要的发展极

智力援疆以干部挂职及支教为主，内地援疆人才的工作方式，完全改变了以往地方政府等、靠、要的思路，通过广泛调研，各级政府在目标任务的驱动下，主动寻找发展机会，县级政府组织招商团队，积极向对口支援省进行招商宣传，密切联系对口支援

省的企业，为本县农村富余劳动力落实内地企业工作，如疏勒县拿出 1000 万元的财政收入投入到农村富余劳动力的转移工作中，技能培训、通识语言培训，为全县外出务工的农民购买意外工伤险，垫付单程路费，选派管理干部带队，远赴用工企业协助管理员工，及时解决用工过程发生的各类问题。智力援疆工作作风的改变，工作目标的确定，都显示出开展工作的针对性和主次轻重的不同。许多富余劳动力大县将农村劳动力转移工作提高到战略高度，将其看作是一项县域经济社会发展的长远谋划。

（三）文化援疆打好特色品牌，整体优化人才队伍素质

新疆少数民族能歌善舞，民族风俗特色鲜明，具有较强的文化吸引力。但开放创新不足，长期以来，县域内民族文化默守成规，新品新剧推出的少，难以形成市场氛围。通过将对口援建省份的先进文化传导，在合作创新方面和挖掘民族艺术宝库中，再次换发出青春活力。如，新疆刀郎县的十二木卡姆，疏附县的民族乐器制作坊都成为当地重要的旅游圣地，不仅丰富了县域内的文化，而且带动了当旅游经济的发展，提高了艺人的生活质量，促进了农村富余劳动力向县城转移。2013 年 5 月，新疆艺术学院与中央音乐学院合作的电视连续剧《阿娜尔罕》在中央电视台一套黄金时段播出，受到了社会好评，其中的角色都是由内地 22 所艺术类院校为新疆定向培养的艺术人才扮演的。近三年来，通过文化援疆，内地累计为新疆培训各类干部人才 35.9 万人次，选派 6735 名受援地干部人才赴新疆挂职锻炼，协调援疆省市高校定向招录 9496 名新疆籍学生，优化了新疆干部人才队伍结构，促进了整体素质的提高。

第二节 外出务工典型模式

一、疏勒县政府组织定制模式

毗邻新疆南部重镇喀什地区的疏勒县，是一个以新疆少数民族为主体的多民族集聚县，全县人口33万人，其中少数民族30.3万，少数民族占92%；农业人口28.9万人，其中农村劳动力6.4万人，占全县总人口的19%，耕地总面积60万亩，人均1.8亩，人多地少，生活贫困，是新疆典型的劳务输出大县。2002年为改变"三农"中的突出问题，县委县政府以农村富余劳动力转移为重点，以此作为脱贫致富的重要举措。富民最理想的出路就是从绝对数量上减少农民，但通过转移方式减少农民缺乏必要的条件，如务工技能、组织机构、经费支持都需要解决。为便于转移工作的开展，2003年县政府成立县农村劳动力输出中心，下设再就业办公室。机构组建后，当年组织了2000多名村民到农六师、农八师秋季拾棉花。2011年全县富余劳动力长期异地转就业达3000多人。

（一）发展劳务经济成为农民增收的重要渠道

受自然环境和历史遗留问题的影响，疏勒县经济增长方式单一，经济社会发展速度缓慢，是一个以农业为主的国家级贫困县。由于农村人多地少，加上农业生产方式改变和农业劳动生产率的提高，近年来，疏勒县的农村富余劳动力越来越多。2005年，被中组部确定的山东援疆干部担任县委书记后，把农村富余劳动力转移工作作为疏勒县新农村建设的一项重要举措。合理的配制农村劳动力资源，实现富余劳动力转移就业，将丰富的农村劳动力资源转化为经济优势，千方百计增加农民收入，成为援疆干部工作的着力点。2008年第六批山东援疆干部，时任中共喀什地委委员、疏勒县委书记——陈泽浦针对农村劳动力资源富余，生产要素中最积极最根本最活跃的因素没有得到充分发挥的现实，提出政府有组织的推动农村富余劳动力转移，2008年转移4600多人到疆外城镇企业就业，人均实现劳务收入467元，占全县农村人均收入的一成多，转移就业工资收入在农民收入中的比重明显增大，并成为农民增收的新渠道。

县政府经过连续3年的大力推动，2009年疏勒县疆外富余劳动力转移已进入有组织、成规模的新阶段。由政府接洽的内地用工主要分布在福建、青岛、浙江、广东等地，主要从事电子、制鞋、纺织、玩具、化妆品领域，外出务工多为当地历届高中毕业生，年龄在18~35之间，女性比例占到95%以上。年轻人好学，头脑灵活，思路开阔，接受新生事物快，组织性强，稳定性高，成为疏勒县劳务输出人员的主要特点，疏勒县也因此逐渐形成了鲜明的劳务品牌特点和优势。

疏勒县劳务输出中心是当地负责劳务输出的专职机构，该中心主任刘睿智介绍说，疏勒县劳务输出部门会同各乡镇，对劳动力进行摸底调查，掌握劳动力的年龄结构、文化程度、技能工种以及转移分布等情况，按照六项工作流程（劳动力登记、引导性培训、体检、资格审查、签定安全输出合作担保协议、办理外出务工证），严格把关，本着"培训一批，转移一批"的原则，将外出务工常识、基础汉语、民族团结教育等作为培训必修课，提高外出务工人员综合应对能力。同时每100名政府组织的外出务工人员配备一名懂汉语的管理人员和两名厨师，帮助用工企业开展管理工作，保证外出务工人员"送得出，稳得住"。

（二）消除负面影响，多措并举力保异地就业成效

自2009年"6·26"广东韶关事件发生后，境内"三股势力"在乌鲁木齐制造了"7·5"暴力恐怖事件，给全疆社会稳定造成严重影响，也给疏勒县劳务输出工作带来极大的负面影响。疏勒县多措并举，通过多渠道和方式，力保劳务输出和用工企业双安全。

首先，做好疆外务工人员的情绪工作，从县工会、妇联、劳动部门抽调骨干力量赴内地检查，掌握外出务工人员的工作情况，并向他们通报了"6·26""7·5"事件的真相，召开座谈会，了解他们的工作、生活情况和思想动态，教育引导务工人员不信谣、不传谣，遵守法律法规，坚持民族团结，维护社会稳定，坚决抑制境外的"三股势力"的反动宣传。

其次，疏勒县带队干部配合用工企业随时与务工人员交流，掌握务工人员的思想动态和行动去向，以防止一些别有用心的人挑唆滋事。县里组织输送到浙江的梦娜袜业的务工人员，自发为"7·5"事件的无辜受害者捐款，并将务工情况集体以书信方式向县领导汇报，表示将安心工作，学好技术多挣钱。

第三，疏勒县还认真接待来信来访者，做好外出务工人员的家属思想政治教育工作。针对务工人员家长情绪不稳，每天有务工家长来政府要求接回子女的，疏勒县劳务输出办工作人员，认真地向务工家属讲明事件真相，并通过赴内地工作组传回的视频影像资料打消务工人员家属的顾虑。劳务中心还组织乡镇支部书记、妇代会主任及务工家长代表亲赴用工企业实地参观，亲身感受务工人员的工作、生活情况。这些措施，及时稳定了务工人员的情绪，使他们继续安心在企业工作。

第四，为积极推动农村劳动力转移就业，县里为每名外出务工人员建立档案，为各类务工人员提供技能培训、就业指导等"跟

踪服务";并以劳务合同的形式与用工单位约定双方的权利和义务,严格监督用工单位兑现合同条款。免费为求职者提供劳动用工、权益保护等方面的援助,形成了多部门相互配合、齐抓共管的工作机制,有效解决务工人员的后顾之忧。

二、库车县石化工业园区建设吸引农村富余劳动力转移就业

阿克苏地区库车县是一个以维吾尔为主体的多民族聚居县,是新疆典型的资源富县,是国家"西气东输"工程的主要气源地、塔里木石油天然气开发的主战场。库车不仅是新疆重要的石油化工基地、南疆的煤炭、电力基地、旅游基地和南疆北部的中心城市,还是国家级优质棉基地、新疆的粮食基地和畜牧业基地。2003年县域经济综合竞争力位居中国西部百强县市第99位,2005年位居第24位,2011年位居第18位。2004年,被国家西部大开发组委会评为新疆经济增长速度最快、新疆投资环境最佳县市之一。库车"龟兹文化旅游景区"被自治区评为"新疆十佳名胜风景旅游区"。2010年、2011年连续两年被自治区人民政府授予"自治区招商引资先进县"荣誉称号。库车的经济社会发展,主要是近年来石油天然气开发的结果。总结库车的发展经验,可以看到在以能源开发带动地区经济发展中,政府引路,能源工业搭台,市场推动,城乡整体提升的发展模式,对农业和农村的内生发展起到了重要作用。由此吸引了大量周边农村富余劳动力进城、进园、进厂稳定就业。

(一)以资源开发促进经济发展

库车境内探明天然气储量为两万亿立方米,占塔里木盆地的90%以上;已探明石油储量15亿吨,占塔里木盆地已探明石油

储量的92%以上。全县已探明煤炭资源储量15.6亿吨，主要是气煤、焦煤和肥煤。国家西部大开发战略和"西气东输"工程的开工实施，使库车的资源优势和地缘优势日渐凸现，发展机遇日益显露。库车潜在的发展势头和发展地位，日益引起自治区、阿克苏地区的高度重视。自治区在"十二五"规划中把库车置于阿克苏地区优先发展的突出位置，规划部署了一批大中型能源化工项目。阿克苏地区"十二五"规划中，把库车列为重要的能源化工基地和东部区域中心城市，使库车逐步成为自治区、阿克苏地区经济发展中最具活力和潜力的重点区域。

以天然气开发为依托，库车实施了优势资源转换战略，在"十二五"期间实施了一系列促进工业发展的措施。为了吸引开发商，库车人算大账、舍小账，出台了一系列的招商优惠政策。以俄霍布拉克煤矿的开发为例（这个矿是西北地区保存最完整、储量最大、开采条件最好的煤矿），县招商团带着项目找到了开发商，洽谈持续了一年多，最后徐州方面提出一个条件：关掉现有的一个煤矿。这座煤矿刚刚改造完，政府前后投入了3000多万元。库车县果断决策，关掉了这个煤矿。结果引来了徐州矿务局2.3亿元投资。短短几年间，北京、辽宁、江苏、深圳、四川、浙江、山东、山西、陕西、甘肃等省市的大企业、大集团纷纷落户库车，投资领域涉及石油、天然气、煤矿开发、煤焦化、发电、棉纺和三产。通过招商引资，2010年到位资金15亿元，2011年到位资金30.88亿元。到2013年7月，全县重点企业已达29家。投资超过10亿元的项目有4个，投资1亿元以上的项目多达十几个。

工业发展加速的基础是集团化、规模化，为此，库车加快了工业园区建设。库车县委托中国石油和化工规划设计研究院、同济大学对50平方公里的化工园进行了总体规划。目前，已初步完成了化工园区一期18平方公里的路网、电网、水网、绿化、电信、污水处理、火车运输专线、园区防护林和道路绿化等工程建设。中石化塔河分公司250万吨扩建项目、鑫泰燃气、塔北液化气、宏桥石蜡精细化工、天山化工、雅克拉碳黑等一批化工项目已经建成投产。2013年,库车完成生产总值138.8亿元,同比增长10%,完成全社会固定资产投资120亿元、增长17.4%。实现地方公共财政收入27.48亿元。三次产业结构比例为14:59:27。经济技术开发区承载力持续增强,实现工业总产值244.6亿元,增长11.2%。第三产业蓬勃发展,华能商贸城一期建成运营,弘光国际汽车机电城、城市综合体和一批星级酒店快速推进,国民村镇银行、浦发银行正式营业,完成外贸进出口3000万美元,实现旅游收入8.95亿元。通过"十二五"的努力,库车正在从一个"农业大县,工业小县,经济弱县",变为一个"工业大县,经济强县"。

(二)以县域经济发展牵引农村富余劳动力非农就业

为了促进发展,库车确立了"十二五"期间"实现七个突破,建立八个基地和一个中心"的战略目标,即以油气开发和"西气东输"为突破口,把库车建设成为自治区新世纪能源后备战略基地;以石油天然气下游化工项目建设为突破口,把库车建设成为自治区重要的石油化工基地;以俄霍布拉克煤矿开发为突破口,把库车建设成为南疆的煤炭基地;以火电厂项目建设为突破口,把库车建设成为新疆的电力基地和南疆的电力枢纽;以龟兹文化旅游资源开发为突破口,把库车建设成为自治区的旅游基地、国家级旅游城市和历史文化名城;以水、土、光、热资源综合开发和生态建设为突破口,把库车建设成为生态与农业协调发展的国家优质棉基地、新疆的粮食基地和畜牧业基地;以撤县建市为突破口,促进库车市化建设和小城镇建设的发展,使城市建设上台阶、上水平,把库车建设成为南疆北部的中心城市。八个基地的建设,使库车能够充分依托独特的区位优势和丰富的资源优势,发挥人流、物流、信息流集中的优势，围绕基地和园区建设，着力打造优势产业群，加快工业化进程，以工业化推动城市化，城市化促进工业化。

在市政建设中，库车以道路、住宅、市场、供水、供热、供气、园林绿化为重点，使城市功能日趋完善。目前已经建成占地6万多平方米的龟兹文化广场；开发建成杏花路商业园、新世纪商贸城、农贸综合批发市场和天山小区、金天花园、东方花园等一批商贸住宅小区，集中供热、天然气入户工程已启动运营，使县城建成区面积达38平方公里；绿地面积达720.3公顷，绿化率达36.89％；投资5000万元建成县高级中学，投资1200万元建起了县门诊大楼，使城市设施不断趋于完善，城镇功能得到发挥，城市对广大农村的发展带动作用也日益显现出来。

2013年8月，库车县金石沥清一名青年员工麻木提·吐尔地幸福地对采访的记者说："我以前是在外地务工，如今一回到家乡就地进厂领工资，在家门口就业了。"目前，在该县像他这样在本地务工解决就业的农村富余劳动力就有近3000名，人均月收入1800多元，为促进农牧民增收，加快推进新农村建设步伐夯实了经济基础。

多年来，库车县围绕工业强县的发展思路，依托丰富的石油、天燃气、煤炭资源，吸引了很多大集团大企业落户库车。仅青松水泥、华锦大化、新石化、塔化等企业就吸纳了近5000名农村富余劳动力进厂"领工资"。

同时，为使农村富余劳动力在进入企业务工前掌握一技之长，提高在务工中的含金量，该县整合资源，充分发挥县劳动力转移办公室、职业技术学校等培训主阵地作用，大力开展农村富余劳动力转移培训工作，重点培训电焊、电工、农机维修、烹饪、建筑等实用技术，使农村富余劳动力掌握1至2门实用技术，并给他们颁发了"技术职称"，为农牧民顺利进城、进厂稳定就业打下了坚实基础。

（三）以市场推力提高农民综合素质

在市场发展推力作用下，库车农民素质有了较大的提高。为了生产能够满足市场需求的、效益高的农产品，农民的科技学习积极性空前高涨，不仅年轻农民积极接受科技教育，而且出现了71岁农民积极要求参加科技培训的喜人景象。为了适应这一转变趋势，库车县从财政收入中累计投入1300余万元资金，兴建了胚胎移植中心、科技示范园和农民科技培训中心等一批"科技兴农"性工程，在县乡村建立了近30余处大小不等的"科技兴农"示范点，建立科技示范乡（镇）4个、科技示范村50个、科技示范户6000余户。通过强化培训，全县已有2400余名农民获绿色证书，全县90%以上的农村劳动力和返乡青年，都接受过2次以上较为系统的农业科技培训。2013年，全县开展农民技能培训班400余期，累计培训9.67万人次。2011年，开展农村富裕劳动力技能培训，累计投入资金320万元，培训农民7.04万人次。仅设施农业一项，连续两年每年投入专项培训资金80余万元，累计系统培训农民技术员600余名。全县科技三项费用超过1000万元，开展科技推广项目30个。依靠科技进步，全县粮、棉、杏等大宗农产品已连续多年获得高产稳产，广大农牧民运用良种良法和专业劳动技能，从事农业生产及劳务创收的自觉性和积极性普遍提高。目前，库车农民已经具备了针对市场需要加强学习的观念，已经具有了很高的科技培训积极性，也具有了根据市场需要优化产业结构的积极性，自我组织能力正在不断增强。

综上所述，库车能源产业园开发模式的核心是市场的作用。充分利用市场提供的发展机会，促进城镇发展，支持农业生产结构调整，促进农民自身素质的提高。这在目前新疆广大农牧区，特别是南疆经济发展落后地区具有一定的代表性。而库车发展模式则是地方资源禀赋优势促使企业自主开发，政府利用企业开发提供的财政能力和市场空间，积极引导促使地方发展。由于优势资源的储藏地一般都在农牧区，因此，资源开发首先带动的是农牧区发展，资源开发提供的发展机会也比较多的留在了农村，从而使资源开发能够为农村人力资源的开发提供良好的发展基础，能够带动农村人力资源的持续发展。但是这一模式能否成功运行的关键，一是政府引导十分重要，二是要能够将资源开发的辐射能力留在当地，特别是要能够在资源开发中促进农业结构及时转型，充分利用资源开发的引领作用。

三、华孚色纺企业面向少数民族农村富余劳动力招工模式

面对东南沿海地区各种资源紧张，劳动力成本不断攀升的现实，大部分劳动密集型企业开始将产业链向西部或海外劳动力成本或资源相对便宜的地区转移，在这种背景下安徽华孚色纺集团公司从2006年开始将产业链向新疆转移。在发展的过程中为了让企业能够获得长期可持续发展机会，员工本土化是必须要面对的，华孚色纺第一个新疆工厂就位于新疆阿克苏地区，对外称新疆华孚纺织有限公司。为紧紧抓住新疆棉花特色资源优势，2007年又收购了石河子市和五家渠市的棉纺企业，组建了华孚色纺石河子公司和五家渠公司，规模达25万锭。作为劳动力密集性产业，薪酬相对于其他产业要低一些，因此，华孚在新疆的三家公司都面临着本土员工招聘难的问题。2008年，公司高层决定面向新疆农村少数民族招收产业工人。

（一）华孚色纺阿克苏公司投产顺利，少数民族员工幸福指数高

公司位于新疆阿克苏市郊，占地面积548亩，生产规模达8万锭，总建筑面积9.52万平方米，总投资13000万元，是阿克苏地区招商引资的重点企业和扶优扶强企业。公司年产色纺纱10000吨，员工700余人，2011年完成营业额3.17亿，上缴税收2000万元。由于阿克苏地区农村有大量的富余劳动力，公司招聘培训新员工比较顺利，加之在农村农业收入偏低，进企业旱涝保收，干一年相当于当地农民收入的6倍收益，且离家近，同亲戚朋友交流方便，企业中的600多名当地少数民族农村招募的员工相当稳定，企业也取得了优异的经济效益。在同企业员工访谈过程中，调查人员能够感受到少数民族员工对现在工作的珍惜和满足，表现出较高的幸福指数。

（二）华孚色纺北疆公司少数民族员工流失率高，稳定性偏低

2012年8月，课题组对华孚色纺五家渠和石河子公司进行了实地调查，以石河子公司为例，截至2012年8月10日，公司共向新疆各地区招聘少数民族员工54人，其中男16人，女38人；从民族成分上看，回族10人，哈族16人，维吾尔族25人，东乡族3人。少数民族员工在一定程度上解决了企业短期用工紧张的局面，公司给员工支付的月薪酬在2200~2800元之间，高于南疆阿克苏公司，但在北疆这一薪酬水平并不具备竞争优势，公司人力资源部门基本是全年12个月，月月都在招聘员工以满足公司发展需要。较汉族员工来讲，农村少数民族员工相对好招，但少数民族员工的频繁离职，管理上也带来了不小难度，最突出问题就是部分少数民族员工完全不遵守劳动纪律。喝了酒后，无故

就不来上班了，造成生产线上经常性停机，影响了企业生产进度。同时，酒醒后，不打招呼又来上班，心中丝毫没有组织纪律概念，用管理制度扣罚工资后，又纠缠不休。在少数民族管理上，企业管理部门费了不少心思，如严格禁止在厂区宿舍内喝酒，一经查实到培训中心学习班学习一天；采用民族班组小组长负责制，哪个小组出勤率低，小组长要扣罚绩效工资，形成时时有人管理，处处有责任。由于管理比较严格，少数民族员工通常干不到四个月，就申请离职，结果是刚熟练操作有了生产效率，员工又产生变动，需要再一次进行岗位操作培训新员工这一被动局面。

（三）使用少数民族员工，有利于巩固新疆纺织产业龙头地位

尽管少数民族员工较汉族员工管理难度要大，而且生产效率略低一些，但公司管理层立足于本土员工的决心没有动摇。一方面是在新疆少数民族地区办企业需要政府提供原料、税收优惠及外贸许可证便利，解决新疆少数民族员工就业可以拉近与政府的关系；另一方面，少数民族员工也可发挥自己的长处，如能歌善舞有利于企业文化的丰富，适当地安排一些门卫及巡视岗位，少数民族员工比较坚守原则，最重要的是相比少数民族农村的家庭低收入，少数民族员工对薪资待遇比较能接受，只是当农民自由散漫惯了，养成遵守纪律，接受厂规约束需要的周期比较长。依据华孚色纺的经验，专门培养造就一批少数民族基层管理骨干，用文化相通的本民族干部来管理不失为一种有效的方法。

（四）依靠少数民族集中区的人力资源和社会保障局，选拔品学兼优的员工

新疆华孚色纺公司管理层严格遵循总公司的指示，保持与

少数民族集中区人力资源与社会保障局的密切联系，按照公司的发展计划，将用工信息及条件及时发往少数民族集中区，通过各县人社局的岗前培训和选拨推荐，录用到企业的少数民族员工明显好于社会市场招聘，同时，企业还请求用工多的县派驻管理干部协助管理。通过几年的摸索实践，现在这一方式得到较好的贯彻落实。目前在新疆华孚色纺企业工作的农村少数民族员工已达700多人，成为企业发展的重要推动力量。而且经过企业的培训，有部分少数民族员工已走上领导岗位，少数民族员工正逐步适应了企业有规律的生产、生活节奏。

四、南疆优秀打工代表回乡创业带动就业模式

阿斯木古丽·阿不都克热木是疏附县乌帕尔乡百西瓦村的一个普通农民，2006年7月，高中毕业的她赴天津市兰奇手套厂务工。在3年的务工生涯里，她克服了语言关、技术关、生活关，虚心向汉族师傅请教，勤学苦练，在同来的260余名新疆少数民族姐妹中脱颖而出。特别是她主动帮助其他新疆少数民族青年学汉语、提高技艺；时常就新疆少数民族员工如何管理给公司提出一些好的意见和建议，积极主动配合公司管理人员开展各项工作。进厂四个月后，她先后被破格提拔为烘箱员、品质检验员、班组长。她因务工表现突出，2007年被评为天津市劳动模范，同时被评为"天津市开发区、保税区优秀建设者"；2008年5月荣获天津市总工会授予的"五一"劳动奖章和荣誉证书；2008年11月16日被国务院农民工工作联席会评为"全国优秀农民工"；2009年5月被自治区团委授予"五四"青年奖章；同年6月被自治区宣传部评为"感动新疆十大杰出青年"；2010年5月被评为全国劳动模范，全国"五四"青年奖章。2009年8月合同期满返疆，同年10月16日积极担任广东兴鹏鞋业有限公司务工人员的领队，

2010年10月完成带队任务返回喀什地区疏附县创业。年青的阿斯木古丽·阿不都克热木，用自己的勤奋与执着，书写出绚丽的人生篇章。

（一）外出务工争做优秀员工，改变家庭命运

阿斯木古丽·阿不都克热木家人口多，底子薄，全家人守着几亩薄田生活，家境贫困，可以说是新疆农村维吾尔族富余劳动力的典型代表。17岁的阿斯木古丽·阿不都克热木以优异的成绩高中毕业，面对家庭现实的窘境，在得知县里组织初高中毕业的农村女青年到天津务工的信息后，她克服来自传统和家里世俗观念的束缚，做出了艰难的选择，毅然报名成为务工队伍中的一员，来到了现代化的滨海城市——天津。

第一次走出家门、离开父母，面对一个新奇而陌生的世界，摆在她面前的是三大难关：语言关、生活关、技术关。面对这些困难，她没有退缩，深信只要不怕吃苦，就一定能闯过难关。她深知要干出成绩，必须掌握过硬技术，才不会被激烈的市场竞争所淘汰。

要想学技术，必须先攻克语言关。她立即着手从基础的日常用语学起，一有空就参加公司的汉语培训班，并找带队老师苦练汉语对话。功夫不负有心人。一个月后，她已经能用汉语和班组组长进行基础对话了，技能测验中她的成绩也总是最好的。她一边学习汉语一边学习操作技术，很快就从同来的260余名新疆少数民族姐妹们中脱颖而出。

看到一起来的姐妹因为汉语不过关，在工作、学习中很吃力，她自觉做起了义务辅导员，主动帮助她们学汉语，使同去的姐妹们的汉语会话水平也有了很大的提高。阿斯木古丽·阿不都克热木迅速成为新疆务工姑娘中的"领头羊"。经过几个月的刻苦努力，她高标准地掌握了公司的脱膜包装业务，先后被破格提拔为烘箱

员、品质检验员、班组长。由于她的勤奋好学，她仅用4个月的时间就成为了一名组长，而一般人则需要两年时间。

两年时间里，她用自己打工的钱为家里添置了拖拉机、洗衣机、冰箱、电视机，承担了弟弟妹妹的学费，减轻了家里的负担，成为村里人的骄傲，在她的影响和带动下，家里和村里的年轻人普遍有了外出务工的打算。

当了生产部脱膜包装组组长的她，认真带领班组成员苦练技术，在不到一年的时间，她带的团队中的大多数员工成为公司的操作能手。同样的任务，在所有班组中总是勇夺第一，提前完成任务。2007年度，她带领的生产部E组被滨海新区工会评为"学习型班组"。她本人也被评为"建功立业"活动优秀建设者。公司对以阿斯木古丽为代表的新疆务工姑娘给予了高度评价，公司能实现1.2亿元的销售收入，和新疆员工的努力是分不开的。

（二）回乡创业，做敢于担当的维吾尔族农民的带头人

疏附县是较早开展新疆农村富余劳动力转移工作的县市，在得知县里要组织一批农村青年去广东务工的消息时，阿斯木古丽·阿不都克热木积极担任这批务工人员的领队，带着家乡100余名维吾尔族姊妹南下广东闯世界，她成为当地乃至自治区农村劳动力转移大军的一面鲜艳的旗帜。

作为一名有思想、有觉悟、有技能的到内地务工的新疆年轻人，2010年8月，她完成带队任务回到家乡，看着身边的许多姐妹没有工作赋闲在家，她决定带头创业做回馈社会的领头人。她深入县城周边和各乡镇，广泛调研，深思熟虑后，在县城开办了两家移动、联通营业网点，通过近一年的经营，两个营业网点实现较好的收益。2012年7月，她又增开了6家乡镇营业网点，共安置了16位当地农村富余劳动力就业。一个曾经带着改变家庭

梦想的少女，几年时间成长为一名心系同乡带领大家共同致富的领头人。

（三）以身示范，争做民族团结的楷模

阿斯木古丽·阿不都克热木虽然只是一个打工妹，但她时时把社会责任放在心上。2009年7月，她在天津务工合同期满回到家乡，了解到境内外"三股势力"借"6·26"事件歪曲、诋毁党的劳务输出政策、破坏民族团结和社会稳定时，面对严峻的社会形势，她更意识到自己担当的责任，她主动向乡政府要求，用自己在天津务工的现实生活和工作揭穿"三股势力"的丑恶谎言，并自愿报名参加了地区和县上组织的民族团结宣讲活动，向广大群众讲清"6·26"事件的真相，同时用自己在内地外出务工的亲身经历，讲述国家对口支援新疆的政策，讲述勤劳致富改变家庭经济状况的事实。在回乡的短短几个月时间里，她奔走在各县市、各乡镇村，向农民群众宣传劳务输出的好处，激励大家共同抵御境内外"三股势力"的破坏活动。在她的真情实感的感召下，村民打消了外出务工的顾虑，年轻人外出务工的积极性高涨，越来越多的农民工认识到外出务工是增加收入最直接、最有效、最便捷的途径。她以自己的亲身经历和实际行动戳穿了"三股势力"的丑恶谎言。

安宁和谐稳定的政治环境是新疆长治久安的助推器，全疆人民大团结才能促进新疆的大发展，这期间像阿斯木古丽这样优秀的打工者，他们不仅是家乡企业创业致富的带头人，同样是民族团结的楷模，新农村建设需要千千万万个阿斯木古丽·阿不都克热木。有了她们的存在，新疆一定会成为人们想往的热土。

五、兵团劳务输出模式

（一）疏勒县市场化运作季节性劳务输出

2012年7月，南疆兵团棉花即将进入成熟采摘期，疏勒县劳动力转移办公室抓住兵团团场大面积棉花采收这一巨大劳务市场需求，积极与附近和周边兵团团场及种棉大户联系，并于7月底发出邀请函，邀请各团场负责人和种棉大户参加疏勒县季节性劳务输出洽谈会，洽谈劳务输出相关事宜，加大农村富余劳动力转移力度。

与以往不同的是，以前在进行季节性劳务输出时，该县是各乡镇各自为战，乡镇与团场或种棉大户联系，因为是"上门推销"，没有"货比三家"，一般对方给付的酬劳价格较低，即使在棉花价格最好的时候，拾花工酬劳价格最高也才达到0.8元/公斤，一般在0.7元/公斤之间，农民吃亏较大。

针对这种现状，今年，该县劳动力转移办公室尝试改变劳务输出方法，走市场化运作之路，采取"先请进来，再坐下来谈，报价竞标"的方式，即把需求方请过来，供需双方见面，并让需求方各自报价竞标，劳动力转移办公室确定报价最高的一家作为劳务输出合作对象。该县劳动力转移办公室主任、县人事局局长赵春华说，我们看到了团场季节性劳务工的巨大市场需求，以全县为单位，统一进行劳务输出，在扩大输出规模的同时，规范输出渠道，避免对方压价，使农民在最大限度上获得最多利益。

8月12日，在疏勒县季节性劳务输出洽谈会上，兵团农一师、农三师的7个团场负责人和种棉大户纷纷报出给拾花工的酬劳价格，最后，农一师二团以采摘陆地棉1.05元和长绒棉1.25元的酬劳价格优先与疏勒县签定首批5100名拾花工的季节性劳务输出合同。按照拾花工1.05元/公斤的酬劳价格，以一个人每天最低拾花35公斤计算,75天的拾花时间,5100人平均每人可增收2646元左右,这一收入已接近该县人均纯收入的60%,劳务创收为农民增收的贡献可见一斑。

(二)和田县立足存量,劳务输出增效益

劳务输出是自治区为了解决广大农牧区富余劳动力,提高农民收入而采取的主要政策之一。由于人多地少,和田县也面临大量富余劳动力的问题。在发展经济的同时,和田县坚持把劳务输出作为增加农民收入、发展农村经济、推动社会主义新农村建设的重中之重来抓,使劳务创收大幅增长。到2006年6月,全县输出富余劳动力12740人,创收1244万元,实现人均创收976元,撑起农民增收"半边天"。

为了促进富余劳动力外出转移,县乡各级政府积极教育和引导农牧民、下岗人员和无业人员转变思想,更新观念,走出家门,离土离乡,开辟就业岗位和创收途径。为了促进这些人员转移,一是树立大劳务、大流动、大收入的意识,按照远近结合,以近为主的办法,建立党委政策引导、政府信息服务、部门组织参与、农民投劳创收的劳务输出新体系,切实加强政府对劳务输出的组织和协调。二是利用横幅、标语、广播、电视等宣传媒体大力宣传农村劳动力转移的重大意义,营造了"人人关心劳动力转移,人人参与劳动力转移"的强烈氛围。三是广泛开展劳动力资源摸底调查,健全劳务输出网络,做到底子清、情况明,广泛搜集劳务用工信息,保证富余劳动力能够出得去、留得住、挣得上。四是充分发挥县乡党校、农广校、职业技能培训学校的作用,多渠道开展各种实用技能培训。截至2012年10月已培训富余劳动力1400人次,有效提高了富余劳动力的劳务技能和劳务输出成效。五是鼓励农民以股份形式合作外出经商,壮大营销队伍,鼓励有外出打工经验的集体和个人用传、帮、带的办法,放眼寻路,放

胆赚钱。六是建立和推广了"有需即供、有求即应、有务即劳"的劳动预备制度,实现了富余劳动力转移由无序流动向有序流动发展,促进了劳务输出收入成倍增长。2012年,全县累计输出富余劳动力38049人次,创收5739万元,农业人口人均增收120.6元。

从近十年来和田县的经济状况变化看,人均耕地面积变化不大,1995年为1.33亩,2000年为1.55亩,2012年为1.32亩;但GDP和财政收入变化很大,尤其是近3年,GDP分别增长了11.24%、12.67%和13.24%,财政收入分别增长了32%、29%和35%,相应地农民人均纯收入分别增长了25.33%、22.07%和29.24%,劳务创收对县域经济增长发挥了持续的正向作用。

第三节 转移路径选择

新疆农村维吾尔族富余劳动力转移类型包括:"离乡又离土"外出到城镇非农就业性转移;"离乡不离土"劳务性转移;"离土不离乡"就近转移。具体有六种转移路径:一是有组织的将青壮年富余劳动力转移到新疆和内地城市;二是通过发展县城城市化建设和乡村建制镇建设,发展本地集体经济,同时,加大招商引资力度,吸收外部企业落地,就近转移吸纳富余劳动力;三是借助对口支援机遇,扶持能人创办民族特色经济实体,带动富余劳动力就业;四是利用少数民族集中区沿边区位优势,发展边贸,搞活流通经济,扩大增强境外劳务输出;五是政府购置公益岗位,消化农村部分40~50岁缺乏就业竞争力的弱势群体就业;六是积极组织动员农村存量富余劳动力向周边兵团季节性输送劳动力,增加劳务创收,缓解农村就业压力。

一、有组织地将青壮年富余劳动力转移到疆内和内地城市

新疆农村维吾尔族富余劳动力已然形成了规模庞大的队伍,在城镇化发展滞后,当地县域经济吸纳能力有限的情况下,积极推动外出务工是一个不二的选择。将最具活力的农村青壮年劳动力成规模的转移出去显得非常迫切,而且青壮年劳动力也有这种需要。考虑到"7·5"事件的影响,由政府同对口支援的省市进行对接,是当前最为现实的选择。这种订单式转移就业是让最具活力的农村维吾尔族青壮年尽快接触到快速发展的现代工业文明的最佳途径。需要强调的是,转移到疆内和内地城市就业的劳动力,融入城市是困难的,研究结果表明:有长期在城市打工打算的青壮年并不多,而且信心也不足,主要受制于文化差异、民族习俗差异及城乡差异的影响。因此,到疆内及内地大中型城市务工仅是一种过渡形式,最终还是要回归本地小城镇稳定就业的。但这种过渡有着极其重要的意义,打工者能将城市现代文明素养带回来,为不久的将来本地城镇化发展积聚力量。所以,做为过渡形式的"离乡又离土"的非农转移就业应给予高度重视。

二、大力推进县城城市化建设和乡村建制镇建设

从理论上说,在非农产业的发展过程中将自然形成城镇,即城镇成为非农产业发展的载体;另外农村富余劳动力转移说到底也就是城镇化的问题。就新疆目前的情况而言,城镇化不可能在一朝一夕完成,而城镇化的目的不是要将新疆变成城市一元化,而是城乡一体化,即将城镇作为城市和农村之间的纽带。因此,无论从由浅入深的转移过程还是城镇化进程的需要来看,中小城镇将成为对农村富余劳动力最具吸纳弹性的缓冲地带,是彻底解决农村富余劳动力的蓄水池,是农村维吾尔族富余劳动力的最终

归宿。

事实上,在城市的劳动力都开始出现富余问题的背景下,盲目地把农村富余劳动力往城市搬只会引起城市的拥挤与混乱。因此,在发展城镇过程中应调整思路,扬长避短,发挥农村当地优势。尤其需要在政府的引导和相关政策、制度的支持下,利用回流的外出劳动力的物质资本、人才资本的社会资本,办有自己特色的乡镇企业,大力吸收本地未转移的富余劳动力,发扬"传、帮、带"精神,引导他们实现劳动力素质的提高,进而引导整个农民素质的提高,最大限度地解放农村生产力,降低劳动力进一步向城市转移降低风险,最终形成"向城市转移—部分回流—发展城镇—生产力解放—整体素质提高—向城市转移"这一良性循环,进而为农村生产力的提高产生源源不断的拉力。

三、扶持能人创办民族特色经济实体

新疆有丰富的民族特色产业,如民族服饰及民族工艺品、民族特色餐饮、哈萨克族的刺绣、维吾尔族医药、维吾尔族地毯、和田玉器和丝绸等。新疆发展地方特色、民族特色的产业,具有良好的基础,是提高城乡居民收入、促进就业最直接最有效最现实的途径。政府可通过完善交通、水利、电力和工业园区等基础设施建设,积极扶持当地能人兴办这些有特色的民族产业。一方面把村上的"能人"给挖掘出来,发展劳动密集型的小工程、小项目,让老百姓就近就地就业,尽量的让村上的老百姓都能够有事情干,都能够有钱挣。例如在新疆开展访民情、惠民生、聚民心活动以来,自治区各级党委建立创业扶持引导资金,想方设法鼓励村级能工巧匠创办经济实体,多渠道促进农村富余劳动力就地就近转移就业。另一方面就是要发挥农村中介组织和农村经纪人的作用。他们熟悉情况、信息灵通,群众信任,有一定的组织管理能力,尤其是他们能利用地缘、亲缘广泛的人际关系,具有

较强的带动力和亲和力。农村中介组织和农村经纪人（专业大户）一般采用"市场+中介组织+农户"和"市场+经纪人（专业大户）+农户"的模式从事活动。在这种模式下，一个组织、一个经纪人（专业大户）联系着若干户农民，少的十几户，多的几百户、上千户，增强了众多农村劳动力生产活动的连续性，有效地促进了农村劳动力的就业。因此要积极鼓励支持涌现出更多的农民经纪人（专业大户），发挥出政府和部门不可取代的作用，让更多的农民外出开展劳务创收，增加收入。同时，积极对接对口扶持省市，将先进的管理经验引进来，制定优惠政策吸引国内外企业、技术、资本和人才，加快产品品牌建设，积极开拓国内外市场。通过营造良好的社会环境和人文环境加快特色产业发展，进而推动新疆城镇化的发展。

四、搞活边贸，增强境外劳务输出

2013年9月，习近平总书记在哈萨克斯坦纳扎尔巴耶夫大学演讲时提出共同建设"丝绸之路经济带"的战略构想。丝绸之路经济带是在当今全球政治经济格局出现新变化，发达经济体经济陷入低迷，新兴经济体实力逐渐上升，世界经济力量对比发生明显变化的新形势下，提出的一个重大战略思想。新疆既承接我国向西开放的桥头堡作用，又担负着连接和建设这条经济带的重要使命；既是面向国际、国内两大市场的重要舞台，又是充分利用国际、国内两大资源的重要阵地，具有无可比拟的地缘区位优势。

新疆沿边有霍尔果斯、阿拉山口、都拉塔、红其拉甫等14个国家一类口岸。霍尔果斯口岸是西北地区最大的公路口岸，具有年过货能力200万吨、过境人数300万人次的通关能力。阿拉山口是西北最大的铁路口岸，年过货量达2000万吨。全区劳务输出主要分为三类：普通工人、专业技术人员和管理人员。目前仅以劳动密集型行业为主，普通工人占70%，专业技术人员和管理人员仅为30%。随着新丝绸之路经济带的建设和中亚市场的开拓，搞活边贸，加强与周边贸易往来，境外劳务输出的需求将进一步扩大，新疆农村富余劳动力应利用这一有利机遇，增强境外劳务输出。

五、政府购置公益岗位，县域内消化农村40~50岁的劳动者

农村40~50岁的劳动力，无论是体力还是智力都不具备竞争就业的优势，用市场自由竞争方式实现转移就业，投入产出是不对等的，也是不公平的，因此，在南疆三地州政府可以通过购买公益岗位，解决部分农村40~50岁的劳动力。如城镇道路绿化保洁，社区家政服务等，一方面城镇有这些方面需要，也是提升城镇形象的绿化亮化工程；另一方面也可充分体现政府惠民生的具体行动。

六、积极组织季节性劳务输出

新疆的农村劳动者就业存在结构性失衡。一方面新疆有210多万的富余劳动力；另一方面新疆又有130多万人外省份务工者。同时，每年7—10月，在蕃茄、棉花收获季节，又短缺大量的劳动力。南疆三地州大量的富余劳动力完全可以在兵团主产棉区和蕃茄主产区大显身手。维吾尔族集聚区政府可以创新劳务输出形式，开展政府对接，公开竞价方式同劳动力需求方达到用工协议，这一方面喀什地区部分劳务输出示范县已经有所行动，取得了良好效果。

第七章 新疆农村维吾尔族富余劳动力外出务工思路与配套措施

第一节 扩大就业的总体思路及原则

一、转移就业的总体思路

就业诉求尊重与引导并重，外部输出与内部消化相结合，中短期流动与长期稳定就业相呼应，以非农就业能力塑造与消除城镇排斥为突破口，以小城镇建设与集体经济发展为重点，以制度激励为保障，以中小城镇建设为平台，以农村人力资源开发为抓手，以强化服务管理为宗旨，以对口支援为契机，围绕富余劳动力就业增收目标进行综合配套改革，将新疆农村维吾尔族富余劳动力引向城镇现代化建设的轨道中。

二、扩大转移就业的基本原则

（一）坚持以人为本，改善民生

以人力资源迁移开发为重点，把保障和改善新疆农村维吾尔族富余劳动力就业环境作为根本出发点和落脚点，解决维吾尔族农民最关心、最直接、最现实的利益问题，完善配套服务指导农民工就业的公共服务体系，使外出务工的维吾尔族共享发展成果，充分感受祖国大家庭的温暖。

（二）坚持政府主导，社会参与

强化政府主导作用，充分发挥市场机制作用，加强对口支援，组织经济较发达地区加大对新疆维吾尔族集中区的农民非农就业的对口帮扶，鼓励和引导社会各界广泛参与，激发维吾尔族群众挖掘自身潜力和发挥主观能动性，自力更生、艰苦奋斗，共同创造美好生活。

（三）坚持因地制宜，梯次推进

尊重新疆维吾尔族农民的就业诉求，引导维吾尔族农民广泛参与到外出务工，增加经济收入的行列。充分考虑新疆维吾尔族农民的文化特点、素质差异、地域特征和发展水平，实事求是、突出重点、体现特色、梯次推进，各有侧重地"夯基础""提素质""促就业"。

（四）坚持深化改革，强化服务

高度重视新疆维吾尔族农民就业困难的现实，用深化改革的方式解决积存多年的问题，在户籍、土地流转、社会保障等方面深化改革，消除维吾尔族农民非农就业的顾虑。强化服务指导，建立专门的服务管理机构，为非农就业的农民工提供有效的帮助，保护他们用劳动创造价值的积极性，营造城乡协调、各民族团结共处的和谐社会。

第二节 关于外出务工政策措施的几点思考

一、消除外出务工顾虑，实施有效的制度激励

（一）深化户籍改革，建立城乡一体的居住证制度

我国当前的户籍制度是计划经济的产物，是造成城乡不同身份、就业、教育、医疗、社会保障、公共服务差别化的元凶。这种城乡分割的户籍制度不仅限制了农民自由流动，一定程度上营造了进城务工人员的身份歧视氛围，也使农民工失去了平等就业的机会和享受社会保障的权利。不利于农村富余劳动力的转移，不利于新疆加快城市化建设的进程。

进行户籍改革的重点是农民的逐步城镇化需要。要使农民富裕，首先得减少农民数量，改变新疆城镇化滞后于现代工业化的现状，使人口城镇化与新疆经济发展相协调。建议通过户籍制度改革彻底取消农民身份歧视，户口登记一律按居民登记，实行居住证管理。户籍制度的改革可以采取渐进深化方式，先易后难稳步推进。

第一，完全放开小城镇的户籍限制，允许所有劳动者本着"自愿、自主、自由"的三自原则自主决定进入小城镇就业、定居。由于小城镇接近农村，无论是生活习惯还是生产方式都容易融通，而且同乡同宗亲近度高，不易产生排他性，稳定性好，易形成和谐的人文社会环境。

第二，适度开放中型城市。中型城市同农村的生活差异较大，且较农村距离远，流转成本相对高，在没有稳定工作岗位和收入

的基础上，盲目流入，易形成混乱。如果农民工在中型城市工商部门注册了实体产业，交纳了社保达三年以上，有固定的住所，成为城市稳定的一员，可以在自愿申请放弃农村权利的情况下，实行由用人单位出具用工劳动合同证明，提交社保、住房等相关证明到所在辖区公安派出所申请登记，审核批准后落户。

第三，限制性放开大型城市。大型城市生存门槛高，农民工大多不具备长期生存发展条件，加之城市交通等基础设施瓶颈的制约，应慎重开放入户政策。可以在学历、社会信用、技术等级证书、社会保障、稳定住所等限定条件下，严格控制新增人口落户。

（二）建立有效、公平的土地流转机制

新疆农村维吾尔族青壮年富余劳动力外出务工后，家中缺少壮劳力，土地耕作成了一块心病，不种可惜，种了待到农忙季节需要返乡，花费的成本太高，不划算。因承包地放弃外出务工，土地的产出又十分有限。有意愿进行土地流转的外出务工人员有一定的数量，但苦于土地流转缺少交易市场，流转不畅，如此，既不能从土地流转中获得收入，耕种获得的收益有限又不甘心。同时，想扩大种植规模的乡村能人，又不易获得准确的土地流转信息。基本此，在县域内建立有效、公平的土地流转市场交易机制非常必要。

第一，编制农村土地开发规划，合理利用有限的土地资源。土地规划要确保科学性、严肃性、权威性，并以规划为龙头，通过土地流转市场实现土地资源的最优配置。抓住建设新农村的历史机遇，在农民广泛参与的前提下，制定农村土地开发规划，形成种、养、加功能区，让农民从土地上得到更多实惠，充分利用土地资源。

第二，完善农民的土地不动产登记制度。建议稳定农民的土

地承包权长期不变,依法保障农民对土地承包经营的基本权利。农民在承包权年限内,在不改变土地性质的前提下,自主决定土地使用与经营内容。

第三,建立县域农村土地流转交易市场。可通过自愿出让、租赁、抵押、作价入股方式,实现土地适度集中,逐步改革土地的传统耕作方式为能人或组织集约开发利用,提高土地的产出率。

第四,土地流转和置换过程中,要确保农民的利益不受损害。要充分运用市场机制配置资源,对各类经营用地,以招标、拍卖等公开、公平、公正的方式实行有偿转让,充分发挥土地资源的潜力和优势。

(三)完善覆盖城乡的社会保障制度

社会保障制度是和谐社会的基石,是有效保护劳动者正当权益、维护公平的强大动力,是社会文明和进步的重要标志。与工业部门相比,农业属于弱质产业,面临着自然和市场的双重风险,因此要最大限度地消除农民可能遇到的自然和市场风险,应尽快建立完善农村社会保障制度,将农民工和全体农民纳入到社会保障体系之中。特别是维吾尔族集中的南疆三地州农村地区,建立并逐步实现城乡之间社会保障的无缝对接,需要从以下几个方面展开工作。

第一,政府应通过广播、电视等媒介,加大农村社会保障宣传力度,消除农民单一的短期效益观念,强化农民风险意识和保险意识,提高农民参与社会保障的意识和积极性。

第二,鉴于维吾尔族集中区农村经济发展滞后,农民收入水平偏低的问题,政府应加大农村社会保障事业的财政支持力度,建立"政府—集体—个人"的三方筹资机制,并提高政府和集体出资额在总保险费用中的比重,尽快实现维吾尔族集中区的农村社会保障制度的全覆盖。

第三,在维吾尔族集中区实行倾斜性社会保障制度。建议维吾尔族农民的工伤、失业、生育保险由地方统筹,实行财政转移支付;农民工的工伤、失业、生育保险由用人企业承担,新农保、新农合可以在现有制度的基础上,个人交纳部分的40%由财政给予补贴,或进一步降低个人交纳的比例。

第四,农村的社会保障制度应逐步消除以行政区域设置为主要标准的属地化管理模式,尽快推行社会保障一卡通,实现农村和城镇社会保障体系的无缝对接,让进城务工、经商和定居的农民工享受到社会保障制度给其带来的便利。

二、建立农民工综合服务中心,强化服务宗旨

新疆政府应尽快建立农民工综合服务中心。目前,全国的大部分省市已建立农民工综合服务中心,加强对日益增长的农民工队伍的服务。鉴于新疆农村维吾尔族富余劳动力倾向于在疆内务工和内地在疆农民工达130多万的规模,建议在新疆总工会下组建农民工服务中心,指导服务各地州的农民工综合服务中心是恰逢其时的。学习借鉴兄弟省份的经验,明确工作职责,突出四个重点。

(一)农民工综合服务中心工作职责

1. 对农民工提供的就业服务

(1)求职登记

为登记求职的农民工开展个人基本信息(文化程度、职业技能、工作经历、就业愿望等)情况进行登记建档,并核实相关证明。

(2)用工信息登记

为需要吸纳农民工就业的各类用人单位开展需求数量、工种、

岗位、薪酬、技能要求等用工情况登记。

（3）职业指导

结合农民工职业技能和求职意愿，开展职业能力测试和评价，帮助农民工制定职业生涯规划，掌握求职技巧和方法，推荐择业方向，增强择业能力，向农民工提出就业培训建议。

（4）职业介绍

对求职农民工进行岗位推荐；根据用工单位需求，推荐符合条件的农民工与用工单位匹配。

（5）招聘服务

为农民工和用工单位双方提供直接见面洽谈的场所，并提供好相关招聘服务。

（6）就业技能培训

委托有资质企业为农民工提供必要的就业技能培训。

2. 对农民工创业的服务

（1）创业指导

宣传农民工创业优惠扶持政策，提供创业项目咨询等。

（2）创业培训

组织有创业愿望的农民工参加创业培训。

（3）创业扶持

开展"贷免扶补"等创业专项服务，落实创业优惠扶持政策。

3. 对农民工的社会保障服务

（1）提供社会保险个人参保登记服务

对以个人身份参加社会保险的农民工进行登记。

（2）提供社会保险关系续接和转移服务

在社会保险关系变更或转移时，为参保单位和农民工办理养老、医疗、失业、工伤、生育等社会保险关系续接和转移。

（3）提供社会保险费缴费核定服务

审核缴费单位和农民工填报的缴费申报材料，核定缴费基数，办理社会保险费有关缴费手续。

（4）提供社会保险费征收服务

计算缴费单位和农民工社会保险缴费额，并通知税务部门及时征收。

（5）提供失业保险待遇核定发放服务

根据失业农民工累计缴费时间核定其领取失业保险金的期限，按规定发放失业保险金。核定和发放失业农民工创业补助、职业培训和职业介绍补贴、社会保险补贴、医疗补助、丧葬补助金、抚恤金等失业保险待遇。

（6）提供工伤认定服务

受理用人单位或因公受伤的农民工及其直系亲属、工会组织提出的工伤认定申请，协助相关部门开展工伤认定。

（7）提供工伤伤残等级鉴定服务

协助受理单位或农民工个人提出的工伤伤残等级鉴定申请，组织专家评审。

（8）提供劳动能力鉴定服务

协助受理用人单位提出的农民工因病非因工劳动能力鉴定申请，组织专家进行劳动能力鉴定，作出劳动能力鉴定结论。

（9）提供工伤保险待遇核定服务

农民工因工致残，协助相关部门按伤残等级核定并落实工伤保险待遇；农民工因工死亡，协助相关单位核定并落实丧葬补助金、供养亲属抚恤金和一次性工亡补助金等政策和待遇。

（10）提供女农民工生育保险服务

协助相关部门核定女农民工生育所发生的医疗费用和生育保险待遇；协助相关部门核定女农民工因生育引起疾病的医疗费用；发放生育保险医疗费用和生育津贴。为农民工免费提供《流动人口与计划生育工作条例》规定的计划生育技术基本项目服务和避孕药具服务。

4. 对农民工的维权和法律援助服务

（1）提供信访接待服务

热情接待来访农民工，认真处理信访问题，及时对来信来访人员进行回复。

（2）提供劳动争议调解服务

对农民工提出的劳动争议调解申请，积极协调相关部门组织调解。

（3）提供劳动争议仲裁服务

对农民工提出的劳动争议仲裁申请，及时主动协调劳动争议仲裁委员会依法进行仲裁。

（4）积极热情提供劳动保障法律咨询服务

为农民工提供全面周到的法律援助。

（5）提供协助追索被拖欠农民工工资服务

根据农民工的合法工资被长期拖欠情形，经确定后，协助农民工向有关用人单位追索被拖欠的农民工工资。

5. 提供困难帮扶服务

调查、了解困难农民工工作、生活情况，建立困难农民工台账，并把他们作为重点帮扶对象，提供生活救助、大病救助和子女教育救助等帮扶措施。

6. 保障农民工子女平等接受义务教育

协调教育主管部门，保障农民工子女在务工所在地接受义务教育，按相关政策与当地学生在收费、管理等方面同等对待，不另外加收借读费及其他任何费用。

7. 保障农民工依法享有的民主政治权利

引导农民工积极参与社区事务管理工作，对已在务工地落户的农民工，切实保障他们的选举权和被选举权。

8. 改善农民工居住条件

协调相关部门加强农民工居住条件、居住环境、居住卫生等方面的管理，将农民工保障性住房建设项目纳入廉租房建设管理内容，建造保障性住房提供农民工租住。

9. 开展以农民工为主体的党团组织建设

建立党团支部，对行政区域内的农民工党团员登记造册，定期召开民主生活会，不定期地开展农民工党团员座谈会、联谊会，适时了解农民工党团员的工作、学习情况和思想动态。积极组织流动党员参加社区的公益活动，丰富农民工的党团组织生活。

10. 提供农民工的档案管理服务

认真开展农民工就业失业档案管理工作，建立健全社会保险档案管理及劳动关系档案管理等农民工档案建档归档工作，为农民工提供完善的档案管理服务。

（二）突出四个重点

1. 构建城乡一体的劳动力市场，疏通劳动力转移渠道

（1）搭建劳动力信息平台，改善服务水平

①建立农民工资源信息库

做好农民工信息登记工作。以社区区划为单元，对农民工实行一人一卡，一区一册，及时掌握务工地农民工就业分布状况，定期向各社区提供劳动力市场供求信息，有组织、有秩序地服务于农村劳动力转移工作。

②构建劳动力供求信息网络平台的建设

针对农村劳动力流转信息在搜集、整理过程中，由于缺少统一、规范的统计指标，在信息的准确性和操作上存在较大问题。建议：管理机构应组织省内专家设计新疆农村富余劳动力统计指标体系，指标涵盖农村富余劳动力数量、农村新增就业人员的文化程度、技术特长、就业要求、培训意向、转移方向等方面的内容。建立省、市、县、乡镇四级劳动力市场信息系统，实现信息服务"一点登录，全省查询"，为各级劳动管理部门的管理决策提

供支持。重点要做好以下工作：

第一，连接各级就业服务机构的计算机网络，实现信息共享。也就是每个求职者，在省、市、县、乡镇的任何一个就业服务机构都可以方便地查询全省的岗位信息；各级就业服务机构的工作人员，能够及时了解每个下岗失业人员享受再就业政策和接受免费就业服务的情况。避免业务部门之间，或同一业务领域的各个机构之间信息相互封锁的现象。

第二，劳动力市场信息系统在就业工作相关的各业务领域得到广泛应用。就业与失业管理、就业服务、职业介绍、失业保险征缴与发放和就业培训等各个就业服务主体工作领域的前台服务、后台管理、就业信息的收集、统计与分析等各个业务环节实现信息化。

第三，劳动力市场网站成为就业工作面向社会公众的重要窗口。实现劳动就业供应需求方足不出户即能方便联系，降低交易的直接成本。形成以省劳动力市场网站为入口平台的全疆劳动力市场网络，在宣传就业政策、推动就业工作、促进就业服务等方面发挥主渠道作用。

第四，提高劳动力市场职业供求分析质量。建立劳动力市场职业供求分析制度，每月对公共职业介绍机构招聘登记和求职登记的信息进行分析，公开发布职业供求分析信息。并向有关政府决策机构、培训机构和用人单位提供无偿服务，引导城乡劳动力有序流动。

（2）加强劳动力市场流通服务，确保供需渠道畅通

劳动力市场的重要职责之一是流通服务，服务中心应发挥新疆城乡各级劳动力市场在劳动信息、劳动力价格、劳动合同、劳动用工交流、职业介绍方面的主体作用。

第一，及时准确提供全国各地劳动力市场信息。通过建立的省、市、县、乡四级信息网络，为广大农村劳动者提供供需信息。

规避农村维吾尔族富余劳动力盲目流动风险,降低城乡劳动力流动成本。

第二,加强与兄弟省、市、县的劳务联系。沟通劳务中介培训,主动同用人单位接洽,有组织地疏导新疆农村劳动力向用人地转移。

第三,广泛开展劳务供需洽谈会。大城市每三天一个供需见面会,中心城市每周一个人才交流会,小城镇每15天一个劳务用工专场会。充分利用劳动力市场设施,推动城乡劳动力流动。

第四,开辟劳动咨询渠道。设置专门电话,专人或电脑语音答复劳动者对不同城市、地区,最低工资、平均工资、职业培训、职业介绍、劳动合同条款方面的咨询。

2. 开展法律咨询及援助,保护农民工合法权益

(1)开展法律法规,权利义务等方面的培训,提高外出务工农民的法律意识

根据实际情况,对外出务工农民进行宗教管理、社会治安、安全生产、计划生育等综合能力的培训,加大对外出农民工参与非法宗教活动的打击力度,从根本上有效防止在外出务工人员中出现违反法律法规,扰乱社会治安的现象。

(2)保护外出务工农民合法权益

维吾尔族农民工是弱势群体,保护他们的合法权益,既是一个经济问题,也是一个政治问题。因此,积极为外出就业农民提供政策、法律咨询服务和法律援助,为外出务工人员发放《农民务工培训读本》,加大劳动保障监察力度,切实维护外出务工人员的合法权益。

(3)加强监督管理,优化劳务市场环境建设

进一步完善和规范政府对劳动力市场的管理,清理各地区制定的对农民进城务工的不合理限制政策和乱收费,改变重收费、

轻服务的做法。要坚决纠正简单粗暴清退农民工的做法。监管用工单位与农民工签定用工合同，按法律规定上缴社会保险。

（4）坚持公平公正原则，制定城乡统一的劳动、就业制度

坚持公平公正就是要消除身份性歧视，做好城乡劳动力的就业促进工作。在就业服务、职业培训上对城乡劳动力一视同仁；用人单位在劳动力管理上对城乡劳动力不能区别对待，在劳动时间、劳动条件、劳动保护、劳动报酬上城乡劳动力实行统一标准。具体通过以下途径来实现：

第一，要从根本上消除城乡隔绝樊篱。政府有关部门要创造条件使农民工尽快融入城市生活。对于农民工进城以后所遇到的住房问题、子女入学问题要给予必要的帮助，尽可能改善农民工的生活条件，使农民工有一种归属感，认识到他们也是城市社会的一员，激发他们对所在城市的责任意识，减少农民工的越轨行为。

第二，建立梯度有序就业机制。按照市场经济规律，分类指导不同层次的农民工有序就业。综合素质高的引导到内地就业，中等素质的新疆本土就业，没有非农就业竞争力的实行季节性劳务输出。依据劳动力素质实现梯度分级转移，提高空间转移和产业转移的质量。

第三，加强劳动监察，规范用工行为。服务中心领导的劳动监察部，负责监查在劳动就业、劳动力价格、劳动合同执行，劳动纠纷方面的工作。坚持劳动者在劳动活动中有法可依、违法必究。督促各级劳动与社会保障部门，按照快立案、快处理、快查处、快结案的原则，及时查处劳动者举报投诉案件。建立建筑施工企业工资保证金制度，防止拖欠工资问题的发生。制定规范的农村富余人员转移劳务合同和劳动合同，敦促劳务派遣组织与用人单位签订劳务合同，用工企业与农民签订劳动合同，明确各自的责任、权利和义务。

第四，加强劳动安全指导。劳动力管理机构应经常组织劳动安全教育，督促劳动用工企业在安全培训、安全检查方面加大力度，加强安全生产作业检查、作业环境监控。

第五，保障农民工的合法权益。集中开展清理整顿劳动力市场秩序活动，重点对非法职业中介机构、提供虚假用工信息和超标准收费等违法职业中介行为进行查处，进一步规范职业中介行为，净化劳动力市场。同时，农民工同城镇劳动力一样，有参加工会的权利。工会作为职工群众自己的组织，当农民工的利益被侵犯时，为他们提供必要的帮助。

3. 加大创业、培训专项资金投入，扶持农民工创业活动

第一，加大技能培训投入。增加各级财政投入，特别是专项技能培训资金，整合各部门资源，通过建立多层次、全方位的农民劳动力培训体系，全面提高劳动力整体素质。

第二，建立鼓励农民创业的专项资金。劳动、金融部门应给予维吾尔族农民工相应的支持，为其提供小额贷款、创业培训补贴和贷款贴息等。

第三，招募创业成功的企业家一对一指导帮扶农民工创业，提高创业成功率，减少盲目创业带来的风险。

4. 有针对性开展农民工就业技能培训，提高社会保障水平

"干中学，学中干"是最有效的技能培训方式，服务中心可以联系管理规范的本地企业，委托企业代培农民工，给予企业一定的培训补助，也可以通过同乡技术好的农民工以师带徒方式进行，给带徒的师傅一定的经济待遇，改变过去由县乡培训没有设备、缺乏培训技师的不利局面，使技能培训和务工同步。有计划、分层次地对外出务工农民工采取多渠道、多形式的专业技能培训，尤其是建筑、加工制造及纺织、冶炼类等农民工聚集量较大行业，关于安全生产问题突出，在专业技能培养的同时，要特别注重强制企业加强在岗安全培训。对在职业技能培训中表现优秀的学员

可给予相应奖励,激发维吾尔族农民工学习主动性与积极性。针对语言交流方面,可配备相应的双语教师,并开设汉语学习专业课程,从而形成农村维吾尔族富余劳动力"技能培训+语言强化+组织管理"的外出务工模式,增强他们在城市发展的适应性。

社会保障制度是社会发展到一定阶段的产物,是有效保护人力资源、维护公平的强大动力,是社会文明和进步的重要标志。将农民工纳入到城市社会保障体系之中,实现城乡之间社会保障的无缝对接。制定统一社会保障服务标准,为农民工提供满意的社会保障服务。

三、以非农就业能力塑造为抓手,着力推进人力资源开发

农村人力资源开发不仅包括教育和培训等提升农村劳动力的文化素质和工作技能,还包括对现有农村人力资源的优化配置,实现农村劳动力的合理流动。通过农村劳动力迁移性开发,可以使现有人力资源得到更合理的利用,实现农村劳动力的自身价值,同时,农村劳动力在城乡之间自由流动,伴随着农村劳动力的生活环境和身份的巨大变化,自身的素质和文明程度也得到了显著的提升。因此,农村维吾尔族劳动力的迁移性再开发应放在战略高度去审视,充实理解知识就是力量,知识就是财富的观点,立足于长远,根植于内在动力的培养,不论是基础教育,还是职业技能培养都必须给予持续有力度的支持。

(一)夯实农村基础教育,切实落实义务教育

基础教育是农村人力资源开发的基础,是将农村人力资源转变为人力资本的关键和先决条件。然而受自然条件和经济发展水平等的限制,新疆维吾尔族集中区农村基础教育依然存在基础教

育设施破旧、落后，覆盖高中阶段的义务教育尚未完全普及，中小学生流失严重，农村文盲、半文盲比例高居不下等问题。

因此，建议新疆维吾尔族集中区政府将农村的基础教育特别是覆盖高中阶段的义务教育列为自身工作的刚性指标，建立和健全多元化的基础教育模式，切实抓好农村基础教育设施和师资队伍建设，多渠道筹集教育资金，加大农村基础教育投入。同时，新疆维吾尔族集中区政府应严格落实《义务教育法》等相关法律法规，通过约束性政策法规规范农村家长行为，切实保障农村青少年基础教育权利不受侵犯。

此外，政府还应该通过多种宣传方式转变农村家庭"重男轻女"观念，让农村家庭认识女孩教育对提升女性治理状况、身体健康状况和改变女性生存命运的重要性。引导农村家庭对女性入学教育的投入力度，并对女性入学教育予以额外的保护。

（二）积极发展农村多层次、多形式的职业培训

职业技术教育是提升农民综合文化素质和增强农民创收、增收能力最直接、最有效的手段，在推动农村农业现代化生产和农民非农就业中发挥着最关键的作用。因此，鉴于新疆维吾尔族集中区农村职业技术教育和培训不尽如人意的特点，政府应结合农村的实际情况，积极发展农村多层次、多形式的职业技能教育和培训格局。在具体的操作中，新疆维吾尔族集中区政府应从以下几个方面努力。

首先，应加强农村职业技能培训师资队伍建设，千方百计地提升职业教师的教育素质和教学水平。由于新疆维吾尔族集中区农村职业技术教育起步较晚，学校规模较少，基础设施落后陈旧，师资力量匮乏，并且教师的教育素质和教学水平有待进一步提升。因此，当地政府应加强农村职业技术培训师资队伍建设，通过各种渠道提高农村职业教师的教育素质和教学水平。如可以在农村

职业教师中开展职业技术教育教师资格证书制度和考核制度,加强对教师的监督考核力度,督促职业教师及时更新专业知识和技能;从工厂和企业界中聘任合适的技术人员、管理人员和科研人员兼任职业技术教师,实现农科教结合,最大限度地提升农村职业教育的实用性和适用性。

其次,采用灵活的办学模式,促进农村人力资源有效开发。在农村职业技术教育课程设置方面,应紧抓职业技术教育周期性、针对性和灵活性的特点,遵循实用性的原则,根据新疆维吾尔族集中区农村经济发展的实际情况和农民的需求,有针对性地设置专业、课程和教材等,切实突出农村职业教育实用性和有效性的特点,使学员真正学到实用性的知识和技术。如对希望从事农村产品加工行业的农业,开展农副产品加工相关课程;而希望外出务工的农民则开展瓦工、厨师等非农就业方面的培训等。在教学方法和手段方面,也应突出灵活性的特点,针对农民的特点和农村环境和生活实际,选择合适的教学方式和方法。如通过远程开放教学、员工在岗学习、模拟训练等模式丰富职业技术教学方式和方法,突破课堂教学的单一模式。此外,农村职业技术培训还应该合理安排培训时间,尽量避开农村农忙季节和农民的节日。

最后,大力发展农村非学历成人职业技术培训。基于农村职业技术教育和培训的局限性,新疆维吾尔族集中区政府应充分依靠农技站、文化站等技术推广机构,针对农村有培训需求的劳动力系统开展实用技术和科普知识等方面的培训,给他们传授"一技之长",帮助他们掌握一到两项致富本领。切实履行教育部提出的"培训一批农民,推广一批技术,发展一项产业,振兴一方经济"的要求。

(三)全面推行农村双语教育和通用语言培训

语言沟通能力是农民获取知识和寻找就业岗位的必备条件,

对于降低农民进入城镇后的失业风险具有重要意义。而从新疆维吾尔族集中区农村劳动力的通用语言使用状况来看,其通用语言水平普遍较差,很难与其他民族同胞顺利沟通,极大地限制了农村劳动力外出务工和接受技能培训。因此,新疆维吾尔族集中区政府应全面推行农村双语教育和农村劳动力通用语言培训,提高农村劳动力通用语言沟通能力,消除农民外出务工和培训中的语言障碍。要实现新疆维吾尔族集中区农村地区双语教育和通用语言培训工作的顺利展开。

首先,政府应履行自身职能,加强对农村双语教育和通用语言培训的保障工作。如相关政府可以出台关有少数民族教育方面的法律法规和地方性条例,保障农民的受教育权利,规范政府在经费投入、师资队伍建设等方面的责任,使新疆维吾尔族集中区的双语教育和通用语言培训具有更加明确的政策和法律保障。

其次,加强农村地区双语教育师资队伍建设。民族的振兴在教育,而教育振兴的希望在教师,因此,只有拥有了一批高素质的双语师资队伍,才能培养出合格的人才,真正地提升农村劳动力的通用语言沟通能力。而针对新疆维吾尔族集中区农村双语教育面临的双语教师严重不足,双语教学水平和汉语运用能力较差的"一缺二低"的突出问题,新疆维吾尔族集中区政府应通过双语教育专业训练、短期再教育等多种途径和方式全面提升新疆维吾尔族集中区双语教育的师资队伍素质。

第三,针对双语教育教材数量较少、质量不高和双语教育课程设置不合理等问题,当地政府还应该在实践中不断改进双语教育教学模式,逐步完善双语教育的课程设置和教材建设等。

(四)积极引导农民自主投入开发人力资源

新疆维吾尔族集中区政府在加大农村人力资源投资力度,推动农村人力资源开发工作顺利进行的同时,应向农村地区广泛宣传农村人力资源开发相关理念，引导农民自主开发。

对于农村人力资源开发工作来说，无论采取什么样的开发手段和开发模式，只能起到一定的辅助作用，只有农民转变传统观念，积极主动地提升自己的人力资本存量，才能最大限度地发挥人力资源开发工作的成效。

因此，政府一方面应打破农村"重男轻女""多子多福"的传统家庭观念，积极宣传"生男生女都一样"的生育理念和国家的计划生育政策，在农村地区形成新的生育理念，抑制维吾尔族集中区农村人口数量较快增长。另一方面，应加强公民道德建设力度，消除农民"安于现状""不思进取"的价值取向和"等、靠、要"的依赖思想，通过政策宣传、打工明星示范和拜师学艺方式鼓励、引导农民树立自主开发理念，充分发挥农民的主观能动性。

此外，政府还应该加强农民的法律意识教育，通过举办普法宣传、教育活动，提升农民的法律意识，引导农民知法、懂法、守法和主动用法律维护自己的合法权益。

（五）人力资源迁移开发以突出非农技能塑造为抓手

新疆农村维吾尔族富余劳动力外出务工意愿不强，已外出务工的人员城市长期务工信心不足，最关键的因素是受非农就业能力水平的限制。农民工不是不想获得一份让人尊敬的岗位，而是根本不能适应高技术工种的要求。由于技能方面的制约，维吾尔族农民工可从事的务工工种有限，自然取得的报酬也不高。这种局面的改变只能是通过不断提高务工技能水平来实现。

已有的研究成果表明："干中学，学中干"是最有效的方式，因此，维吾尔族农民工要有相当强的学习力，但有稳定可靠的城市非农岗位是一种有效指引，而完成这种契合，塑造非农技能取决于三种力量：一是政府推动，政府通过完善职业教育培训体系，搭建技能训练平台，强化学习和训练来实现；二是用工企业在岗培训，用工企业为保证生产活动的顺利进行，上岗前的技能培训是不可缺少的环节；三是农民工自学，农民工可以依据自身的工作兴趣，选择一至二个方向，通过参加专门的技能培训或向身边的能人学习，经过反复实践获得。

这三种方式，政府组织的技能培训是主体，但效能不高，最好的方式是后两种，比较有针对性，可以将企业的专长和农民工自身的需要有机结合起来，方向明确，动力充足。

四、以壮大乡村集体经济为动力，构建小城镇发展平台

当前新疆政府推动的农村维吾尔族富余劳动力的城镇转移工作，是缓解就业压力的一种必然，从富余劳动力外出务工意愿调查和城镇长期务工信心数据来看，绝大多数的人员最终会在家乡附近的小城镇稳定就业。即新疆维吾尔族集中区所属的县域内非农就业，是农村富余劳动力的扩大就业最重要的渠道，也是当地维吾尔族乐意选择的就业方向。

从当前新疆农村维吾尔族集中区的产业结构上可以清晰地发现，单一的农业不可能解决大规模的农村富余劳动力的转移工作，必须大力发展县域经济，优化产业结构，创造出更多就业机会，实现更多的农民在家乡小城镇稳定就业。过去，维吾尔族集中区自身没有能力发展县域经济，主要是城镇的基础设施太差，招商所需县政府完成的"五通一平"难以满足产业招商的需要，城镇承载产业的平台太弱。随着西部大开发战略的确立，丝绸之路新经济带的开创和实力雄厚的19省市对口支援的深入推进，产业援疆必将有力推动县域内经济发展。库车的石化产业带动和伽师县广东嘉纳仕投资兴建的摩托车总装企业吸收当地农民进城进厂做

工的实例已经证明,将已外出务工所培养出来的熟练产业工人吸纳为企业的一员,只是时间问题。为此,新疆少数民族农村富余劳动力丰富的县,应积极规划,主动与对口支援省市对接,扩大招商范围,创新合作模式,增强县域经济实力,谋求小城镇发展蓝图,培育乡镇集体企业,提振乡村集体经济实力,提升服务"三农"的能力。

(一)加快小城镇建设,拓宽农民就业增收渠道

小城镇建设是农村发展非农产业的载体,是吸纳农村富余劳动力最有效、最直接的途径,也是提高农牧民生活水平的必由之路。小城镇建设在推动农村现代化进程中,客观上要求农村劳动力持续向二、三产业流动,向小城镇中心区汇集。

目前,新疆农村维吾尔族集中区小城镇建设和乡镇企业发展与内地及经济发达的沿海地区相比差距巨大,农民就业渠道和空间狭窄是新疆维吾尔族与疆内汉族、全国农民收入存在差距的主要原因。为此:

第一,是要大力兴办乡镇集体企业,为农村富余劳动力从事非农生产提供更多的转移途径,稳定提高农民收入水平。

第二,乡镇集体经济的发展要与农业产业化相结合,要发挥对农产品加工增值的功能,办一批以农产品为原料的加工工业,采取"公司+基地+农户"的经营机制,延长农业产业链,推进农业产业化经营,大量吸收农村富余劳动力,同时大力扶持像冠农果茸、香梨股份、新中基、麦趣尔、盖瑞、瑞缘、金牛、大天池乳业、丁丁食品、天府果蔬、华隆杏酱、"亚克西"杏、屯河果业等少数民族集中区农业产业化龙头企业,为农村富余劳动力转移就业创造条件。

第三,要鼓励乡镇集体企业向工业园区、小城镇集中,依托当地的资源,建立各种专业化加工区,进而向小城镇转移,使乡

镇企业发展和小城镇建设有机结合起来，互为依托，协调发展。

第四，要按照"整体推进，重点突破"的原则，在集中力量抓好县城建设的基础上，建设一批布局合理、特色鲜明的中心镇，逐步形成以县城为中心、中心镇为骨干的城镇格局，达到合理配置区域资源、促进农村经济增长的目的，充分发挥小城镇联接城市、带动中心镇，辐射农村的功能。因此，维吾尔族集中区政府必须切实做好县城、中心镇建设规划，从政策、体制到各项管理制度上着手，完善社会保障、文化教育、医疗保健等一系列配套改革，使小城镇成为吸纳农村富余劳动力的蓄水池。

（二）加快农村产业结构的调整，推动农村劳动力转移

加快农村产业结构的调整、促进二、三产业发展，可以创造更多的就业机会，吸纳更多的农村富余劳动力实现非农就业，在县域乡镇从事工业、建筑业、运输业、服务业等活动，拓展就业门路，开辟新的工资性收入来源渠道。

目前，新疆县域内乡镇产业结构不合理，工业基础薄弱。一产比重过高，二产基础太弱，三产缺乏活力。农民人均家庭经营纯收入中，来自第一产业的收入比全国平均水平高400多元，而来自二、三产业的收入比全国平均水平低近1000元。其中来自第二、三产业收入的比重，全国已占到农民人均家庭经营纯收入的28.4%，而新疆只占10.9%。东部个别省区农民收入中已经有60~70%是来自二、三产业，非农收入已成为农民的主要收入来源。

此外，新疆农业效益目前还比较低，虽然新疆人均耕地在全国排第4位，但农民人均收入排位为第26位。因此，新疆要因地制宜，创造条件，依托对口援疆省市的支持，加大乡镇基础设施建设，搭建小城镇平台，着力发展农村二、三产业，确保农民

的收入持续稳定增长。

（三）大力发展"能人"经济，扶持农村专业大户

实践证明农村能人是形成专业大户的根基，是推动发展农村经济的重要力量，是催生农村二、三产业驱动乡镇企业的动力源。在农村能人领导下的专业大户一般采用"合作社＋专业大户＋小农户"的模式从事活动。在这种模式下，一个专业大户联系着若干户农民，少的十几户，多的几百户、上千户，增强了众多农村劳动力生产活动的连续性，有效地促进了农村劳动力的就业。

因此，一方面要加强宣传，加强引导，强化对农村"能人"的培训，重点提高农村乡镇企业经营管理人员的素质，扶持和培育各类农村专业大户。另一方面充分发挥农村专业大户的带动作用，实现农民离土不离乡，实现就地就近务工转移。由于农村"能人"对当地情况熟悉、信息灵通，群众信任，有一定的组织管理能力，尤其是他们利用地缘、亲缘广泛的人际关系，具有较强的带动力和亲和力。因此要积极鼓励支持涌现出更多的农民专业大户，发挥出政府和部门不可取代的作用，让更多的农民外出开展劳务创收，增加收入。

（四）因地制宜寻优势，特色民族文化产业求突破

新疆维吾尔族是一个有着丰富文化底蕴的民族，在长期的生产和生活实践中积累了大量民间工艺技术，并创造了丰富的民族艺术产品，如维吾尔族的英吉沙小刀、新疆土陶、帕拉孜，哈萨克族地毯、冬不拉等。这些民族工艺产品与其民族传统文化有紧密的联系，并且为世人所喜爱。同时，游牧民族能歌善舞的特性代代相传，在农村有大量的优秀艺人和文艺作品，诸如十二木卡姆等。

因此，新疆维吾尔族集中区政府应将农村人力资源开发与当地的民族文化相结合，开发具有民族特色的工艺品，创新发展民族传统文艺作品，不断打造民族文化旅游品牌，像东北的二人转和本山剧场一样，成为当地的一道亮丽的风景。如此不仅保护了民族传统文化，而且通过发展民族特色文化产业，可以有效增加当地就业机会，提升农民的生活水平和财富积累，增强农民的市场竞争观念，推进农民文化素质和生计技能水平。

附 录

附录1 新疆各地区维吾尔族人口原始数据

地区	地区	总人口（人）	少数民族（人）	维吾尔族（人）
北疆	乌鲁木齐市	2493517	682026	314987
	克拉玛依市	282267	71004	44035
	昌吉回族自治州	1394568	369918	64747
	伊犁哈萨克自治州	4598423	2632623	767523
	伊犁州直属县（市）	2884689	1793521	715883
	塔城地区	1044843	445798	41878
	阿勒泰地区	668891	393304	9762
	博尔塔拉蒙古自治州	487304	166207	65349
	石河子市	624435	38372	8525
	合计	14478937	6592773	2032689
东疆	吐鲁番地区	631883	492162	451484
	哈密地区	583861	186370	107779
	合计	1215744	678532	559263

续表

地区	地区	总人口（人）	少数民族（人）	维吾尔族（人）
南疆	巴音郭楞蒙古自治州	1366011	579585	449781
	阿克苏地区	2389717	1906553	1873808
	克孜勒苏柯尔克孜自治州	554281	512812	354522
	喀什地区	4102044	3817994	3756475
	和田地区	2075811	2003345	1998831
	自治区直辖县级市	1066943	161846	121095
	合计	11554807	8982135	8554512

数据来源：《新疆维吾尔族自治区统计年鉴2012》。

附录2　新疆农村维吾尔族受教育程度分布原始数据

农村维吾尔族受教育人口	人数（万人）	比重（%）
6岁及6岁以上人口	294.648	
未上过学	8.0241	2.72
小学	95.4062	32.38
初中	96.0712	32.61
高中及以上	28.8506	9.79

数据来源：《新疆维吾尔族自治区2010年人口普查资料》。

附录3　新疆农村维吾尔族劳动力年龄结构原始数据

年龄组	维吾尔族劳动力人数（万人）	农村维吾尔族劳动力数（万人）	百分比（%）
总计	643.88	214.48	
16~19岁	75.91	25.29	11.79
20~29岁	213.46	71.10	33.15
30~39岁	160.20	53.36	24.88

续表

年龄组	维吾尔族劳动力人数（万人）	农村维吾尔族劳动力数（万人）	百分比（%）
40~49岁	119.35	39.76	18.53
50~59岁	74.96	24.97	11.64

数据来源：《新疆维吾尔族自治区2010年人口普查资料》。

附录4 访谈提纲

劳动力转移办公室人员：

1. 请介绍一下贵县人口、劳动力就业及耕地等基本情况。

2. 在解决富余劳动力转移上国家、县里分别落实了哪些倾斜性政策，采取了哪些较有成效的举措？

3. 在开展富余劳动力转移工作方面遇到过哪些具体困难？

4. 在开展劳动力转移工作过程中有没有一些成功与失误的典型事例？在劳动力转移工作中，相关的成本支出（管理、车费、工伤、医疗补助等）是如何解决的？

5. 在解决劳动力转移中，开展了哪些有针对性的技能培训，转移培训方面存在哪些具体问题？

"固守家园"群体：

1. 您愿意选择何种途径外出务工，及愿意务工的地区是哪里？

2. 更倾向于在哪些行业就业？

3. 您对外出务工的预期收入在哪个范围之内？

4. 您对政府部门提供的培训有何其他要求？

5. 您对自身就能力、农村就业环境及条件有何评价？

6. 您为什么没有选择外出务工，主要原因是什么？

7. 您希望政府给予哪些外出务工优惠政策？

8. 如果您进城去务工，您最担心什么？

附录5 调查问卷

在家少数民族农村劳动力就业活动的调查问卷(农村)

亲爱的少数民族朋友:

为了了解和改善你们在农村就业和生活条件,我们开展了这次调查。请您在百忙之中能抽出宝贵时间支持我们,十分感激!

填表说明:首先认真阅读调查表,然后在"横线"上直接填写;选择题直接在答案文字上打"√"。

1. 调查地点:_____县市_____乡_____村
2. 调查时间:2012年_____月_____日

A. 被调查者的情况

1. 姓名___年龄___性别___文化程度___读书年限___年。
2. 在家就业所属单位_____就业类型_____。
3. 你有/没有手机,有:手机号码:_____(利于我们进一步和您交流或沟通信息)。
4. 你结婚/否?若已婚,她(或他)现在的工作是:在家务农/一起在城镇务工/其他。你有孩子吗?如果有,有___个,孩子现在放在农村老家/带在身边/其他,父母亲是/否健在,若健在,是/否同你一起生活。
5. 你居住的农村,属农区/牧区/?距中心镇或(集贸)市场大约____公里?交通:方便/不方便? 生活主要必需品是自产/外购。
6. 你家有/没有承包耕地?如果有,承包了___亩。你每年有/没有外出务工。如果有,从事____务工活动,每次____天。打工地离家____公里?

B. 外出务工倾向

1. 如果有机会外出务工，你会选择：A. 自己进城（1 自己没有目标地贸然进城务工 2 从报纸、广播、电视等媒体得到信息后自己进城）B. 报名参加企业来农村的招工 C. 社会亲情网络（城中有亲戚；朋友、老乡或本村邻居带领或介绍）D. 随工头进城 / 由政府机构组织进城（乡、镇或县就业服务站）E. 由劳务中介机构组织进城 F 其他途径。

2. 如果有机会外出务工，你希望从事 A. 农业生产 / 非农业生产 B. 离土不离县 C. 离土又离乡（到县城外的城市）D. 离乡不离土

3. 如果有机会外出务工，你希望在（可多选）A. 新疆本地城镇 B. 内地城镇 C. 进大城市 D. 中小城市 E. 大企业 F. 中小企业 G. 自己创业

4. 您在找工作时最先考虑的因素是：A. 工资待遇 B. 离家远近 C. 工作岗位 D. 生活方便 E. 本民族同志多 F. 社会包容性强

5. 你认为哪些因素在外出打工中最重要（依重要程度排序，可多选）：　　A. 收入高 B. 离家近 C. 所在地生活习惯接近 D. 风险小 E. 工作稳定 F. 熟人多 J. 能发挥特长 H. 能学习到一技之长。

6. 在打工期间，你是 / 否在意外出打工的居住条件或工作环境？

7. 如果有机会外出务工，你最希望得到哪方面的帮助与服务：
A. 就业求职信息 B. 技能培训 C. 职业指导 D. 创业指导 E. 其他

8. 如果有机会外出务工，你愿意从事：

A. 餐饮服务业 B. 娱乐服务业 C. 建筑业 D. 生产制造业 E. 房地产业 F. 家庭服务业 G. 商业贸易 H. 交通运输业 I. 政府机关 J. 文教卫生 K. 其他

9. 如果你在城镇就业,最希望得到谁的帮助和支持:

A. 当地政府 B. 当地宗教局或民政局 C. 家人 D. 亲戚 E. 朋友 F. 同学 G. 老乡 H. 其他

10. 如果你在城镇就业,最希望得到哪些方面的帮助和支持:

A. 法律保护 B. 政策优惠 C. 资金和贷款支持 D. 住房 E. 就业 F. 子女就学 G. 解决生活困难 H. 其他

11. 你赞成本民族妇女外出打工吗?赞成是/否,若不赞成,原因有(可多选,排序):A. 没必要 B. 老人孩子需要照顾 C. 教规不允许 D. 女人外出不方便 E. 其他_____(   )

C. 未进城务工的动因与障碍

1. 你目前未外出打工的主要动因有(可多选,排序):农村拉力:A. 在家收入还可以 B. 家里劳力不多,农活干不完 C. 农村生活宽松,压力小 D. 农村税费已免,种地合算 E. 农村也有较多的发展或致富机会 F. 农村有熟悉的朋友,生活习惯了 H. 父母年老体弱 I. 其他_____(   )

城镇推力:A. 进城务工易遭遇用工歧视 B. 开支太大,存不上钱 C. 小孩教育受影响 D. 城镇住宿难找,生活质量差 E. 不喜欢城镇的生活方式 F. 城里朋友少,生活不习惯 G. 在城里语言沟通困难 H. 民族文化差异带来的生活别扭 I. 其他_____(   )

2. 在你外出劳务朋友中有/无遇到当地执法机关或工头雇用的保安的非礼(诸如被抓、被打、被罚)现象?有/无 遇到克扣或拖欠工钱经历?有的话,2010年共拖欠____元。

3. 如果到城镇务工,家里你最放心不下和使你最留恋的是(可多选,排序):

A. 农村承包地 B. 农村宅基地 C. 农村较宽松的计生政策 D. 近期党的一系列富农惠民政策 E. 农村的亲邻乡情和生活习惯 F. 每

天的宗教仪式 G. 父母和子女 H. 其他_____（   ）

4. 你到城镇务工最希望政府给予的帮助是（可多选，排序）：A. 工作较稳定 B. 有低价住房提供 C. 提供户口、子女入学等平等机会 D. 提供城镇医疗、失业保险等社会保障 E. 人身安全保障 F. 其他_____（   ）

5. 你进城务工是 / 否担心清真生活饮食困难？正常的宗教信仰活动能 / 否开展？汉语交流沟通是 / 否困难？

6. 户籍制度是制约你进城务工的第一原因吗？是 / 否。如果户籍制度松动，你可以轻易拥有城镇户口，你愿意 / 不愿意在城镇永久居住吗？

7. 你对目前的生活状态感到满意吗？很满意 10—8—5—3—1 不满意

D. 就业与资金流动

1. 你家里 2010 年的全年家庭收入是_____元？2010 年你外出_____天？打工收入为_____元？你上个月收入为_____元（含各种津贴和资金）？

2. 你在家收入的主要来源是？（可多选）

A. 种田 B. 养殖 C. 副业 D. 小生意 E. 政府救济

3. 你的家庭支出的主要方面是？（多选排序）

A. 日常生活开销 B. 子女教育 C. 购买农资作物 D. 其他_____

4. 你对在城镇就业的信心：非常有 10—8—5—3—1 没有；在城镇永久定居的信心：非常有 10—8—5—3—1 没有。如果没有，首要原因是：A. 经济原因（在城镇务工的收入不足于支持自己在城镇永久定居）B. 制度原因（户籍、子女入学等制度的限制）C. 风险因素（担心自身能力不能在城镇有持久稳定的工作、社会保障不足等）

E. 就业风险与保障（自己务农或是在当地企业就业）

1. 你认为影响农林牧渔业等收入的主要原因是：（可多选）
A. 政策影响 B. 天气、灾害、疫情等自然原因 C. 市场供给及价格因素 D. 资金投入因素 E. 劳动力身体年龄因素

2. 家庭劳动力中有转移就业要求人员打工或经商主要意向：（单选）
A. 自办企业或个体经营 B. 单位招用 C. 村集体安排公共服务（劳动）D. 灵活就业（如来料加工等可自行安排工作时间地点的就业形式）

3. 对于在家就业的风险，你认为主要来源是（可多选，排序）：A. 相关政策不利 B. 在家就业环境对农民工不利 C. 在家就业条件越来越高 D. 在家的生活成本越来越高（   ）

4. 对于在家就业的风险，你总体感觉是：非常大 10—8—5—3—1 不大。你应对风险的态度：A 很可怕，严重制约了自己进城务工 B 很正常，对自己进城务工影响不大

5. 在家就业风险的存在是/否为你考虑在家就业一个原因？若是，是/否为你考虑的首要原因？

6. 在家就业时，你有/没有受歧视的感觉？若有，表现在：A. 在务农时 B. 在朋友眼里 C. 在同乡眼里 D. 在酒店消费时 E. 在商场购物时 F. 其他；有/没有遇到过：A. 被抢劫 B. 被偷 C. 被勒索 D. 人身意外伤害等现象？

7. 在权益受到侵犯时，你 是/否 想到运用法律武器来保护自己或自家的合法权益不受别人侵犯

8. 你有/没有听说过保险？您认为现在在家就业最需要的保险（可多选，并排序）：A. 养老保险 B. 医疗保险 C. 交通工具保险 D. 家庭财产保险 E. 人身意外伤害保险 F. 失业保险 G. 其他

9. 你愿意自己购买保险吗？愿意/不愿意。如果当地政府机

构为你承担一部分保险费（50%左右），你愿意购买保险吗？愿意/不愿意。如果你没有参加过保险，原因是（可多选）：A.没有钱 B.保险不可靠 C.没有必要 D.不了解保险 E.其他

F. 农村劳动力外出就业风险评价

1.对自己的就业能力，你给自己打10—8—5—3—1分。其中，身体素质你给自己打10—8—5—3—1分。知识文化你给自己打10—8—5—3—1分。务工经验你给自己打10—8—5—3—1分。务工技能你给自己打10—8—5—3—1分。语言沟通你给自己打10—8—5—3—1分。

2.对于目前在家总体就业环境，你给打10—8—5—3—1分。其中，（安全秩序）政治环境你给打10—8—5—3—1分。经济环境（找工作难易程度）你给打10—8—5—3—1分。文化环境（生活娱乐多样性）你给打10—8—5—3—1分。

3.对于目前在家就业条件的要求，你认为太苛刻（1分）/一般（3分）/正常（5分）/宽松（8分）/非常宽松（10分）。

附录 6 调查问卷

农村维吾尔族富余劳动力外出务工活动调查问卷（城镇或工矿）

亲爱的同乡工友们：

为了解和改善您在城镇的务工和生活条件，我们开展了这次调查。请您在百忙之中抽出宝贵时间支持我们，十分感激！填表说明：首先认真阅读调查表，然后在"横线"上直接填写；选择题直接在答案文字上打"√"。

1. 调查打工地点：____县市_____乡____村
2. 调查时间：2012年____月____日

注：外出打工三个月以上为本问卷的调查对象。

A 个人背景资料

说明：本部分是关于您个人的一些基本信息。请在相应选项上打"√"，相应横线上填写相关内容。

A1 您的性别： ①男　②女

A2 您的年龄：____岁

A3 您的学历：①小学以下 ②小学 ③初中 ④高中、中专 ⑤大专 ⑥本科及以上

A4 您的务工单位：　　　　　务工类型：

A5 您是否结婚：①是　②否

A6 您配偶的工作是： ①在家务农　②一起在城镇务工　③其他

A7 您的子女数：①无子女　②1个　③2个　④3个　⑤3个以上

A8 父母亲是/否健在：①是　②否

A9 您家有/没有承包耕地： ①有　②无　如果有：承包了___亩

A10 您农忙季节是否返家： ①是　　②否

A11 您家居住地，交通是否方便：①是　　②否

A12 老家距打工地距离___公里

A13 老家距中心城镇距离____公里

A14 是否赞成本民族妇女外出打工？ ①是　　②否

A15 若不赞成，以下原因中占重要程度是：(非常重要5-4-3-2-1不重要)

没必要外出打工	5	4	3	2	1
老人孩子需要照顾	5	4	3	2	1
教规不容许外出打工	5	4	3	2	1
女人外出打工不方便	5	4	3	2	1

B 进城务工的动因及障碍

B1 以下问题在您进城打工担心的问题中所占重要程度是（非常重要5-4-3-2-1不重要）

B1.1 在家收入太低	5	4	3	2	1
B1.2 家里劳力多，在家没事干	5	4	3	2	1
B1.3 农村太穷，生活太苦	5	4	3	2	1
B1.4 农村赋税太重，种地不合算	5	4	3	2	1
B1.5 农村没有太多发展或致富机会	5	4	3	2	1
B1.6 农村精神生活太匮乏	5	4	3	2	1

B2 以下问题在您进城打工担心的问题中所占重要程度是（非常重要5-4-3-2-1不重要）

B2.1 进城打工收入高	5	4	3	2	1
B2.2 外出开开眼界	5	4	3	2	1
B2.3 到外学点技术或才干	5	4	3	2	1
B2.4 城镇生活方便，生活条件好	5	4	3	2	1
B2.5 向往、喜欢城镇的生活方式	5	4	3	2	1

B2.6 别人都外出,受其影响	5	4	3	2	1
B3 到城镇打工,家里您最放心不下的是:					
B3.1 农村承包地	5	4	3	2	1
B3.2 农村宅基地	5	4	3	2	1
B3.3 农村较宽松的计生政策	5	4	3	2	1
B3.4 近期党的一系列富农惠民政策	5	4	3	2	1
B3.5 农村的亲邻乡情和生活习惯	5	4	3	2	1
B4 您到城镇打工最希望政府给予的帮助是:					
B4.1 工作较稳定	5	4	3	2	1
B4.2 有低价住房提供	5	4	3	2	1
B4.3 提供户口、子女入学等平等机会	5	4	3	2	1
B4.4 提供医疗、失业保险等社会保障	5	4	3	2	1
B4.5 人身安全保障	5	4	3	2	1
B4.6 当地政府提供土地流转交易市场	5	4	3	2	1
B5 以下问题在您进城打工担心的问题中所占重要程度是(非常重要5-4-3-2-1不重要)					
B5.1 清真生活饮食困难	5	4	3	2	1
B5.2 宗教活动的正常开展	5	4	3	2	1
B5.3 汉语交流沟通困难	5	4	3	2	1

C 进城务工途径与费用

C1 您进城务工的途径是: ①自己进城 ②报名参加企业来农村的招工 ③社会亲情网络 ④随工头进城/由政府机构组织进城 ⑤由劳务中介机构组织进城 ⑥其他途径

C2 2011年您进城打工的路费是 ①50~100元 ②100~200元 ③200元以上

C3 返乡路费是 元 ①50~100元 ②100~200元 ③200元以上

C4 2011年您家平均每月收入为___元 ① 1000元以下 ② 3000~5000元 ③ 5000元以上					
C5 2011年您外出___月,总收入是___元 ① 1000~3000元 ② 3000~5000元 ③ 5000元以上					
C6 您在城镇生活平均每月花费为___元 ① 500~800元 ② 800~1000元 ③ 1000元以上					
C7 您是否给家里寄钱: ①是 ②否					

D 就业与职业认同

D1 您有在城镇长期务工的打算吗?	①有		②无		
D2 您在城镇工作是否有过跳槽?	①是		②否		
D3 您目前单位是否有拖欠工资现象?	①是		②否		
D4 单位是否对您进行过技术培训?	①是		②否		
D5 您对目前工资满意度(非常满意5-4-3-2-1不满意)	5	4	3	2	1

E 外出务工风险与保障

E1 您与雇主是否签订劳动用工合同: ①是 ②否					
E2 未签,对老板信誉评价是	5	4	3	2	1
E3 对外出务工就业风险有无感觉: ①有 ②无					
E4 您是否听说过保险		①是		②否	
E5 是否有受歧视感觉		①是		②否	
E6 您对《劳动法》等国家法规了解程度	5	4	3	2	1
E7 法律法规对保护您权益所起作用满意度	5	4	3	2	1
E8 是否担心户籍制度会制约您进城务工:		①是		②否	
E9 您在城镇永久定居的信心(非常有5-4-3-2-1没有)	5	4	3	2	1

E10 您对自己的就业能力打几分	5	4	3	2	1
E10.1 身体素质您给自己打几分	5	4	3	2	1
E10.2 知识文化您给自己打几分	5	4	3	2	1
E10.3 打工技能您给自己打几分	5	4	3	2	1
E10.4 语言沟通您给自己打几分	5	4	3	2	1
E11 您给目前城镇就业环境打几分	5	4	3	2	1
E12 您对目前城镇就业条件打几分	5	4	3	2	1

本问卷到此结束,请您再检查一遍有无漏答的题目。

再次感谢您的积极参与和合作!祝愿您身体健康、万事如意!

参考文献（按字母排序）

[1] Ann P. Bartel. The migration decision: what role does job mobility play. *The American Economic Review*, 1979, 69(5).

[2] Bojnec Stefan, Dries Liesbeth. *Causes of Changes in Agricultural Employment in Slovenia—Evidence from Micro-data.* Journal of Agricultural Economics, 2005, 56 (12).

[3] *Bojnec Stefan, Dries Liesbeth. Causes of Changes in Agricultural Employment in Slovenia:Evidence from Micro-data.* Journal of Agricultural Economics, 2005, 56 (3).

[4] Bojnec Stefan, Dries Liesbeth. *Causes of Changes in Agricultural Employment in Slovenia.* Agricultural Economies, 2005 (12).

[5] Denise Hare. *"Push versus Pull Factors in Migration Outflows and Returns:Determinants of Migration Status and Spell Duration among China's Rural Population".* Journal of Development Studies, 1999, 35 (3).

[6] Gary S. Becker. *The Economics of Discrimination.* Chicago: University of Chicago Press, 1971.

[7] Nielsen, I., R.Smyth, Q.Zhai. *Subjective Well-being of China's Off-farm Migrants.* Journal of Happiness Studies, 2010, 11 (3).

[8] Roberts, Kenneth D. *"China's 'Tidal Wave' of Migrant*

Labor:What Can We Learn From Mexican Undocumented Migration to the United States", International Migration Review. 1997, 31（2）.

[9] Scott Rozelle, J. Edward Taylor, Alan de Brauw. "*Migration, Remittances, and Agricultural Productivity in China*". The American Economic Review, 1999, 89（2）.

[10] Stanley L. Brue, David MacPherson, Campbell R. McConnell. *Contemporary Labor Economics*. McGraw Hill Higher Education, 2009.

[11] Sumon Majunmdar, Anandi Man, Sharun W.Mukand. Politics, Information and the Urban bias. Jounal of Development Economics, 2004（75）.

[12] Todaro M.P. *A model of labor migration and urban unemployment in less developed countries*. American Economics Review, 1969, 59（1）.

[13] Veenhoven , R. Happy Life-expectancy : A Comprehensive Measure of Quality of life in Nations. Social Indicators Rsearch, 1996（1）.

[14] Wenbao Qian. "*Rural-Urban Migration and its Impact on Economic Development in China*". Avebury, 1996.

[15] 阿布都艾尼. 在京维吾尔族流动人口调查研究. 北京：中央民族大学，2011.

[16] 阿布都外力·依米提，胡宏伟. 维吾尔族流动人口特点、存在问题及对策. 中南民族大学学报：人文社会科学版，2010（1）.

[17] 白菊红. 农户家庭劳动力进城务工行为的影响因素分析. 西北农林科技大学学报：社会科学版，2006，6（4）.

[18] 班永飞，李辉，殷红敏. 少数民族农民工融城意愿及影响因素分析——基于868名农民工的调研数据. 湖南农业大学学报

（社会科学版），2013（2）．

[19] 彼得·布劳．社会生活中的交换与权力．孙非，张黎勤，译．北京：华夏出版社，1998．

[20] 蔡昉，都阳，王美艳．劳动力流动的政治经济学．上海：上海人民出版社，2003．

[21] 蔡昉，都阳．迁移的双重动因及其政策含义——检验相对贫困假说．中国人口科学，2002（4）．

[22] 蔡昉．劳动力迁移的两个过程及其制度障碍．社会学研究，2001（4）．

[23] 蔡荣生，赵亚平，金驰华．我国贫困地区劳动力转移培训的现状与对策．北京工商大学学报：社会科学版，2005，20（6）．

[24] 蔡伟民，康杰，袁蕴．少数民族地区农民工人力资本提升意愿的影响因素分析——基于四川省凉山彝族自治州普格县的调查．软科学，2012，26（5）．

[25] 陈东有．农民工省内转移就业流动特点和结构分析——基于对江西省526位农民工的调查．江西社会科学，2008（11）．

[26] 陈民恳．金融危机下农民工就业影响因素的实证分析——基于宁波市外来人口的就业调查．统计与信息论坛，2009（11）．

[27] 陈先运．农村剩余劳动力测算方法研究．统计研究，2004（3）．

[28] 陈小昆．新疆少数民族大学生就业状况调查分析．新疆财经，2011（3）．

[29] 陈云．少数民族流动人口城市融入中的排斥与内卷．中南民族大学学报：人文社会科学版，2008（4）．

[30] 程名望，潘烜．个人特征、家庭特征对农村非农就业影响的实证．中国人口·资源与环境，2012（2）．

[31] 程名望，潘烜．就业风险对农村剩余劳动力转移的影响——模型与实证．公共管理学报，2010（3）．

[32] 程名望, 史清华, 刘晓峰. 中国农村劳动力转移: 从推到拉的嬗变. 浙江大学学报: 人文社科版, 2005 (6).

[33] 程名望, 史清华, 徐剑侠. 中国农村劳动力转移动因与障碍的一种解释. 经济研究, 2006 (4).

[34] 程名望, 史清华, 赵永珂. 我国农民工进城务工区域差异的实证分析. 经济地理, 2007 (1).

[35] 程名望, 史清华. 非经济因素对农村剩余劳动力转移作用和影响的理论分析. 经济问题, 2009 (2).

[36] 程名望, 史清华. 个人特征、家庭特征与农村剩余劳动力转移——一个基于 Probit 模型的实证分析. 经济评论, 2010 (4).

[37] 程名望, 史清华. 就业风险、就业环境、就业条件与农村剩余劳动力转移——基于沪鲁晋364份务工样本的实证分析. 管理评论, 2010 (12).

[38] 程名望, 史清华. 农民工进城务工文化差异的实证分析. 中国人力资源开发, 2006 (7).

[39] 程名望, 史清华. 影响我国农村劳动力转移的城镇因素分析. 华南农业大学学报: 社会科学版, 2008 (3).

[40] 程名望, 史清华. 中国农村劳动力转移的动因: 从推到拉的嬗变. 浙江大学学报: 人文社会科学版, 2008 (6).

[41] 程名望. 中国农村劳动力转移: 机理, 动因与障碍——一个理论框架与实证分析. 上海: 上海交通大学, 2007.

[42] 崔丽霞. "推拉理论"视阈下我国农民工社会流动的动因探析. 江西农业大学学报: 社会科学版, 2009 (2).

[43] 丁赛. 农村汉族与少数民族劳动力转移的比较. 民族研究, 2006 (5).

[44] 董雯, 张小雷, 雷军, 杨德刚, 杨宇. 少数民族聚居区农村劳动力外出务工及其影响因素分析——以墨玉县为例. 资源科学, 2009 (2).

[45] 都阳,朴之水.迁移与减贫——来自农户调查的经验证据.经济研究,2003(6).

[46] 都阳.贫困地区农户参与非农工作的决定因素研究.农业技术经济,1999(4).

[47] 段进朋,钟文静.农村剩余劳动力转移:一个新视角.软科学,2007(2).

[48] 高双,高景路.我国农村劳动力外出务工的动力分析.人口学刊,2012(3).

[49] 高向东,余运江,黄祖宏.少数民族流动人口城市适应研究——基于民族因素与制度因素比较.中南民族大学学报(人文社会科学版),2012(3).

[50] 郭辉.人力资本、社会资本与农民工社会流动.知识经济,2009(8).

[51] 郭倩倩.农民工城市融入影响因素研究——以重庆市制造业农民工为例.西南大学,2014.

[52] 郭晓鸣,董欢.新生代农民工融入城市的障碍分析与思考.学习论坛,2011(4).

[53] 韩俊,崔传义等.农村剩余劳动力微观调查[EB/OL].2007-12-05.中国网,http://www.china.com.cn/aboutchina/zhuanti/rkyld/2007-08/02/content_8620961.htm.

[54] 韩俊.城镇化既是发展问题更是改革问题.中国经济时报,2013-05-13.

[55] 韩蓄,卢二坡.农民外出就业决策的影响因素分析.统计与决策,2011(16).

[56] 何军,洪秋妹.个人、家庭与制度:苏北农民外出务工的影响因素分析.农业经济,2007(10).

[57] 侯风云.农村外出劳动力收益与人力资本状况相关性研究.财经研究,2004(4).

[58] 侯红娅，杨晶，李子奈.中国农村劳动力迁移意愿实证分析.经济问题，2004（7）.

[59] 胡必亮."关系"与农村人口流动.农业经济问题，2004（11）.

[60] 黄平.寻求生存———当代中国农村外出人口的社会学研究.昆明：云南人民出版社，1997.

[61] 黄乾.城市农民工的就业稳定性及其工资效应.人口研究，2009（3）.

[62] 黄乾.农村劳动力转移就业问题性质的根本转变与社会政策选择.人口研究，2007（7）.

[63] 黄四海.基于Logit模型返乡农民工外出务工意愿及影响因素分析——以陕西地区为例.广东农业科学，2011（2）.

[64] 季文，应瑞瑶.农民工流动、社会资本与人力资本.汉江论坛，2006（4）.

[65] 蒋丽蕴.维吾尔族农民的人口流动.人口学刊，1997（6）.

[66] 蒋志辉，何平平.边疆少数民族农村剩余劳动力跨省转移的制约性因素与对策研究——以新疆维吾尔族为例.特区经济，2011（5）.

[67] 蒋志辉.跨省转移的制约性因素与对策研究—以新疆维吾尔族为例.特区经济，2011（5）.

[68] 柯惠新.调查研究中的统计分析法.北京：北京广播学院出版社，1992.

[69] 李聪，李洁，李亚莉.个人与家庭：西部贫困山区女性劳动力外出务工的影响因素分析——基于陕西秦岭山区的调查.妇女研究论丛，2010（4）.

[70] 李光明，马雪鸿，潘明明.农村维吾尔族富余劳动力外出务工动因及障碍实证研究———基于新疆的调研分析.西北民族大学学报（哲学社会科学版），2013（3）.

[71] 李光明,潘明明.个人特征、家庭特征、就业环境对农村维吾尔族劳动力外出务工意愿的影响.统计与信息论坛,2013(8).

[72] 李光明,潘明明.就业能力、择业预期与维吾尔族农村劳动力外出务工意愿.人口与经济,2014(2).

[73] 李光明.技能培养:农民可持续增收的动力源泉.生产力研究,2010(4).

[74] 李劲松,何福萍.非农就业与农村劳动力转移培训的关系研究.安徽农业科学,2011(1).

[75] 李军,潘澍之.收入不均等对教育影响的实证研究.教育与经济,2011(3).

[76] 李林凤.从"候鸟"到"留鸟"——论城市少数民族流动人口的社会融合.贵州民族研究,2011(1).

[77] 李培林.巨变:村落的终结——都市里的村庄研究.中国社会科学,2002(1).

[78] 李培林.中国城乡人口迁移的时空特征及其影响因素.经济学家,2009(1).

[79] 李强.影响中国城乡流动人口的推力和拉力因素分析.中国社会科学,2003(1).

[80] 李实.中国农村劳动力流动与收入增长和分配.中国社会科学,1999(2).

[81] 李伟.农民工城市融入问题研究综述.经济研究参考,2014(30).

[82] 李伟梁.论少数民族流动人口的城市融入.黑龙江民族丛刊,2010(2).

[83] 梁波,王海英.城市融入:外来农民工的市民化——对已有研究的综述.人口与发展,2010(4).

[84] 林善浪,张丽华.社会资本、人力资本与农民工就业搜寻

时间的关系.农村经济,2010(6).

[85] 刘靖.非农就业、母亲照料与儿童健康——来自中国乡村的证据.经济研究,2008(9).

[86] 刘唐宇.中部欠发达地区农民工回乡创业影响因素研究——以江西赣州地区为例.福州:福建农林大学,2010.

[87] 陆丹,戴岳.少数民族农民工城市适应问题研究——以贵阳市为例.贵州民族研究,2013(5).

[88] 陆芳.人力资本、资源约束与农村劳动力转移行为研究.福建师范大学学报(哲学社会科学版),2012(3).

[89] 罗霞等.新生代农村流动人口的外出动因与行动选择.浙江社会科学,2003(1).

[90] 吕蔚起.欠发达地区流动人口城市融入问题研究——以云南为例.云南财经大学,2014.

[91] 马克思.资本论.北京:中共中央党校出版社,1983.

[92] 马戎.南疆维吾尔族农民工走向沿海城市——新疆喀什地区疏附县劳务输出调查.中国人口科学,2007(5).

[93] 马旭.少数民族流动人口城市适应研究——以武汉市为例.中央民族大学,2007.

[94] 马应征.维吾尔族流动人口研究综述.新疆社会科学,2014(5).

[95] 彭希义.少数民族农民工城市文化适应问题研究—基于贵阳花溪区彝族农民工群体的调查.2011年贵州省社会科学学术年会会议论文,2011.

[96] 彭宇文.农村人力资本形成的家庭收入结构影响因素探析—以中部地区农村为例.湖南社会科学,2012(3).

[97] 钱文荣,陶然.农民工职业流动的意愿及其影响因素研究——以杭州市建筑业为例.统计与信息论坛,2012(5).

[98] 秦广强,陈志光.语言与流动人口的城市融入.山东师范

[99] 全国总工会课题组. 关于新生代农民工问题的研究报告. 人民日报, 2010-06-21.

[100] 沈关宝. 网络中的蜕变：失地农民的社会网络与市民化关系探析. 复旦大学学报：社会科学版, 2010（3）.

[101] 盛来运. 中国农村劳动力外出的影响因素分析. 中国农村观察, 2007（3）.

[102] 石智雷, 施念. 农民工的社会保障与城市融入分析. 人口与发展, 2014（2）.

[103] 石智雷, 余驰. 家庭禀赋、人力资本与城乡女性就业流动研究——来自湖北省的城乡调查数据. 农业经济问题, 2011（12）.

[104] 史清华, 林坚, 顾海英. 农民进镇意愿、动因及期望的调查分析. 中州学刊, 2008（1）.

[105] 史清华, 张改清. 农户家庭决策模式与经济增长的关系——来自浙江5村的调查. 农业现代化研究, 2003（2）.

[106] 史清华, 卓建伟, 郑龙真. 农民外出就业及遭遇的实证分析. 中国农村经济, 2004（10）.

[107] 史清华, 卓建伟. 农户家庭税费负担与经济增长研究——以江浙沪三省市26村固定跟踪观察. 开发研究, 2005（4）.

[108] 史清华. 农户经济增长与发展研究. 北京：中国农业出版社, 1999.

[109] 苏群. 农村女性在城镇的非农就业及迁居意愿分析. 农业经济问题, 2005（5）.

[110] 唐灿, 冯小双. "河南村"流动农民的分化. 社会学研究, 2000（4）.

[111] 童学敏, 晋洪涛, 史清华. 农民工城市融入：人力资本和社会资本视角的实证研究. 经济经纬, 2012（5）.

[112] 汪三贵, 刘湘琳, 史识洁, 应雄巍. 人力资本和社会资

本对返乡农民工创业的影响.农业技术经济,2010(12).

[113] 王娟,蒋志辉,马爱燕.边疆少数民族地区劳动力跨省转移研究——以新疆地区为例.安徽农业科学,2010(10).

[114] 王小广.农民现代化之路:"成功制造成功".社会学家的视野:中国社会与现代化.北京:中国社会出版社,1998.

[115] 王增文,陈源.影响农村剩余劳动力流动的机理研究.统计与信息论坛,2012(7).

[116] 王振卯.少数民族流动人口社会融入影响因素研究—对江苏省的实证分析.内蒙古社会科学:汉文版,2010(5).

[117] 王志刚,曹利群.耕地、收入和教育对劳动力转移的影响.农业技术经济,2003(5).

[118] 王智强,刘超.中国农村劳动力迁移影响因素研究—基于Probit模型的实证分析.当代经济科学,2011(1).

[119] 魏众.健康对非农就业及其工资决定的影响.经济研究,2004(2).

[120] 吴虹,贾云鹏.西北地区农村劳动力流动的实证研究分析—以西北四省区为例.2008(29).

[121] 吴敬琏.农村剩余劳动力转移与"三农"问题.宏观经济研究,2002(6).

[122] 伍中信,徐莉萍.基于企业理论的"农民工"权益保护研究.财贸研究,2011(1).

[123] 武娜.城市少数民族流动人口社会融入问题研究——以贵阳市为例.贵州民族大学,2012.

[124] 夏支平.熟人社会还是半熟人社会——乡村人际关系变迁的思考.西北农林科技大学学报:社会科学版,2010(6).

[125] 萧洪恩.农民工回流现象的深层思考.农村经济,2006(8).

[126] 谢勇.基于人力资本和社会资本视角的农民工就业境况

研究——以南京市为例.中国农村观察,2009(5).

[127] 邢纪平,柴军,刘芳,苗红萍.新疆牧民风险意识的调查研究.新疆农业科学,2009(1).

[128] 熊波,石人炳.农民工永久性迁移意愿影响因素分析——以理性选择理论为视角.人口与发展,2009(2).

[129] 徐家鹏.城镇就业风险、环境、条件与外出务工农村劳动力的逆向回流.统计与信息论坛,2013(8).

[130] 徐平,于泷.乌鲁木齐市维吾尔族流动人口的社会排斥与融入.中南民族大学学报:人文社会科学版,2011(6).

[131] 徐勇,徐增阳.流动中的乡村治理.北京:中国社会科学出版社,2003.

[132] 严新明,童星.基于时间向度的劳动风险防范——以东莞工伤社会保险实践为例.社会科学,2007(9).

[133] 杨春江,李雯,逯野.农民工收入与工作时间对生活满意度的影响.农业技术经济,2014(2).

[134] 杨金风.农村劳动力的非农就业能力与外出动机之间的关系分析——以山西为例.中国农村观察,2009(3).

[135] 杨菊华.从隔离、选择融入到融合:流动人口社会融入问题的理论思考.人口研究,2009(1).

[136] 杨宇,张小雷,雷军.新疆墨玉县农村劳动力转移调查及动力机制研究.人文地理,2010.

[137] 姚慧琴.中国二元教育下的农村劳动力转移问题研究.西北大学,2006(11).

[138] 姚先国,俞玲.农民工职业分层与人力资本约束.浙江大学学报:人文社会科学版,2006(5).

[139] 叶俊焘,钱文荣,米松华.农民工城市融合路径及影响因素研究.浙江社会科学,2014(4).

[140] 依帕热·伊明.新疆少数民族农村剩余劳动力转移就业

研究——以喀什地区 S 县为例. 华东理工大学, 2012.

[141] 袁培. 关于劳动力转移行为的重新认识——基于西方主流微观人口迁移理论的分析. 改革与战略, 2009（10）.

[142] 袁小平. 农民对新农村建设的认知及意愿研究——来自赣中山区的实证调查. 社会工作, 2008（11）.

[143] 张文礼, 杨永义. 论少数民族流动人口的城市文化适应问题. 西北民族大学学报: 哲学社会科学版, 2013（3）.

[144] 张晓颖. 广州城市少数民族流动人口社会融入与社会管理创新. 广东技术师范学院学报: 社会科学, 2013（2）.

[145] 张兴华. 对外来工的政策歧视: 效果评价与根源探讨. 中国农村经济, 2000（11）.

[146] 张雪筠. "群体性排斥与部分的接纳"——市民与农民工群际关系的实证分析. 广西社会科学, 2008（5）.

[147] 张振宇, 陈岱云, 高功敬. 流动人口城市融入度及其影响因素的实证分析——基于济南市的调查. 山东社会科学, 2013（1）.

[148] 赵西娅. 去年新疆农牧民劳务增收 130 亿元. 新疆日报, 2014-01-02.

[149] 赵霞. 传统乡村文化的秩序危机与价值重建. 中国农村观察, 2011（3）.

[150] 赵耀辉. 关于改革农业科教体制, 促进农科教结合的几点反思. 农业科技管理, 1999（4）.

[151] 赵耀辉. 中国农村劳动力流动及教育在其中的作用——以四川省为基础的研究. 经济研究, 1997（2）.

[152] 赵永乐. 农民工就业能力研究. 调研世界, 2007（11）.

[153] 郑信哲. 论少数民族流动人口的城市适应与融入. 中南民族大学学报: 人文社会科学版, 2014（1）.

[154] 中国社会科学院. 城市蓝皮书: 中国城市发展报告. 北

京:社会科学出版社,2012.

[155] 钟德友.多元主体合作创新推动农村剩余劳动力转移就业.软科学,2010(8).

[156] 周宜波.谈谈风险意识及我国的风险管理政策.武汉大学学报:社会科学版,1991(4).

[157] 朱贵平,吴静波,赵国良.安徽返乡农民工基本情况调查分析与思考.华东经济管理,2007(8).

[158] 朱红根,康兰媛.农村剩余劳动力省外就业决策的影响因素分析——基于江西省284份调查问卷.中国农村观察,2008(12).

[159] 朱力.论农民工阶层的城市适应.江海学刊,2002(6).

[160] 朱农.论收入差距对中国乡城迁移决策的影响.人口与经济,2002(5).

[161] 朱农.贫困、不平等和农村非农产业发展.经济学,2005(1).

[162] 朱新秤.就业能力:内涵、结构及其培养.广东社会科学,2009(4).

[163] 朱志仙,张广胜.人力资本、社会资本与农民工职业分层.沈阳农业大学学报:社会科学版,2014(4).

后 记

新疆是一个西部边疆省份,由于诸多因素的影响,城乡、地域、民族差距明显,包括维吾尔族在内的少数民族农村人口就业不充分,生活贫困在一定程度上影响到边疆社会稳定。2003年新疆政府启动了农村劳动力转移工程,通过政府组织、引导,截至2015年年底,已有270万人次走上了劳务输出道路,缓解了农村富余劳动力就业压力,增加了农民收入,一定程度改善了少数民族集中区人民生活。从劳务输出领域来看,离乡不离土的季节性劳务创收为主导,非农城镇稳定就业比重偏低,跨省非农就业从第六次人口普查数据来看不足农村劳动力的0.1%。表明包括维吾尔族在内农村富余劳动力转移就业质量不高,存在诸如务工技能、语言沟通、生活适应等多方面困难。长期以来以农业为主导,即便生活贫困,仍"固守家园",形成了人多地少的尖锐矛盾。2015年新疆仅有19.6%的维吾尔族居住在经济发展水平较好的北疆地区,80.4%的人仍聚居在南疆塔克拉玛干沙漠边缘的绿洲农村,由于自然条件恶劣、生态环境脆弱、水土资源匮乏、经济发展水平落后,安置劳动力的能力十分有限。农村维吾尔族富余劳动力外出务工问题已然成为西部大开发和新疆农民增收不容忽视的难题。健康有序地推进新疆农村维吾尔族富余劳动力的转移,不仅是加速民族地区经济和社会协调发展的必然要求,也是体现人的全面发展的底线公平诉求和社会进步的重要标志。它关系到新疆"三农"问题的解决,也关系到少数民族地区工业化、城市化的发展，更关系到社会公平、公正与和谐的实现。

基于以上原因，2011年我们向国家社科规划办递交了"新疆农村维吾尔族人口就业和外出务工研究"项目申请书，同年获得批准立项资助（立项批号11BSH021）。2011年7月项目正式启动，课题组成员对劳动力转移的相关理论资料进行了广泛搜集和调研，先后到新疆维吾尔自治区人力资源和社会保障厅、统计局、兵团党委政研室等部门访谈调研，掌握政策的基本走向，获得相关管理机构的支持。利用暑假4名课题组老师，带领研究生、本科生6人，分别到南疆四地州、伊犁地区、吐鲁番地区实地调研，发放农村问卷880份，城镇问卷660份，走访了160户家庭户主，重点考察了喀什疏附、疏勒县的农村富余劳动力转移工作情况，与县人力资源和社会保障局的主管领导进行了深度座谈，为课题的顺利开展奠定了基础。

经项目组成员的不懈努力，课题的研究思路不断清晰起来，研究的内容也更加充实，对维吾尔族"固守家园"和"外出务工"的认识逐渐意见统一，形成了丰富的研究成果：《个人特征、家庭特征、就业环境对维吾尔族农村劳动力外出务工意愿的影响》（李光明、潘明明，载《统计与信息论坛》，2013年第8期）；《少数民族外出务工决策的个人、家庭、制度因素分析》（李光明、潘明明，载《人口与发展》，2013年第6期）；《就业能力、择业预期与维吾尔族农民外出务工意愿》（李光明、潘明明，载《人口与经济》，2014年第2期）；《社会关系、职业认同、城镇生活适应性与外出务工》[李光明、马雪鸿，载《西北农林科技大学学报（社会科学版）》，2014年第1期]；《新疆农村青壮年维吾尔族农民从"固守家园"到"外出务工"嬗变的理性分析》（李光明、潘明明，载《人口与发展》，2015年第5期）；《绝对收入、务工成本、社会保障权益对农民工镇就业的影响》（李光明、潘明明，载《广东农业科学》，2013年第18期）；《户籍制度、就业风险、就业环境对维吾尔族农民外出务工的影响》(李光明、孙明霞，载《江苏农业科学》，2014年第5期)；《身份认同、社会网络与维吾尔族富余劳动力外出务工》[李光明、潘明明，载《湖南农业大学学报（社会科学版）》，2015年第2期]。课题的研究成果中关于工业园区吸纳农村富余劳动力的成果被兵团第六师五家渠市政府决策采纳。论文《少数民族外出务工决策的个人、家庭、制度因素分析》，获得2015新疆维吾尔自治区研究生论坛一等奖；论文《就业能力、择业预期与维吾尔族农民外出务工意愿》一文获得2015石河子大学哲学社会科学成果二等奖；围绕课题核心内容形成的马雪鸿硕士研究生论文《新疆农村维吾尔族外出务工的动因与障碍研究》获得2014年度石河子大学优秀硕士论文；潘明明硕士2015年顺利考入石河子大学攻读博士。经过三年多的艰辛研究，课题项目按计划完成了全部研究任务。

课题项目完成后，经新疆维吾尔自治区社科规划办组织区内外专家匿名评审鉴定，全国社科规划办审核验收，本课题被评定为优良项目。在此基础上形成本书基本框架，并公开出版，奉献给读者。

参加本书撰写的项目组研究成员顺序为李光明、李萍、张勇、张霞、岳云云、马雪鸿、潘明明。李光明负责项目的总体设计、统稿、修改和审定，李萍参加了本书的审稿和统稿工作。具体撰写任务分工如下：第一章（李光明、李萍），第二章（张霞、岳云云），第三章（李光明、潘明明），第四章（潘明明、张勇），第五章（马雪鸿），第六章（李光明、马雪鸿），第七章（李光明、李萍），在项目研究过程中，石河子大学商学院马乃毅、柴富成两位老师参加了课题设计讨论，石河子大学商学院哈萨克族青年教师马纳提参与了本课题问卷维吾尔文翻译工作，并赴和田调研和典型案例资料搜集，商学院研究生邓杰对书稿做了文字校对工作。

书稿完成后，新疆维吾尔自治区社科规划办聘请了区内外五名专家对书稿内容进行了审读并提出了宝贵意见。课题组成员针对所提意见进行了两次较充分的修改，并将修改后的书稿反馈给五位专家，得到了专家的肯定，在此向上述专家表示崇高的敬意，对认真负责修改的课题组成员表示衷心的感谢。

本项目的研究过程中得到了兵团社科规划办刘雪玲主任，石河子大学科技处李豫新副处长及米会龙、刘涛同志的大力支持，项目研究得以顺利进行。同时项目部分政策措施来自新疆维吾尔自治区人力资源和社会保障厅劳动力转移工作处苏明华处长的提议，兵团第六师人力资源和社会保障局党组书记张鹤林对完善课题的措施提出了宝贵意见，喀什地区疏附县、疏勒县主管农村劳动力转移工作的领导提供了丰富的素材，在此向帮助过课题项目研究的单位和个人表示最真挚的感谢。

在研究过程中，我们怀着崇高的敬意吸取了前人研究成果的精华，特别是劳动力梯度转移理论影响着我们研究的全过程，逐级稳定的转移是课题研究的基本结论，将农村劳动力由意愿转移转向外出务工决策的关键是非农就业能力，抓住这一核心环节，一定能够克服"固守家园"的一切束缚，推动新疆少数民族农村富余劳动力的大规模稳定转移工作。我们期待着新疆农村劳动力转移走向健康良性发展的轨道。

由于作者水平有限，有些观点难免失之偏颇，不妥之处，敬请专家、同行和广大读者斧正。

李光明
2016 年 9 月 25 日

图书在版编目(CIP)数据

新疆少数民族农村富余劳动力外出务工理论与实践 / 李光明, 李萍, 张勇著. ——北京：民族出版社, 2018.1
ISBN 978-7-105-15270-4

Ⅰ.①新… Ⅱ.①李… ②李… ③张… Ⅲ.①少数民族－民族地区－农村劳动力－劳动力转移－研究－新疆 Ⅳ.①F323.6

中国版本图书馆CIP数据核字（2018）第029377号

新疆少数民族农村富余劳动力外出务工理论与实践

责任编辑	李燕妮
封面设计	金晔
出版发行	民族出版社
地　　址	北京市和平里北街14号
邮　　编	100013
网　　址	http://www.mzpub.com
印　　刷	北京中石油彩色印刷有限责任公司
经　　销	各地新华书店
版　　次	2018年3月第1版　2018年3月北京第1次印刷
开　　本	880毫米×1230毫米　1/32
字　　数	240千字
印　　张	11
定　　价	35.00元
书　　号	ISBN 978-7-105-15270-4 / F·434（汉344）

该书若有印装质量问题，请与本社发行部联系退换
汉一编辑室电话：010-64271909　　发行部电话：010-64224782